儀禮復原研究叢刊

儀禮士喪禮墓葬研究

（鄭良樹著）

中華書局印行

儀禮復原研究叢刊序

儀禮一書，爲我國先秦有關禮制、社會習俗，最重要而對於儀節敘述最詳盡的一部書。它是經儒家傳授，源流有自。其內容或不免雜有儒者的思想成分和主張；但是這類有關社會習俗、制度等等的著作，不可能毫無實事根據或歷史傳說，而全然憑空臆造。況且儒家是保存、傳授古代典籍的專家，由他們手中流傳下來的典籍，其中必然有一大部份是它以前，或當時的史實。因此，尤其在史闕有間的今天，這部書不能不算是我國先秦禮俗史上最詳細的史料。可是因爲其儀節的繁複，文法的奇特，句讀的難讀，所以專門來研究它的人，愈來愈少。李濟博士有鑒於此，特倡導用復原實驗的方法，由東亞學會撥予專款，由臺灣大學中文系、考古系同學成立小組，從事集體研討。由臺靜農先生任召集人，由德成指導。

儀禮一書自鄭康成以來，注解者雖名家輩出，但囿於時代之關係，其所用之方法及資料，由今以觀，似乎尚覺方面過少。故此次之研究，各分專題，運用考古學、民俗學、古器物學，參互比較文獻上材料，以及歷代學者研究之心得，詳愼考證，納爲結論，然後將每一動作，以電影寫實的方法表達出來；使讀是書者，觀其文而參其行，可得事半功倍之效。

惟此種方法，爲我國研究古史第一次采用的方法，嘗試之作，疏陋在所難免。影片除另製作外，茲將專題報告，各印成書，集爲叢刊，以備影片參考之需。指導者旣感學植之剪陋；執筆者或亦覺其學之難以濟志。尙希海內通儒達人，不吝敎之，幸甚！幸甚！

最後對於李濟博士提倡學術之意，致崇敬之忱；并致最深誠摯之謝意。

孔德成序

中華民國五十八年十二月十八日

凡例

一、本論文分爲上、下兩編，每編再分爲若干章及若干節。

二、本論文每節的開端，都繫以阿剌伯號碼；例如第一章第五節，則繫以㊀、五、二字；第二章第二十節，則繫以㊁、二〇、二字。

三、行文中若提到某些問題和前面某章某節有關係時，則注明該章該節的號碼，以便檢閱。

四、本論文各附圖，皆注明圖一、圖二等。

五、本論文尺寸皆以公尺爲單位，文中及表中不另注明。

六、本論文上編首章僅將全部墓葬粗分爲殷商、西周春秋及戰國三個單位；往後各章，希望利用各方面的研究，逐漸將各單位分爲早、中、晚三期。

七、本論文除了將地下材料用來和文獻印證及修正、補充前人的說法外，並希望盡能力所及將地下材料加以斷代，並且說明各斷代的特徵。

八、我們現在所發掘的及此地所能看到的西周墓葬的資料，爲數非常有限；所以，本文上編將西周時代劃入春秋時代，以便一起研究討論。

前言

通過書本上的文獻以及地上發掘的直接材料，本論文企圖對先秦以上、殷商以下的墓葬作個詳細的研究。這個研究包括了墓坑形制、棺槨制度及埋葬情形等等；這個研究，對我們儀禮士喪禮的復原工作，有很大的益處。本着這個意念，我們檢閱此時此地所能得到的全部地下發掘資料，依順着埋葬的次序，來和書本文獻作個印證及比較研究。

地下出土的材料非常多，散佈的地域也非常廣；爲了閱讀的方便，我們將這些材料的主要部份，依據省份列表如下：

河南省
　安陽（侯家莊、小屯村、大司空村、西北崗）、洛陽、上村嶺、輝縣、禹縣、鄭州及林縣。
河北省
　懷來、邢臺、懷柔、邯鄲、北平及天津。
山西省
　長治及侯馬。
湖南省
　長沙、常德及湘潭。

陝西省

耀縣、寶雞及長安。

四川省

成都。

湖北省

松滋。

安徽省

淮南市及壽縣。

廣東省

淸遠。

我們就根據這些區域所獲得的材料，作爲我們研究工作上重要的憑藉之一。

歷來學者對這方面的問題，有不少是懸而不決的。例如天子是否有墓道(隧)這個問題，鄭衆、鄭玄及賈公彥都堅持否定，賈逵、韋昭、杜預及孔穎達都堅持肯定；根據地下發掘的墓葬，很顯然的，後一派的說法是正確的。禮記喪服大記說：「凡封用綍，去碑負引；君封以衡，大夫、士以咸。」（鄭玄以爲「封」就是「窆」），前一派學者大概誤會這個「君」字是天子，才有那樣的說法（鄭玄似乎沒有誤會）。像這種不能解決的問題，我們盡可能利用最新的材料來重新考訂。

我們利用這批新材料，往往可以補充前人說法不完備的地方。例如戰國時代的洞室墓，我們在文獻上找不到它的記載，更談不到形制的記載了；我們利用了這批可貴的資料，不但補充了前人不夠的地方，而且也推斷出它的演變和發展。又例如耳形坑、腰坑及壁龕等等，它的形制、變化及種類，也是前人在文獻上所不能得到的知識。這些，我們也盡可能地加以補充。對我們的復原工作來說，很顯然的，是有絕對性的意義的。

目錄

上編　墓坑形制

第一章　墓坑結構

㈠、一、墓坑，古人稱爲坎，禮記檀弓篇下說：「延陵季子適齊，於其反也，其長子死，葬於嬴博之間……其坎深不至泉，其斂以時服。」孔穎達疏說：「以生時不欲近泉，故死亦不至於泉。」可知坎就是指墓坑；也稱爲壙，周禮方相氏說：「及墓，入壙，以戈擊四隅。」鄭注說：「壙，穿地中也。」禮記檀弓篇說：「弔于葬者必執引，若從柩及壙，皆執紼。」荀子禮論篇說：「故壙壠其須象室屋也。」楊倞注說：「壙，墓中。」列子天瑞篇說：「望其壙，睪如也，墳如也，鬲如也。」張湛注說：「壙，墓穴也。」可知壙也是指墓坑。除此而外，墓坑也稱爲穴，詩秦風黃鳥說：「臨其穴。」王風大車說：「死則同穴。」鄭箋說：「穴，謂冢壙中也。」墨子節用篇中說：「棺三寸，足以朽骸，掘穴深不通於泉。」漢書哀帝紀也說：「死則同穴。」師古注說：「穴，冢壙也。」無論是坎，或是壙，或是穴，我們現在一概稱爲墓坑。

㈠、二、墓坑是用來埋葬棺槨的豎穴，這塊地點，必需經過嚴格和謹慎的挑選。在周禮裏，有「冢人」一種官，他的工作是：「掌公墓之地，辨其兆域而爲之圖；先王之葬居中，以昭穆爲左右。」鄭玄注說：「圖，謂畫其地形及丘壟所處而藏之。」賈公彥疏說：「謂未有死者之時，先畫其地之形勢，豫圖出其丘壟之處。」可見得在死者還未抵達墓地以前，冢人便事先對這些地方有個嚴格的規畫以及謹慎的選擇了。下文又說：「墓大夫掌凡邦墓之地域，爲之圖，令國民族葬而掌其禁令。」墓大夫的職事大概和冢人一樣，只是因爲一個司掌公墓，一個司掌邦墓的不同而已。

㈠、三、埋葬地點雖然規畫好，不過，在死者埋葬以前，還必需占卜，這是一件非常重要的過程。周禮小宗伯說：「小宗伯之職……卜葬兆，甫竁。」鄭注說：「兆墓塋域；甫，始也。」賈公彥疏說：「王喪七月而葬，將葬，先卜墓之塋兆。」孝經喪親章說：「卜其宅兆而安措之。」邢昺注說：「葬事大，故卜之。」這個過程，在儀禮士喪禮也說得異常淸楚，它說：

命筮者在主人之右；筮者東面，抽上韇，兼執之，南面受命，命曰：「哀子某，爲其父某甫，筮宅，度茲幽宅兆基，無有後艱。」筮人許諾，不述命，右還，北面，指中封而筮，卦者在左；卒筮，執卦以示命筮者，命筮者受視，反之，東面旅占，卒，進告于命筮者與主人，占之曰：「從。」

可見得這是喪禮上的一個重要儀節。爲什麼在埋葬地點規畫好以後，死者棺槨安置以前必需要占卜呢？邢昺在孝經疏裏，引了孔安國的一個說法：「恐其下有伏石、涌水泉，復爲市朝之地，故卜之。」這個說法並不能令人十分滿意。

㈠、四、士喪禮說：「掘四隅，外其壤；掘中，南其壤。」墓坑發掘的大小，和死者在當時社會階級的高低有很密切的關係；可是，我們現在在任何文獻的資料上，沒有辦法發現有關這方面的記載，這是一件很可惜的事。爲了彌補這方面的缺陷，我們必需依賴考古田野上的發掘。一直到現在爲止，我們在殷商、西周春秋及戰國時代的墳墓的發掘工作上，已經有很大的收穫；根據此時此地所能掌握的資料，我們擬對這方面的問題作個整理，也可能作出若干結論。在整理以前，我們首先要考慮到的問題是：該墓主人的身份，也就是他在當時所代表的社會階級。這是一個非常重要的問題，而它却最容易被考古田野工作者所疏忽。在這裏，我擬將這三個時代的墓坑各劃分爲三等，它們是：

殷商墓坑：

大型墓坑

中型墓坑

小型墓坑

西周春秋墓坑：

大型墓坑

中型墓坑

小型墓坑

戰國墓坑：

大型墓坑

中型墓坑

小型墓坑

這三型墓坑的分別是：

大型墓坑　長四公尺以上；
　　　　　寬三公尺以上。
中型墓坑　長三公尺至四公尺；
　　　　　寬二公尺至三公尺。
小型墓坑　長三公尺以下；
　　　　　寬二公尺以下。
　　（墓坑長寬皆以墓坑底爲準則）

這三型墓坑的分法，是我們參考所有墓坑大小後而加以劃分的；這種分法固然不能令人十分滿意，不過，在研究墓主人的身份的問題上，卻給我們許多的方便和利益。

㈠、五、對於這三型墓坑的分法，我們還必需加以說明幾點。安陽侯家莊的大墓固然是屬於大型墓坑，它的墓坑底南北中線長是十五·九公尺，東西中線長是十·九五公尺（以一〇〇一號爲代表），比我們所訂的標準要大出三、四倍，我們似乎可以稱作特種墓坑或特大墓坑；不過，爲了簡單起見，我們還是將它們歸入大型墓坑，不再另標一目。有些墓坑是長方形窄坑，寬度只有長度的三分之一；有些墓坑是長方形寬坑，寬度是長度的一半；於是，在歸類時，便產生了不少麻煩。有時它的長度是屬於大型墓的，而它的寬度卻只符合中型墓的標準；有時它的長度已經在大型墓坑的標準裏了，而寬度卻還在小型墓坑的標準裏。像這種情形，爲數固然不多，卻很令人辣手；我們都根據其他條件；例如殉葬情形、棺槨情形，而加以歸類。另外一點必需加以說明的是：車馬坑以及沒有墓主人的殉葬坑都不包括在本文研究範圍內，所以一概不爲列入。

㈠、六、最後，還要說明一點。在本論文以後各篇、章、節所提到的各大、中、小型的墓，一概都以此爲標準；所以，在這一章裏，我們不勝其煩地將各墓坑的大小尺寸都列出來，儘量使閱者有個清楚的認識。

甲　殷商時代

㈠、七、殷代墓的發掘，以河南省的安陽、洛陽及鄭州三地爲最著名。僅安陽一處，就包括了侯家莊、大司空村、小屯村及西北崗等四個地方。

大型墓坑

侯家莊

㈠、八、中央研究院歷史語言研究所考古組發掘侯家莊西北崗的工作，開始於一九三四年的秋季，到一九三五年十二月中旬，才算告了一個段落。這期間，以幾個大墓編號爲一〇〇一、一〇〇二、一〇〇三等爲最著名，現在，我們就已經公布的資料，將它們的墓坑尺度列表及說明如下。編號一〇〇一大墓的墓坑尺度是：

正坑南北中線長	一五・九〇公尺
正坑東西中線長	一〇・九五公尺
正坑加兩耳東西中線長	一九・一五公尺
正坑南壁總長	一〇・九五公尺
正坑北壁總長	一一・〇〇公尺
正坑東壁總長	一五・七〇公尺
正坑西壁總長	一六・二〇公尺

這是一個亞字形的墓坑，四周各有一條相當長的墓道（圖一）。正坑本身口大底小，成爲一個倒置的長方斗形；正坑東西兩邊，各有一個耳形坑，東西兩條墓道，就分別接在耳形坑的兩端。

㈠、九、墓坑東、西、南、北各有一條墓道（圖二）；南、北兩墓道直接出自正坑的南、北二壁中部（圖三），東、西二道却出自東、西兩耳的東、西壁中部（圖四）。四條墓道都是梯形，口大底小，底面都作不整齊的平坡。南道外口寬，內口狹，坡底差二・三公尺，不到坑底；道底北段有與道長成直角形的平行淺槽三雙，中段西半有同樣的淺槽一道。北道外口狹，內口寬，坡底差五・五公尺，不到坑底；道底北段有與道長成直角的淺槽一雙，形式跟南道者全同。東道外口狹，內口寬；西道外口寬，內口狹，坡底皆差五・五公尺，不到坑底。

㈠、一〇、這個墓的正坑上口很方正，是全部工程最精確部份之一。其他精確的部份，我們將它錄下來，以見當時勘察的仔細和發掘的謹慎：

墓葬之形制

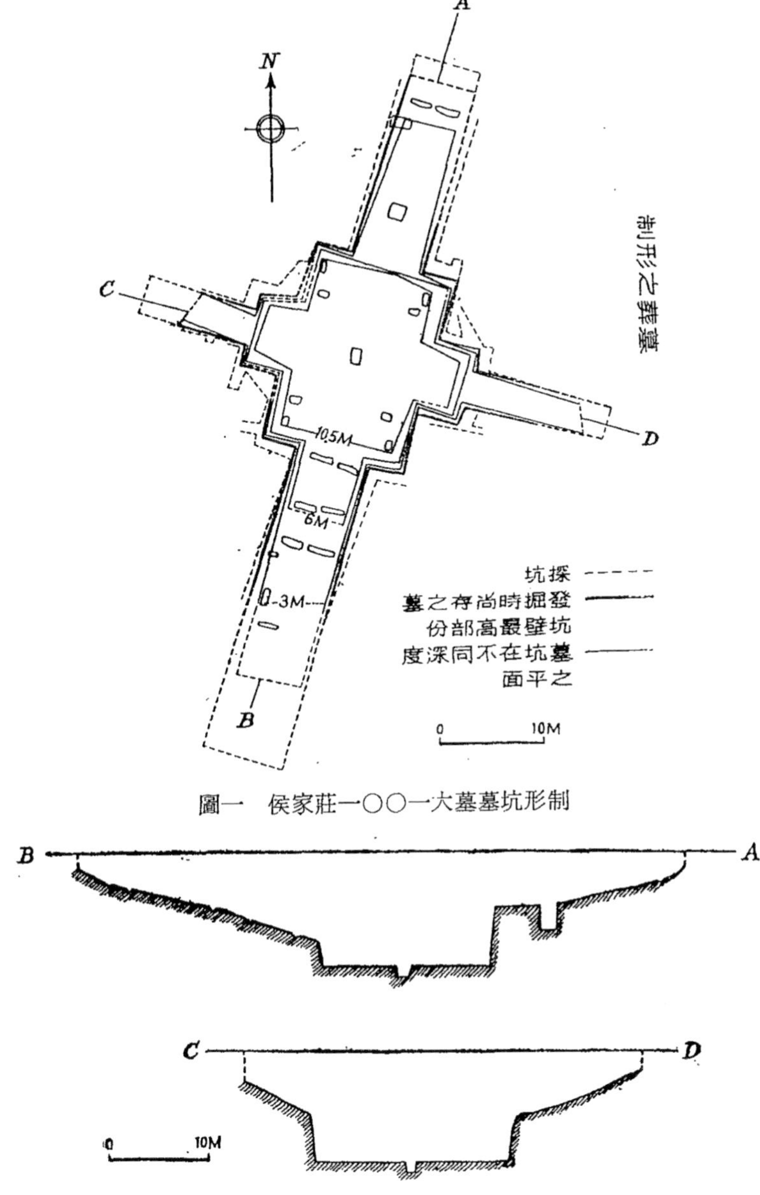

圖一　侯家莊一〇〇一大墓墓坑形制

圖二　一〇〇一大墓墓道剖面圖

圖三　墓坑南部及南墓道

圖四　墓坑西部及西墓道

(1)南北中線與東西中線的交叉正成九十度直角。

(2)坑四角聯成的方角，東南角九十一度，西南角八十九・八度，西北角九十度，東北角八十九・二度。

(3)南北中線正通過東北角至西南角，西北角至東南角二線之交叉點。南北中線與東西中線的交叉點，南去前叉點只〇・〇七公尺。

(4)東北角至西南角線長二三・四五公尺，西北角至東南角線長二三・三〇公尺，相差只〇・一五公尺，相差長度只合二線平均長度之〇・六四%。南北二壁的直線長度相差只〇・二〇公尺，相差長度合二線平均長度之一・四五%。東西二壁的直線長度相差〇・一五公尺，相差長度合二線平均長度之〇・七九%。

㈠、一一、編號一〇〇二大墓的墓坑也是亞字形，口大底小，與一〇〇一大墓的形制完全一樣，宛如一個倒置的正方斗形；現在將它的墓坑尺度摘要抄錄如下：

正坑南北中線長	一〇・八〇公尺
正坑東西中線長	一〇・六〇公尺
正坑南壁總長	一〇・四〇公尺
正坑北壁總長	一〇・七五公尺
正坑東壁總長	一〇・八〇公尺
正坑西壁總長	一〇・七五公尺

根據這幾條尺寸，用來和一〇〇一大墓的（詳㈠、八）相比較，我們可以發現；一〇〇一大墓的南北中線長過於東西中線，東西兩壁的總長分別大過於南北兩壁的總長；換句話說，它即是個長方形的墓坑。然而，一〇〇二大墓卻並不如此，不但南北中線和東西中線等長，南北二壁和東西二壁的總長也非常接近，很顯然的，它是個正方形的墓坑。

㈠、一二、這個大墓也有四條墓道，分別啣接於東、西、南、北四壁的中部。口大底小，底部作不整齊的斜坡。它們的長度及坡度是：

南　道	二〇・四〇公尺	二四・五度
北　道	一三・〇五公尺	二五・〇度
東　道	七・七〇公尺	三四・〇度
西　道	九・五〇公尺	三二・〇度

㈠、一三、實際上，這個墓並不是絕對的正方形墓坑，因爲當初測量挖掘的粗心，使這個墓變成歪倒了的正方形；換句話說，差不多是個菱形的墓坑了。我們錄下幾個要點，來和一〇〇一大墓（㈠一〇）相比較：

(1)口、底二平面南北中線與東西中線交叉的東北角，口是八六・〇度，底是八五・〇度。

(2)口、底二平面的四角，實際上只有口面西南角是九十度。口面最小的東北角只八五・三度，最大的東南角九四・二度；底面最小東北角只八四・二度，最大的東南角九五・五度。

(3)口、底二平面南北、東西二中線的交叉點與東北——西南角、東南——西北角二斜線的交叉點雖然並不同在一點上，口之斜線交叉點只在中線交叉點之西南不及〇・一公尺，底之斜線叉點在中線叉點之南只〇・一公尺多一點。

(4)東北角至西南角線長二七・八〇公尺，西北角至東南角線長二五・九〇公尺，相差一・九〇公尺，相差長度合二線平均長度之七・〇七％。口、底南北二壁直線相差長度於二線平均長度之比例，口是一・〇五％，底是三・三一％。口、底東西二壁直線相差長度於二線平均長度之比例，口是一・五七％，底是〇・四六％。

㈠、一四、根據這四點，我們用來和一〇〇一大墓（㈠、一〇）相比較，並且討論如下：第一，前者南北中線與東西中線交叉正成九十度直角，我們可以說，它的測量是非常精確，挖掘時也非常小心；在測量時，任何毫釐之錯誤，便會造成千里之差失；在挖掘時，任何粗心的一鋤，便可造成〇・二〇公尺的增損！反過來看後者，無論口面或坑底，都沒有一個交叉點是直角形，而且去直角還有五度之遠，工程之粗心，可以想見一斑了。第二，前者墓坑的四個角，都幾乎是九十度直角，相差最多也只有一度而已。後者則不然，除了口面西南角是九十度外，其他都相差在四、五度之間；除了口面西南角測量得精確外，其他都馬虎從事，至於墓坑底四角角度的不正確，挖掘的粗心甚過於測量，由此說來，一〇〇一大墓的可貴可惜，是不用加以形容的了。第三，前者南北中線正通過東北角至西南角，西北角至東南角二線之交叉點；反過來看後者，却相差〇・一公尺！前者南北中線與東西中線的交叉點，距離東北角至西南角，西北角至東南角二線之交叉點只有〇・〇七公尺；反過來看後者，却差了〇・一公尺之多！這是全部工程最艱難的一項，而一〇〇一大墓却能使它相差不到〇・一公尺・其難得可貴，也是淺顯易見了。第四，前者東北角至西南角線，西北角至東南角線相差是〇・一五公尺，差度只合二平均長度之〇・六四％，而後者相差至一・九〇公尺，七・〇七％！其他四壁的差度也遠遠趕過前者！這不是工程艱難的部份，更顯得此墓測量及挖掘的粗心了。

㈠、一五、編號一〇〇三號大墓也是亞字形墓坑，口大底小，如一個倒置的方斗形。現將墓坑重要尺寸摘錄如下：

正坑南北中線長	一一・〇〇公尺
正坑東西中線長	九・八〇公尺
正坑南壁總長	九・四〇公尺
正坑北壁總長	一八・二〇公尺
正坑東壁總長	一八・五〇公尺
正坑西壁總長	一七・九〇公尺

根據這些尺寸，我們來和一〇〇一大墓（㈠、八）及一〇〇二大墓（㈠、一一）相比較，可以發現這個墓的測量沒有它們的準確。無可置疑的，一〇〇一大墓是個長方形的墓坑，看它南、北二壁及東、西二壁都分別等長（相差不到一公尺），就可知是有意造成的；一〇〇二大墓幾乎是正方形墓坑，東西南北四壁都等長；而這個墓坑的尺寸最不能令人滿意的是南北二壁，它們相差竟在九公尺之譜！我們可以想像得到，這是怎樣不規則的正方形墓坑。

㈠、一六、和前面兩個大墓一樣，這個墓也有四條墓道，分別啣接在東西南北四壁的中部。都是梯形，內口較外口寬，上口大而道底小。南道最長，西道次之，東道又次之，北道最短。它們的長度是：

南道	三六・二〇公尺	一五・〇度
北道	一一・〇〇公尺	二三・〇度
東道	一四・〇〇公尺	一九・〇度
西道	一五・六〇公尺	一八・五度

和一〇〇二大墓的墓道（㈠、一二）比較來看，它的東西二墓道都比前者長，而坡度也沒有前者的陡；其他兩條的坡度也沒有前者陡。

㈠、一七、這個墓實際上也不是正方形墓坑，我們摘下幾個要點，來表示其測量及挖掘之粗心：

(1)口、底二平面南北中線與東西中線交叉的東北角，口是八八・二度，底是八七・五度。

(2)口、底二平面的四個角，沒有一個是九十度。將四點連成長方形，它們的角度是：東南角九十・五度，西南角九十二度，西北角九十・五度，東北角八十七度。

(3)口、底二平面南北、東西二中線的交叉點與東北——西南、東南——西北二斜線的交叉點，並不同覆一點。這兩點的距離，在口面上是差〇・三公尺；在底面是差〇・二五公尺。

(4)東北角至西南角線長二五・九公尺，東南至西北線長二五・〇公尺，二線相差長度合二線平均長度之三・五三%。口、底南北二壁直線相差長度於二線平均長度之比例，口是三・三五%，底是八・一六%。口、底東西二壁直線相差長度於二線平均長度之比例，口是三・二九%，底是〇・九一%。

㈠、一八、根據這四項，我們來和前面二墓（㈠、一〇；㈠、一三）相比較，看看這墓的工程進行得細心否。第一點，口、底二平面南北中線和東西中線交叉的東北角是八八．二度及八七．五度，比不上一〇〇一大墓的精確，却勝過於一〇〇二大墓的粗心。第二點，一〇〇一大墓四個角都非常接近九十度（西北角九十度，其他三角都只差一度），一〇〇二大墓口面上西南角還維持九十度，這個墓的四個角，無論口面或坑底，竟沒有一個是直角！第三點，口底二平面南北、東西二中線的交叉點與東北——西南、東南——西北二斜線的交叉點，相差是〇．三公尺及〇．二五公尺；一〇〇二大墓只差〇．一公尺及〇．一公尺強；可見得此墓之遠遜一〇〇二大墓，更不要談到和一〇〇一大墓相較了！第四點，此墓東北角至西南角線，西北角至東南角線，二線差度合二平均長度之三．五三％，一〇〇二大墓却是七．〇七％，在這一點上，此墓是比一〇〇二大墓強一些，不過，還是遠遠趕不上一〇〇一大墓的精確（只差〇．一五公尺，〇．六四％）！根據這四項比較，我們可以這麼斷言；在這三個大墓裏，無論是測量工程，或者是挖掘工程，都以一〇〇一大墓爲最強，其他兩個大墓遠遠比不上它。至於其他二墓，一〇〇二大墓或許強過一〇〇三大墓，不過，在某些方面，也有比後者遜色的地方。

武官村

㈠、一九、一九五〇年，在與侯家莊相鄰的武官村北部，發掘了一座與侯家莊大墓相似而時代略晚的大墓。有關這個大墓的墓坑形制及其他各方面的情形，我們此時此地沒法子獲得更詳細的資料，只好引述簡單的一份報告：

這座墓的墓室呈長方形（圖五），面積爲一六八平方米，在墓室的南北兩端，各有長約十五米的斜坡墓道。這座墓葬的規模比以前在侯家莊西北崗發掘的陵墓要小得多。

根據這個簡單的報告，再參考所附的圖片，我們約略可以推斷出這個墓和侯家莊三個大墓的若干不同點：

第一：這個墓的墓坑和侯家莊大墓大小似乎相似。根據該報告說，面積是一六八平方米，墓室呈長方形；那麼，我們假設南壁總長是十一米，東壁總長是十五米。假如這個假設不會差太遠的話，它固然比侯家莊一〇〇三大墓小，却和一〇〇一及一〇〇二大墓相近。該報告中說：「比以前……的陵墓要小得多。」不是作者前後矛盾，就是沒看到侯家莊的發掘報告。

圖五 河南安陽武官村大墓

第二：這個墓坑沒有東、西兩條墓道以及東、西兩個耳形坑，這是它們差異最大的地方。

第三：這個墓的北墓道有五個階，階上並有殉葬的東西。侯家莊一〇〇三大墓的北道及東道也有階，不過，那些階似乎還有可疑之處：①當時田野間實測圖上及其他紀錄中皆不見此等臺階的紀載；②高去尋先生說：「可能爲吾人發掘時由工人所製成者。」因此，侯家莊一〇〇三大墓墓道亦是否有階，我們暫時保留不談；而武官村大墓北墓道之有階，却是無庸置疑的了。

第四：南墓道並非啣接自南壁的正中部位，似乎偏向中部的東邊；北墓道也復如此，只是沒有偏得那麼厲害而已。因此，此墓墓道的測量工作，大概也不會非常準確。

大司空村

㈠、二〇、在河南安陽的大司空村裏，曾經發掘了一百六十七座殷代的墓葬；這些墓葬，絕大部份是屬於中、小型墓坑。屬於大型墓坑的，僅三一一號一座，它的尺寸是：

墓號	墓坑長	寬	深
三一一	四•八M	四•四M	六•八M

這是一個相當於正方形的墓坑，四周都沒有墓道；和上面幾個大墓比較起來，眞是差得太遠了。

洛陽東郊

㈠、二一、河南洛陽的東郊，也曾經發掘了一些殷代的墓葬，它們的墓坑的尺寸是：

根據這些尺寸，我們可以知道它們都是長方形墓坑。這五座大墓，有四座是有墓道的；現在依次分述如下：

墓號	墓坑長	寬	深
二	四・〇〇M	三・〇〇M	七・二五M
一	五・二六	三・〇五	八・三〇
三	（規模與二相近）		
一五九	四・一五	二・五〇	六・九一
一〇四	五・〇〇	二・九五	八・四〇

第二號大墓：墓室南壁有一斜坡墓道，南北長十公尺，東西寬一・九五公尺（圖六）。其南端向東轉折爲九十度的折角；轉折處深達三公尺，接近墓室處深達五・六五公尺。

第一號大墓：墓道在墓坑的北部，也是方折作拐尺形，南北長九・八五公尺，寬二・二六公尺（圖七）。北端向東折，寬二・五五公尺。此外，在正坑北部的兩邊，各有一個耳形坑，東邊的長一・八公尺，寬〇・六公尺，西邊的長一・七二公尺，寬〇・五公尺。

第三號大墓：根據報告說，也有方折拐尺式的墓道，而且還有耳形坑。因爲材料的短缺，我們沒法獲得更清楚的印象。

第一〇四號大墓：墓道在正坑的南部，長六公尺，寬二・七五公尺；向東折轉後寬二公尺，長不明。在正坑與墓道啣接處的兩旁，和一號大墓一樣，分別有一個耳形坑，長都是一・四公尺，寬〇・六五公尺。

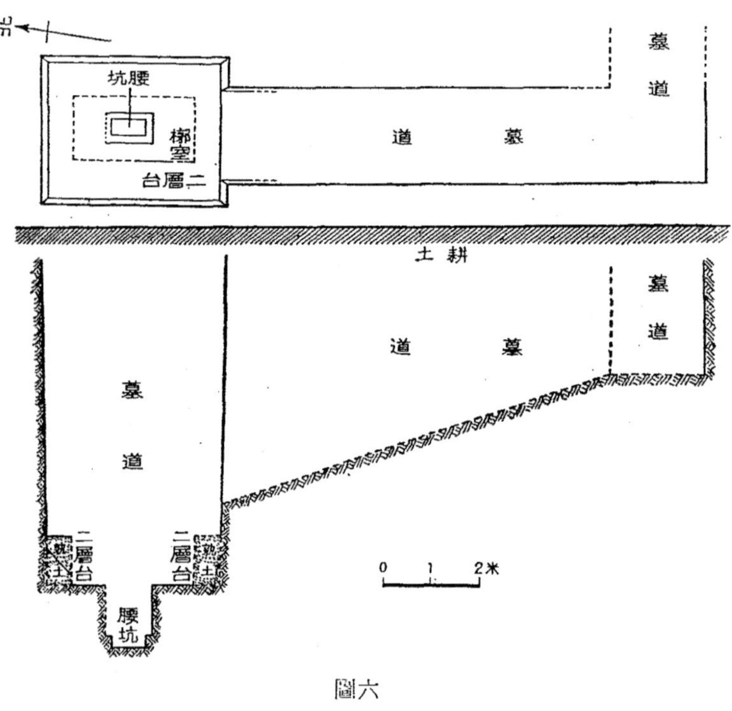

圖六

圖七

㈠、二二、洛陽東郊這幾個殷代的大型墓坑的正坑，並沒有甚麼特出的地方。比較令我們注意的，倒是它們的墓道及耳形坑；第一、在本文裏，這是轉折墓道的第一次出現；根據現在所擁有的材

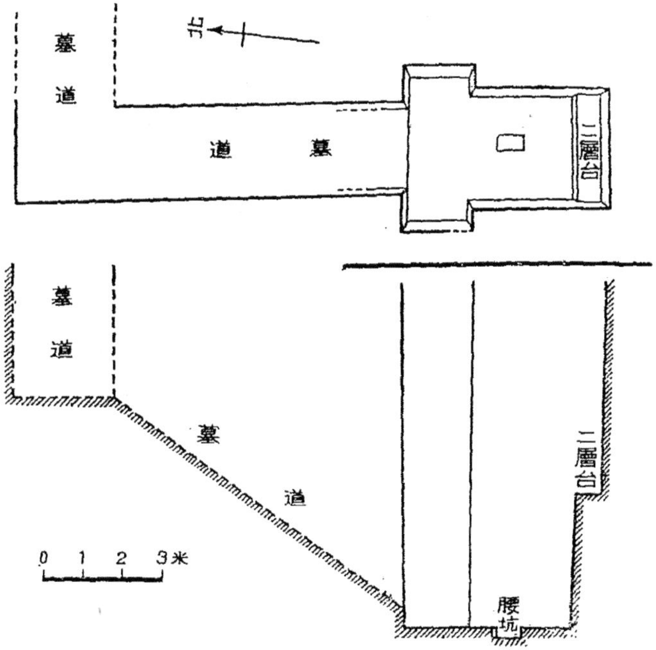

料來說，無論是新石器時代的龍山文化或仰韶文化，或者比洛陽東郊這幾座墓還要早的時代，我們都還沒發現有轉折式的墓道。第二、無論它們的墓道在北部，或者是南部，它們轉折的方向都是東方；我們與其相信是一種巧合，不如相信是當時所流行的一種習慣。第三、第一號大墓的墓道在正坑的北部，第一〇四號大墓的墓道在正坑的南部，無論是那一種情形，它們的耳形坑都在墓道兩旁和正坑啣接的地方。翻開侯家莊一〇〇一及一〇〇三這兩個大墓（圖一）來看，我們把它們南、北兩墓道掩住，然後，又隨便掩住東邊或西邊的墓道和耳形坑，將這樣的圖片來和這幾個大墓相比較，除了墓道轉折外，其他不是完全一樣嗎？換句話說，將這幾座墓有墓道的對邊添上墓道及耳形坑，又在東西兩邊加上兩條墓道，除了大小不同外，其他就完全一樣了！這眞是一個令人興奮的發現。

㈠、二三、根據上節的比較，我們敢這麼地斷言：洛陽東郊這幾座大墓在墓坑的形制上和侯家莊大墓一定有相當的關係。在還沒有比較其他材料以前，我們姑且作如下兩個推論：第一、它們可能是同時代的墓坑，後者階級地位可能比較低，所以，墓坑大小形制有如此的不同。第二、後者可能比前者的時代略爲晚一些，所以，還保存了墓道、耳形坑的形制，而且還保存了兩者不可分離的關係。

河南輝縣琉璃閣區

㈠、二四、河南輝縣的發掘，比較值得提起的有琉璃閣區、固圍村區及褚邱區，其中，只有琉璃閣區有殷代的墓葬。在這一區裏，屬於大型墓的，一共有四座；它們的墓坑長度是：

墓號	墓坑 長（公尺）	寬（公尺）	深（公尺）
一四一	六・一〇	四・七〇	四・一〇
一四七	五・二〇	四・二〇	三・八〇
一五〇	七・四〇	五・二〇	八・二〇
一五一	四・五〇	三・四〇	三・〇〇

它們都是長方形墓坑，這一點，根據表中所列的尺度便可以觀察出。這幾座大墓，最特出的是墓一五〇號，它是唯一有墓道的一座墓。其情形是：南北各有一條南墓道現長十四・八公尺（部份被漢墓破壞），寬三公尺，斜坡形。北墓道寬一・二公尺，階梯形，因爲壓在馬路下，不能淸出，所以長度不詳。

㈠、二五、根據這些簡單的材料，我們用來和上文各墓相比較，發現一五〇號大墓和武官村大墓（㈠、一九；圖五）有些相似的地方。第一、它們都是有兩條墓道的大墓，而且都是分別在南、北方向。第二、武官村大墓的北墓道有五級階，琉璃閣區一五〇號大墓的北墓道也有階梯，可惜因爲記載太簡單，沒法再進一步地比較。第三、武官村大墓是長方形墓坑，一五〇號大墓也是長方形墓坑。除了第三點以外，其他兩點的相同，我們不能說是偶然的巧合，而該說是有一定的關係存在着。

中型墓坑

河南安陽大司空村

㈠、二六、安陽大司空村所發掘的一百六十七座殷墓，除了上文所述的一座大墓外，還有六座是中型墓；這些中型墓，都是長方形墓坑，它們的尺寸是：

墓號	墓坑長(公尺)	寬(公尺)	深(公尺)
一	三・四〇	一・八四	六・〇五
一八	四・三〇	二・七〇	四・四五
一四六	三・一〇	一・五四	六・一五
一六五	三・七八	二・〇八	四・八三
一七一	三・三〇	一・五二	五・四〇
三〇四	三・〇〇	一・六五	五・五〇

這六座長方形中型墓坑，都沒有墓道，也沒有什麼特別的地方。都是長方形寬坑。

洛陽東郊

㈠、二七、洛陽東郊有關殷代的中型墓坑，一共有八座；它們的尺寸是：

墓號	墓坑長(公尺)	寬(公尺)	深(公尺)
一六七	三・〇〇	一・三〇	三・三〇
一五六	三・四五	二・〇六	六・〇五
一六〇	三・七五	一・九五	六・二六
一六一	四・〇〇	一・八五	六・〇〇
一六三	三・五〇	一・九〇	四・六〇

一六五	三・四〇	一・六六	四・二五
一〇一	三・八七	二・六七	七・八
一〇二	三・〇〇	一・五〇	四・八四

根據這些尺寸，我們可以將它們分成兩類：第一類、長方形寬坑，也就是說，坑的寬度大約是長度的一半，這一類有墓一五六、一六〇、一六一、一六三、一六五及一〇一共計六墓。第二類、長方形窄坑，也就是說，坑的寬度大約是長度的三分之一，這一類有墓一六七及一〇二共二墓而已。

輝縣琉璃閣區

㈠、二八、輝縣發掘殷代中型墓，爲數絕少，僅編號一四五的一座；它的尺寸是：

墓號	墓坑長(公尺)	寬(公尺)	深(公尺)
一四五	三・七〇	二・二〇	二・三〇

這是一座長方形寬坑的墓，沒有墓道，也沒有什麼特別令人注意的地方。

㈠、二九、根據上面的記述，對於殷代中型的墓坑，我們已有了一個相當的印象，我們分幾點來討論它們。第一、這些墓坑都沒有什麼特出的地方，它們既無墓道，也沒有耳形坑。第二、這些墓都是長方形墓坑，大致上可分爲兩大類，一是長方形寬坑，一是長方形窄坑；十五墓中，屬於長方形寬坑的就有十三座。我們或許可以這麼說：長方形寬坑的墓坑在當時非常流行；相反的，長方形窄坑的墓坑還不爲人所採用。第三、這些長方形墓坑，都是正長方形，南、北長度既等長，東、西長度也等長，測量工作及挖掘工程很不錯；不過，因爲墓坑很小，工程容易，也不是什麼特出的作法。第四、這些墓坑和大型墓坑比較起來，當然是相差很遠很遠，毫無疑問的，它們是代表比大型墓坑的社會階級低的另一種人物；由於社會階級以及經濟能力的約束，使他們不能有更大的表現。

小型墓坑

安陽大司空村

㈠、三〇、大司空村除了一座大型墓坑及六座中型墓坑外，剩下的一百六十座墓，都是小型墓坑；它們的尺寸是：

墓號	墓坑		
	長(公尺)	寬(公尺)	深(公尺)
五三	二・九〇	一・四〇	未詳
二	二・〇〇	〇・七三	三・〇〇
四	二・六〇	一・三〇	三・二〇
五	二・六六	一・二四	三・五〇
六	二・二六	〇・九八	二・六五
七	二・三五	〇・九〇	二・五五
一二	三・二〇	一・四〇	四・二〇
一三	二・五二	一・四〇	五・二〇
一四	二・二〇	一・二六	三・一〇
一五	一・九六	一・八二	二・二〇

一七	一九	二〇	二二	二三	二四	二六	二七	二八	二九	三〇	三二	三三	三五	三六	四四	五〇	五四	五六	五八	六六	七〇	七四
三•〇〇	二•一〇	二•三二	二•六〇	二•八〇	二•六〇	二•〇二	二•八〇	二•九〇	二•五二	二•一〇	二•七〇	一•八〇	二•四六	二•二五	二•四四	二•三二	二•六〇	二•三八	?	一•四〇	二•四二	?
一•五〇	〇•七四	一•〇〇	一•一〇	一•四〇	一•一四	一•一〇	一•二八	一•三〇	一•二四	〇•七六	一•二〇	〇•五〇	一•一〇	一•〇〇	〇•九四	一•一四	一•三〇	一•〇二	〇•八五	〇•七六	一•〇二	〇•八五
三•三〇	三•一四	二•六三	三•八〇	四•一〇	三•六〇	三•一〇	四•三〇	三•四〇	五•四〇	四•六〇	三•五〇	一•四六	二•九六	三•〇〇	二•五〇	二•九六	三•二三	四•六〇	二•〇〇	一•九四	三•二〇	一•八〇

七五	二・〇四	一・一六	二・〇〇
七六	二・五〇	〇・八〇	二・一〇
七九	一・九九	〇・六六	一・七五
八〇	二・〇五	〇・八二	四・〇〇
八二	二・六四	一・二六	四・五〇
八三	二・七〇	一・四六	五・八〇
八四	三・一五	一・四〇	五・九〇
八五	二・一〇	〇・八〇	三・八〇
八六	二・〇五	〇・七〇	四・七五
八八	二・三〇	〇・九〇	三・二〇
九〇	二・三三	一・一〇	二・九〇
九八	二・一七	一・〇〇	四・五〇
九九	二・三六	一・〇八	二・八二
一〇二	二・一六	〇・九八	四・〇〇
一〇三	一・九四	〇・五四	四・一〇
一〇七	二・三四	〇・八三	三・五〇
一〇八	二・一四	〇・七五	五・一八
一〇九	二・一〇	〇・八四	三・一九
一一一	一・五八	〇・六八	一・八五
一一四	二・二〇	〇・九九	四・三〇
一一五	二・一〇	〇・七二	二・二〇
一一六	二・〇〇	〇・八五	二・三二
一一七	二・〇五	〇・八〇	三・〇〇

一一九	一·九八	〇·五四	二·七四
一二七	二·四二	〇·九八	三·八五
一二八	二·八〇	一·四〇	四·〇〇
一三〇	二·四〇	〇·九〇	二·七〇
一三二	二·一〇	〇·八〇	二·六〇
一三四	二·七二	一·三〇	五·三二
一三五	二·二八	〇·九〇	三·一五
一三六	二·三八	一·〇〇	四·一〇
一三七	二·一六	〇·八四	三·一二
一三八	二·〇〇	〇·九〇	二·九〇
一四〇	二·四九	一·三〇	四·〇〇
一四一	二·五〇	一·〇四	四·三五
一四三	二·六二	一·〇八	四·一〇
一四五	二·五一	一·一九	四·〇〇
一四九	二·四八	一·〇六	三·六六
一五〇	二·二六	〇·八二	三·〇〇
一五二	二·〇八	〇·七三	二·〇〇
一五三	二·二四	〇·八六	三·一〇
一五六	二·二四	〇·八〇	三·七五
一五七	二·九〇	一·六〇	四·三〇
一五九	二·一六	〇·七〇	五·〇〇
一六〇	二·六六	一·四三	四·二〇
一六一	二·七八	一·四〇	三·七〇

一六二	二•九〇	一•四五	五•七〇
一六三	?	?	六•四〇
一六四	二•二八	〇•九四	四•二三
一六六	二•一〇	〇•六二	二•〇八
一六七	二•三二	一•〇〇	三•二三
一六八	二•二〇	一•〇〇	三•三〇
一六九	二•一四	〇•九三	二•三〇
一七〇	二•六〇	〇•九八	〇•四〇
一七三	二•八〇	一•四〇	四•〇〇
一七四	二•四〇	〇•九〇	四•四二
一七六	二•八二	一•三四	四•六五
一七七	二•二八	〇•九八	三•五〇
一八〇	二•二〇	〇•八六	三•七〇
一八一	二•四五	一•〇〇	五•五〇
一八二	二•三〇	一•一〇	三•九〇
一八三	二•六〇	一•二〇	三•五〇
一八四	二•五〇	一•三三	三•五〇
一八五	二•一六	〇•八二	四•六〇
一八六	二•五〇	一•四〇	四•〇〇
一八八	二•五四	一•一六	四•七〇
一八九	二•六〇	一•〇五	三•八〇
一九二	二•二〇	〇•七二	三•二〇
一九五	二•五〇	一•三〇	四•三〇

一九七	三・〇一	一・七〇	七・〇〇
一九八	二・七二	一・一六	四・六〇
一九九	?	〇・八六	三・三七
二〇〇	二・三二	一・一六	三・九〇
二〇一	二・六〇	一・〇〇	五・〇〇
二〇三	一・九四	〇・五八	三・〇六
二〇六	二・八〇	一・三五	四・四〇
二〇七	二・〇〇	〇・五五	二・八〇
二〇八	二・〇四	〇・八二	二・三〇
二一〇	二・四二	一・二五	四・〇〇
二一一	?	?	一・八六
二一四	二・一六	〇・七二	五・〇〇
二一五	?	?	一・九〇
二一六	二・一〇	〇・六六	一・九八
二一七	二・七〇	一・二〇	五・〇〇
二二〇	二・一四	〇・七八	四・四〇
二二一	二・七二	一・一八	四・一〇
二二二	二・四八	一・二〇	四・一〇
二二五	二・四五	一・〇七	四・九三
二二八	二・七一	一・二四	二・一〇
二三〇	二・〇五	〇・八四	四・一〇
二三一	二・三〇	〇・九六	四・四六
二三二	二・六〇	一・一〇	三・三〇

二三三	二·三二	一·〇八	三·八〇
二三六	二·〇六	〇·八二	三·四五
二三七	二·二〇	〇·七四	四·〇〇
二三八	二·〇〇	〇·七三	二·一〇
二三九	二·一四	〇·七〇	四·四〇
二四〇	二·五八	〇·九八	三·三〇
二五六	二·八〇	一·四〇	三·二〇
二六〇	二·六〇	一·二〇	四·一〇
二六四	二·四〇	一·〇〇	四·六〇
二六五	?	?	二·〇〇
二六六	一·六〇	〇·九〇	一·九〇
二六七	三·〇〇	一·六〇	六·〇〇
二六九	二·四〇	一·一八	五·六〇
二七三	二·〇〇	一·〇〇	二·五〇
二七五	二·四〇	一·三〇	三·三〇
二八四	二·二〇	一·〇〇	一·六〇
二八六	?	〇·七五	三·〇〇
二八八	二·三〇	三·〇〇	三·〇〇
二八九	二·八〇	一·二五	五·三〇
二九一	二·一八	〇·五〇	二·九〇
二九二	二·五〇	一·〇〇	一·二〇
二九六	一·〇〇	〇·八〇	〇·七〇
三〇〇	二·七〇	一·二二	四·〇〇

三○一	二・二○	○・八四	四・一○
三○二	二・五○	○・八○	五・○○
三○三	二・六○	一・二○	四・九○
三○五	二・六五	一・一五	四・六○
三○六	二・一○	○・八○	三・三○
三○七	二・五○	○・九○	四・八○
三○八	二・二○	○・七五	四・○○
三○九	二・三○	○・七八	三・三○
三一○	二・七○	一・六五	?
三一二	三・三○	一・八○	四・六○
三一三	二・六○	一・三○	三・八○
三一四	一・九○	○・六二	二・二○

㈠、三一、首先，我們根據上節表中的尺寸，加以歸類；然後再加以討論說明：第一類、長方形寬坑，共有一百零二座（即墓五三、四、五、一二、一三、一四、一五、一七、二○、二二、二三、二四、二六、二七、二八、二九、三二、三五、三六、五○、五四、五六、六六、七五、八二、八三、八四、九○、九八、九九、一○二、一○九、一一一、一一四、一一六、一一七、一二八、一三二、一三四、一三六、一三七、一三八、一四○、一四一、一四三、一四五、一四九、一五七、一六○、一六一、一六二、一六四、一六七、一六八、一六九、一七三、一七六、一七七、一八一、一八二、一八三、一八四、一八五、一八六、一八八、一八九、一九五、一九八、二○○、二○一、二○六、二一○、二一七、二二一、二二二、二二五、二二八、二三○、二三一、二三二、二三三、二三

六、二三五、二六〇、二六四、二六六、二六七、二六九、二七三、二七五、二八四、二八八、二八九、二九二、三〇〇、三〇三、三〇五、三〇六、三一〇、三一二及三一三）；第二類、長方形窄坑，一共有四十九座（即墓二、六、七、一九、三〇、三三、三四、七〇、七六、七九、八〇、八五、八六、八八、一〇三、一〇七、一〇八、一一五、一一九、一二七、一三〇、一五〇、一五二、一五三、一五六、一五九、一六六、一七〇、一七四、一八〇、一九二、一九七、二〇三、二〇七、二〇八、二一四、二一六、二二〇、二三七、二三八、二三九、二四〇、二九一、三〇一、三〇二、三〇七、三〇八、三〇九及三一四）；尺寸不詳的有八座（即墓五八、七四、一六三、一九九、二一一、二一五、二六五及二八六）；另外一座比較特別的是墓二九六號。

㈠、三二、我們分成幾點來加以討論：第一、安陽大司空村這一百六十座小墓坑裏，長方形寬坑一共有一百零二個，所佔的百分比是六三．八，長方形窄坑一共是四十九個，佔全數百分之三十．六。第二、在長方形寬坑裏，有十二個墓坑是最值得提的，它們是墓五三、四、一七、二三、二六、二九、五四、六六、一二八、一七三、二二二及二七三，這十二個墓坑，它們的長度正好是寬度的一倍（參考㈠、二七），可以說是標準式的寬坑，這當然是測量和挖掘的細心所造成的。第三、在中型墓坑方面，長方形窄坑並不流行（㈠、二九）；反過來看小型墓坑，卻有四十九座之多，佔了百分之三十．六！而且，其中墓二、一九、三〇、一〇八、一一五、一一九、一五九、二一四、二二〇及二三九這十座墓坑，它們的長度正好是寬度的三倍，也就是說，它們的寬度正好是長度的三分之一，我們不但應該說這是測量者有意造成的，而且應該說這是標準式的窄坑。第四、不但如此，其中墓七

六、一六六、一九二、二〇三、二一六及三〇八這六座墓坑，它們的寬度竟不到常度的三分之一，也就是說它們比上面第三點所說的窄坑還要窄。第五、六不但如此，其中墓一〇三、二〇七及二九一這三個墓坑，比上面所說的兩種窄坑還要更窄，它們的寬度短得只有長度的四分之一！根據第四、五兩點，我們很淸楚地可以指出，當時小型墓坑確實是有長方形窄坑的存在。第六、中型墓坑的兩座長方形窄坑（㈠、二七），根本就比不上這裏所提的窄；因爲資料還沒完全整理出來，我們不便下太多的斷語，我們只能說：在小型墓坑方面，長方形窄坑正在流行着，而且，偶而也流行着非常窄的窄坑。

㈠、三三、此外，我們要特別提到的，是墓二九六，它的墓坑長度是一公尺，寬度竟達〇・八公尺！幾乎要成爲正方形墓坑了。這是很稀有的現象，所以特別令人注目。最後，還有一點必需提的：墓一五、三三、六六、七九、一〇三、一一一、一一九、二〇三、二六六、二九六及三一四這十一個墓坑，是這羣墓坑最小的幾座墓，它們長不及二公尺，寬不及一公尺；墓二九六長度只有一公尺，寬度只〇・八公尺，是最小的一個墓坑了。

河南鄭州

㈠、三四、在河南鄭州發掘的殷人墓，分散在三個地方，即：上街，銘功路西側及二里崗，我們依次敍述如下。在上街發掘的殷墓共有五座，它們的尺寸是：

墓號	墓坑長(公尺)	寬(公尺)	深(公尺)
六二	二・二〇	〇・六九	〇・七六
六四	二・六〇	〇・八〇	〇・八〇
另外三座M三九、四一、四八長、寬未詳			

在銘功路西側發掘的殷墓有兩座，它們的尺寸是：

墓號	墓坑長(公尺)	寬(公尺)	深(公尺)
二	一・九〇	一・三五	〇・六五
四	二・〇八	〇・六九	〇・五五

在二里崗發掘的殷墓也有兩座，它們的尺寸是：

墓號	墓坑長(公尺)	寬(公尺)	深(公尺)
一	一・九五	南〇・九五 北〇・七〇	不詳
二三	一・五〇	〇・五七	〇・五六

㈠、三五、根據已知的六座墓坑的尺寸，我們分爲兩類：第一類、長方形寬坑，只有墓一、二〇座而已。第二類、長方形窄坑，有墓四、二三、六二及六四，四座，佔全部百分比之六十六・六。這裏，我們有幾點要說明的：第一、第四號的墓坑，是標準式的窄坑，它的寬度正好是長度的三分之一。第二、墓六二、六四，二座的寬度不及長度三分之一，它們是很窄的窄坑，和㈠、三二第四點所說的幾座墓的規模一樣。第三、安陽大司空村長方形窄坑只佔百分之三十・六，鄭州長方形窄坑却佔了百分之八十六・四，這是最令人注意的一點。第四、在小型墓坑裏，不整齊的墓坑第一次出現，那就是第一號墓，南端寬〇・九五公尺，北端寬〇・七〇公尺；是有意造成的呢？還是測量及挖掘的粗心呢？我們現在還不敢作結論。

安陽小屯村及西北崗

㈠、三六、中央研究院歷史語言研究所於一九二九年秋在小屯村及西北崗二地，也曾發掘了三個殷代小型墓坑：

墓號	墓坑長（公尺）	寬（公尺）	深（公尺）
一八・二	（長方形兩端不齊）		
一八・三	二・二〇	〇・八五	二・六五
一八。四	二・一〇	〇・八五	一・七〇

這兩座已知的墓坑的形制，似乎沒有什麼特出的地方；它們都是長方形寬坑。另外一座未知尺寸的一八・二墓，據當時的記錄（中央研究院安陽發掘報告第三期，李濟之先生俯身葬），說是「長方形，兩端不齊」，這裏的「兩端」，大概是指南、北二方的寬度而言，至於尺寸相差多少？就沒有詳細的記錄了。我們推想，大概和鄭州二里崗第一號墓（㈠、三四）相差不遠吧？

安陽高樓莊

㈠、三七、在安陽的高樓莊，也曾發掘了一些殷墓，爲數九座。這九座墓的上口都堆着殷代的文化層，所以，它們都是殷墓。它們的尺寸是：

墓號	墓坑長(公尺)	寬(公尺)	深(公尺)
一	二・三〇	一・〇〇	三・四〇
二	二・六〇	一・〇〇	三・四〇
三	不明	〇・六〇	四・四〇
四	不明	〇・五〇	四・四〇
五	一・八〇	〇・六〇	三・〇〇
六	一・八〇	〇・六〇	二・七〇
八	三・〇〇	二・三〇	八・五〇
九	二・五〇	一・二〇	八・五〇
一〇	一・八〇	〇・六〇	三・九〇

這九座墓坑，依然可以分作兩大類：第一類、長方形寬坑，一共有三座（二、八、九）；第二類、長方形窄坑，一共有四座（一、五、六及一〇），其中墓五、六及一〇，是標準式的窄坑，寬度正好是長度的三分之一。在這九座墓坑中，除了兩座不明外，長方形窄坑共佔了四座，佔百分之五十七。

輝縣琉璃閣區

㈠、三八、輝縣琉璃閣區發掘的殷墓，除了少數是大、中型的墓坑外，其他絕大部份是小型墓坑；我們先將它們的尺寸列表如下，然後，再加以分類討論。

墓號	墓坑長(公尺)	寬(公尺)	深(公尺)
一一〇	二・一〇	〇・八〇	〇・五六
一一七	二・〇〇	〇・八〇	〇・八〇
一二三	二・四〇	〇・八〇	一・六〇
一二四	二・一〇	〇・七〇	二・〇〇
一三六	?	〇・六五	一・二〇
一四六	二・七〇	一・五〇	二・三〇
一四八	一・九〇	〇・六〇	一・五〇
一五五	二・二〇	〇・六〇	一・三〇
一五七	?	〇・六〇	一・〇〇
一五八	一・八〇	〇・六〇	一・三〇
二〇一	一・九〇	〇・五〇	〇・八〇
二〇二	二・二〇	〇・七〇	一・四三
二〇三	二・二〇	〇・七二	一・五〇
二〇四	一・九五	〇・五〇	一・〇八
二〇五	一・九八	〇・六〇	一・四三
二〇六	一・八〇	〇・四〇	一・〇二
二〇七	一・九〇	〇・五〇	一・二〇
二〇八	一・七六	〇・五〇	一・二二
二〇九	一・七〇	〇・四八	〇・八〇
二一〇	二・一〇	〇・五〇	一・一〇
二一一	一・九〇	〇・四五	〇・七二

二一二	?	〇・五〇	一・五〇
二一五	一・一五	〇・四〇	一・一八
二一七	一・六〇	〇・四〇	〇・七八
二一八	二・〇〇	〇・四九	一・二三
二一九	?	〇・五〇	一・三〇
二二〇	?	〇・五六	一・一〇
二二一	一・九〇	〇・四八	〇・九〇
二二三	一・八二	〇・五〇	〇・九〇
二二四	一・九〇	〇・五〇	一・三五
二二五	一・八五	〇・四八	〇・七六
二二六	二・二〇	〇・四〇	〇・九〇
二二七	二・三〇	〇・六〇	〇・九三
二三二	二・四〇	〇・八〇	〇・八〇
二三三	二・三〇	〇・八〇	〇・八二
二三四	一・八〇	〇・五〇	〇・五四
二三五	一・九〇	〇・四〇	〇・四二
二三七	二・〇五	〇・七〇	〇・五〇
二三八	二・二〇	〇・八〇	一・三五
二三九	?	〇・五六	一・四六
二四四	二・一〇	〇・六〇	〇・六七
二四五	一・七八	〇・四二	〇・四八
二四六	一・七〇	〇・四四	〇・四五
二四七	?	〇・五〇	〇・八〇

二四八	一・七〇	〇・三八	〇・七四
二四九	一・八〇	〇・四〇	〇・六四
二五〇	二・一二	〇・五〇	一・〇六
二五一	?	〇・五四	〇・九七

㈠、三九、首先，我們將這四十八座小墓坑分成三大類。第一類、長方形寬坑，共有三座（墓一一〇、一一七及一四六）；第二類、長方形窄坑，共有三十七座（墓一二三、一二四、一四八、一五五、一五八、二〇一、二〇二、二〇三、二〇四、二〇五、二〇六、二〇七、二〇八、二〇九、二一〇、二一一、二一五、二一七、二一八、二二一、二二三、二二四、二二五、二二六、二二七、二三二、二三三、二三四、二三五、二三七、二三八、二四四、二四五、二四六、二四八、二四九及二五〇）；第三類、尺寸不明的，共有八座（墓一三六、一五七、二一二、二二〇、二三九、二四七、二五一）。

㈡、四〇、我們分幾點來討論：第一、琉璃閣區小型墓坑長方形墓坑只有三座，數目不但少，而且，也沒有什麼特出的地方。第二、長方形窄坑除了三座（墓二一五、二三三及二三八）是普通窄坑外，其他都是我們所值得提起來討論的；在這三十四座特別的窄坑中，有六座（墓一二三、一二四、一五八、二〇三、二三二及二三七）是標準式的窄坑，它們的寬度正好是長度的三分之一。第三、在這三十四座特別的窄坑中，有十座（墓一四八、一五五、二〇二、二〇五、二〇八、二〇九、二一八、二二三、二三四及二四四）是寬度小過長度三分之一；換句話說，這十座墓比第二點所說的六座還要窄。第四、其中，有六座（墓二〇一、二〇四、二〇七、二一一、二二四及二二七）不但寬度小過長度三分之一，而且，寬度幾乎要等於長度四分之一了！第五、其中，有一座墓坑二一七號，它的寬度正好是長度的四分之一，我們可以作爲上下的分水嶺。第六、其中，有九座的墓坑（墓二〇六、二一〇、二二一、二二五、二三五、二四五、一四六、二四九及二五〇），它們的寬度小過長度的四分之一。第七、其中，有兩座（墓二二六及二四八）是所有窄坑裏最窄的墓坑，它們的寬度小過長度五分之一！這是我們首次見到最窄的墓坑了。

㊀、四一、爲了清楚起見，我們將上節的討論列爲一表：

a 長方形寬坑	三座	佔六・二%
b 長方形窄坑	三七座	佔七七・一%
①寬大於長三分一	三座	佔八・一%
②寬等於長三分一	六座	佔一六・二%
③寬小於長三分一	十座	佔二七・〇%
④寬等於長四分一	七座	佔一六・二%
⑤寬小於長四分一	九座	佔二四・三%
⑥寬小於長五分一	二座	佔五・四%

在窄形墓坑裏，第三項佔窄形墓坑百分之二七，第五項佔百分之二四・三，是值得注意的兩點。爲了以後討論的方便，我們擬對這六種窄坑冠予名稱，即：

長方形窄坑

①第一種窄坑　　普通窄坑；

②第二種窄坑　標準窄坑；
③第三種窄坑　次標準窄坑；
④第四種窄坑　四分一窄坑；
⑤第五種窄坑　次四分一窄坑；
⑥第六種窄坑　五分一窄坑。

洛陽東郊

㈠、四二、在洛陽東郊，除了幾座大、中型殷代墓坑外，還有好幾座小型墓坑，它們的尺寸是：

墓號	墓坑長(公尺)	寬(公尺)	深(公尺)
一五七	一·八〇	一·三〇	三·一〇
一六四	二·四六	一·一七	三·四八
一六九	二·三七	一·一七	一·二〇
一六二	二·七〇	一·三八	三·四六
一六六	一·六四	一·六〇	二·七〇
一〇三	二·七〇	一·三〇	四·一〇

洛陽東郊這幾個墓坑，都是長方形寬坑，沒有一個是例外的；其中墓一六六，寬和長只差〇·二四公尺，幾乎要變成正方形墓坑了。這一個特點，拿來和上文比較，不得不令我們注意了。

河南陝縣七里舖

㈠、四三、在河南陝縣七里舖這個地方，我們只發現了三個小型殷代的墓坑，除了墓三〇二的尺寸不明外，其他兩座的尺寸是：

墓號	墓坑長（公尺）	寬（公尺）	深（公尺）
三〇二	未明		
三〇三	一・九三	〇・五六	不明
三〇六	一・八〇	〇・六〇	不明

這兩座墓坑，都是長方形窄坑，墓三〇六是標準窄坑，墓三〇三是次標準窄坑，墓坑還不算太窄；沒有什麼特出的地方。

㈠、四四、在河南省所發掘的殷代小型墓坑，只有上述的七個地方，爲了清楚起見，也爲了討論的方便，我們將它們加以統計，並且，製作了一個圖表：

	寬坑	窄坑 普通型	窄坑 標準型	窄坑 次標準型	窄坑 四分一型	窄坑 次四分一型	窄坑 五分一型	寬窄百分比
大司空村	一〇二	二〇	一〇	六	三			寬六三・八% 窄三〇・六%
鄭州	二		二	二				寬三三・三% 窄六六・六%
小屯村及西北崗	二							寬一〇〇% 窄〇%
高樓莊	三	一	三					寬四二・八% 窄五七%
琉璃閣區	三	三	六	一〇	七	九	二	寬六・二% 窄七七・一%
洛陽東郊	六							寬一〇〇% 窄〇%
陝縣七里鋪								寬〇% 窄一〇〇%

㈠、四五、根據這個圖表，我們可以看出：第一、在大司空村，寬坑佔了六十三．八百分比，琉璃閣區的窄坑，却佔了百分之七七．一；這可能因地域上的差異，流行的形制有所不同。第二、小屯村、西北崗及洛楊東郊所發掘的，全是寬坑，不過，因為發掘數量很少，我們只能說該處曾流行寬坑，而不能否定沒有窄坑的存在。第三、相同的，陝縣七里舖上有兩座窄坑，我們也不能藉此否定寬坑的存在。第四、鄭州及高樓莊似乎代表了另一意義：寬坑及窄坑在該二處都同時地流行著。我們的結論是：大致上來說，殷代的小型寬、窄坑，都是同時流行著的，有些地方比較流行寬坑，譬如大司空村，有些地方比較流行窄坑，譬如琉璃閣區；而且，在這個流行窄坑的典型地域，有著前所未有的最窄的窄坑！

㈠、四六、有了這個結論以後，我們再來和中型墓坑（㈠、二九）相比較。中型墓坑一共發掘了十五座，寬坑就佔了十三座，餘下兩座是窄坑；可見得窄坑並不流行。反過來看小型墓坑，不但流行寬坑，窄坑也很流行。根據當時的社會情況來看，小型墓坑似乎是代表另一社會階級的人物，當然，這層階級比中型墓坑的人物要低得多。有了這個觀念，我們或許可以這麼說：在殷代，社會階級低微的人物，他們死後的葬坑，有的是長方形寬坑，有的是長方形窄坑；寬坑以達到正方形為極限，窄坑以達到五分一型為極限；社會階級比較高的人物，他們死後的墓坑，絕大部份是長方形寬坑，也是以近乎正方形為極限；絕少部份的長方形窄坑，可能是受了下一層社會人物的影響。

乙　西周及春秋時代

㈠、四七、西周及春秋時代墓坑的發掘，都集中在陝西、河南、山西及湖南四省；其中，以陝西發掘得最多，河南次之。在這許多地方裏，屬於大型墓坑的計有兩處，即陝西長安的張家坡和普渡村；屬於中型墓坑的共有三處，即陝西扶風岐山、洛陽及山西的侯馬縣；屬於小型墓坑的共有六處，即長安張家坡、普度村、扶風岐山、洛陽、山西芮城及湖南常德。現在，我們依次敘述如後。

大型墓坑

陝西長安張家坡

㈠、四八、長安張家坡只發掘了一座西周時代的墓坑，因爲尺寸相當大，我們列入了大型墓坑。

墓號	墓坑長(公尺)	寬(公尺)	深(公尺)
	四・五五	二・三〇	三。五〇

這是一座長方形寬坑墓，墓口與墓底的長、寬相同，沒有任何特點。

長安普渡村

㈠、四九、長安普渡村發掘的西周墓，也只有一座；它的尺寸是：

墓號	墓坑長(公尺)	寬(公尺)	深(公尺)
	四・二〇	二・二五	三・五六

這也是一座長方形寬坑墓，除了墓坑形制大以外，再也沒有什麼特別令人注目的地方了。

中型墓坑

陝西扶風岐山

㈠、五〇、扶風岐山發掘中型的西周墓坑，一共有三座：

墓號	墓坑長(公尺)	寬(公尺)	深(公尺)
八	三・〇二	一・六六	三・九三
三三	三・二八	一・六〇	五・四〇
上康村第二號	三・三〇	南二・〇〇 北二・一六	一・六〇

根據這個表，我們說明幾點如下：第一、這三座墓坑都是長方形寬坑；第二、上康村第二號墓的南、北寬度不同，相差了〇・一六公尺，這是令人注意的地方；第三、它們都沒有墓道。

洛陽

㈠、五一、在洛陽，我們有兩處發掘了春秋時代的中型墓坑：洛陽東郊一座：

墓號	墓坑長(公尺)	寬(公尺)	深(公尺)
	三・〇〇	一・五〇	三・五〇

洛陽中州路三座，

一共是四座。這四座墓的墓坑，完全是長方形寬坑；其中，洛陽東郊那一座以及墓八一六，竟是標準式的寬坑。

墓號	墓坑長(公尺)	寬(公尺)	深(公尺)
一一三	三・〇〇	一・六四	五・〇〇
六四〇	三・〇〇	一・六一	五・四五
八一六	三・二五	一・五五	五・三〇

山西侯馬縣

㈠、五二、山西侯馬縣發掘的古墓中，屬於春秋中型墓坑的，大約有七、八座；因爲該報告敍述得很簡單，所以，我們除了知道一個大概以外，其他一概不知。

墓號	墓坑長(公尺)	寬(公尺)	深(公尺)
五八	三・一〇	一・八〇	七・三〇
H四	(略同)		
M三	(略同)		

這是三座長方形寬坑的墓葬。當然，如此含糊的記錄，實在不能使我們滿意；尤其是當我們知道其他墓坑如M五號等的尺寸毫無記錄時，不得不對侯馬縣的墓坑的討論加以保留。

㈠、五三、關於西周及春秋時代的中型墓坑，我們只在這三個地方發掘到，一共大約是十多座。

無論是大型或者是中型墓坑，也無論是在那一個地方發掘的，看完上面的敘述後，我們立刻會發現，它們全部都是長方形寬坑，梅有一個例外。也許我們會說，這十多座墓坑，數量非常少，我們怎麼可以遽然說不會有窄坑的發現呢？當然，這是一件不可否認的事實。不過，這十多座墓的地點分布得很廣，有的在陝西，有的在河南，有的在山西，爲什麼它們相同的都是寬坑呢？這是一個令人費解的問題。總之我們現在不能作太堅定的結論；我們只能這麼說，在西周及春秋時代，大型及中型墓坑似乎只流行長方形寬坑，並不流行長方形窄坑。我想這個結論似乎是略爲中肯的。

小型墓坑

㈠、五三、在長安所發掘的西周小型墓坑，可分爲兩處，一處是在張家坡，一處是在普渡村。

長安張家坡

㈠、五四、長安張家坡一共發掘了五座西周時代的小型墓坑，該報告非常簡單，除了說「共發現五座。……墓長三公尺，寬一．五公尺左右。」外，再也沒有任何資料可以供給我們參考了。根據這條簡短的紀錄，我們除了斷定它們是長方形寬坑外，再也無法作其他的結論。根據我們過去的觀察，這五座小型墓坑也該是沒有墓道的。

長安普渡村

㈠、五五、普渡村在傳說爲鎬京所在的豐鎬村西南大約三里左右的地方，一共發掘了兩座春秋小型墓坑；它們的尺寸如下：

墓號	墓坑長(公尺)	寬(公尺)	深(公尺)
一	二·七〇	〇·九五	一·六〇
二	二·八〇	一·〇四	一·六五

這兩個墓坑都是長方形窄坑，墓二是普通窄坑，墓一却是標準窄坑。

扶風岐山

(一)、五六、扶風岐山所發掘的春秋小型墓坑的尺寸是：

墓號	墓坑長(公尺)	寬(公尺)	深(公尺)
一一	二·三二	〇·七二	二·四〇
五	二·〇四	一·七〇	四·〇〇
一六	二·九六	一·三六	四·七〇
一三	二·三五	〇·六七	不明
上康村一號墓	(槨)二·三〇	(槨)一·三二	不明
上康村五號墓	(槨)二·九〇	(槨)一·五〇	不明

有關上康村的墓坑的發掘報告，因爲記載得很簡單，我們不但沒法知道第一、五號墓眞正墓坑的長寬，而且，也沒法知道還有多少個墓坑沒有列入記錄（大概不太多）。因爲只有槨的寬長，所以，我們只好據此而推，希望不會相差得太遠！這六座小型墓坑，我們可以分作兩類：墓五、一六、上一及上五四座都是寬坑；墓一一及一三是兩座窄坑，而且是次標準窄坑。

洛陽

㈠、五七、洛陽中州路一共發掘了七座小型墓坑，它們的尺寸是：

墓號	墓坑長(公尺)	寬(公尺)	深(公尺)
二一一	二・六〇	一・四〇	六・〇〇
三一五	二・一〇	一・〇〇	三・七八
三三	二・五二	一・〇四	三・八二
三五四	？	〇・八六	六・九〇
四〇三	二・三五	一・一〇	二・五〇
四〇四	二・〇六	〇・九〇	三・一五
五〇六	二・六〇	一・二〇	五・四〇

這七座小型墓坑，除了墓三五四號的長度不明外，其他各墓長、寬的比較，都是二比一；也就是說，都是長方形寬坑。

山西芮城永樂宮

㈠、五八、山西芮城永樂宮曾經發掘了十座春秋時代小型的墓坑，這些墓坑的尺寸，該報告說，長度由二公尺到二・八六公尺，寬度〇・六公尺至一・三公尺。像這樣簡單的報告，我們實在沒法子詳細地推出這些墓坑的形制；不過我們可以肯定地說一句：這其中既有長方形寬坑的存在，也有長方形窄坑的存在。爲甚麼呢？首先，我們以它們尺寸的上限來看，長是二・八六公尺，寬是一・三公尺，差不多是二比一，很明顯的，這是長方形寬坑。其次，再看尺寸的下限，長二公尺，寬〇・六公尺，寬度小於長度的三分之一，這正是次標準型窄坑，我們雖然沒法子判定個別的墓坑形制，不過，根據以上的推測，寬坑及窄坑同時存在，是一件不可否認的事實。

湖南常德德山

㈠、五九、湖南常德所發掘的，一共有十七座之多，可惜我們也是沒法得知它們詳細的尺寸。該報告說：

早期（春秋）墓葬共十七座，都爲長方形土坑墓，其中又可分爲狹長方形的（十六座）和長方形的（墓八）兩種。……狹長方形土坑墓，一般墓底長一・六六—二七公尺，寬〇・五一—一・二一—二公尺，深〇・二八公尺，長寬約爲三比一。長方形土坑墓只墓八一座，其長寬約爲三比二，墓底長二・二公尺，寬一・八五公尺，深一・三五公尺。

既使這份報告的分類方法和我們不太一樣，不過，我們也可以觀察得出，在湖南常德這地方，寬坑及窄坑是同時存在着的，而且，窄坑所佔得數量多達一半以上。

㈠、六〇、根據上面的敍述，西周及春秋時代小型墓坑是寬、窄兩類墓坑同時流行着的，固然，張家坡（㈠、五四）及洛陽兩地（㈠、五七）都只有寬坑，但是，普渡村（㈠、五五）、扶風岐山（㈠、五六）、芮城（㈠、五八）及常德（㈠、五九）都是寬、窄同時存在，因此，我們的結論不能偏向一方。

㈠、六一、有了這個結論以後，我們用來和同時代的大型及中型的墓坑（㈠、五三）相比較。原來西周及春秋的時代，大、中兩型並不流行窄坑，都只流行寬坑；唯有小型墓坑才寬、窄二型同時流行。實際上，我們再往前推，西周及春秋時代大、中兩型不流行窄坑是有其原因的，早在殷商時代的大、中兩型就絕大部分流行著寬坑，而不流行窄坑（㈠、四六）！小型墓坑是社會階級非常低微人物的，也許，窄坑是他們的特別標誌，偶而採取寬坑，大概是受了上層階級的影響。這些受上層影響的人，也許是低微人物裡頭比較有錢的人物。我們可以將這兩個不同時代的歷史來源列一表：

		殷商	西周及春秋
大型	寬	○	○
	窄		
中型	寬	○	○
	窄	○	
小型	寬	○	○
	窄	○	○

根據這個表，我們可以明白殷商、西周及春秋兩代墓坑形制的演變。

丙　戰國時代

㈠、六二、我們發掘得的戰國墓坑，數量之多，遠遠地超過了殷商、西周及春秋兩代的總和；地域範圍分佈之廣，也遠遠地是上兩代所趕不上的。就大型墓坑來說，山西、河南、河北、四川及湖南都有所發現，這當然是由於戰國時代交通方便，列國開疆拓土所導致的。

大型墓坑

山西長治分水嶺

㈠、六三、長治分水嶺所發掘的戰國墓一共有三十多座，屬於大型墓坑的，大約有十座左右。比較值得我們提起的，有下列幾座：

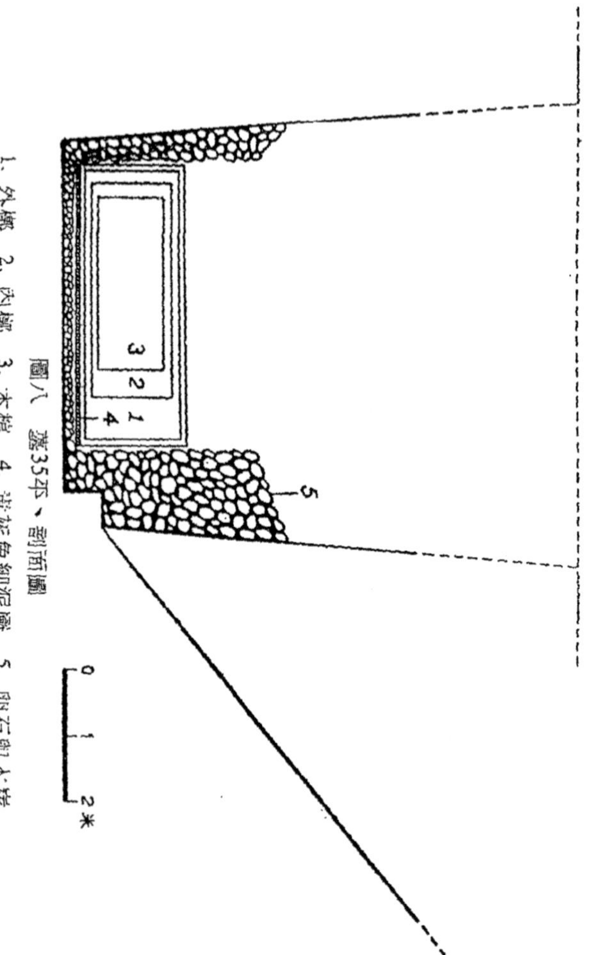

圖八　墓35平、剖面圖

1. 外槨　2. 內槨　3. 木棺　4. 青灰色細泥層　5. 卵石與木炭

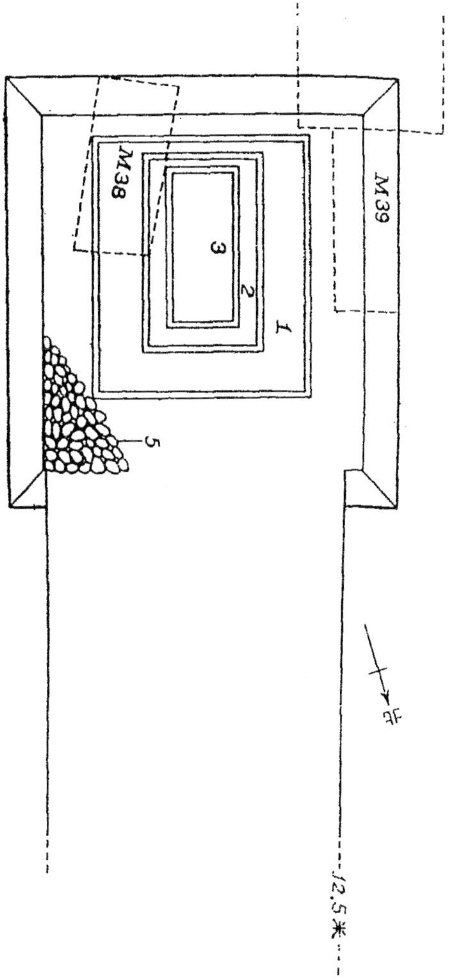

圖九

㊀、六四、墓二十五　墓口長六・七公尺，寬五・六公尺；墓底長六・三公尺，寬五・二公尺，深八・二公尺。是口大底小的墓坑，沒有墓道。寬、長相差很小，幾乎是正方形的墓坑。

㊀、六五、墓三十五　這個大型墓的寬、長尺寸，可以參考下表；值得我們注意的，是它北部的一條墓道全長一二・五公尺，寬五・一公尺（圖八、九），與墓坑北壁斜接處深七・四公尺。這座墓的長度是七・二公尺，墓底距表面是八公尺，而墓道長度只有十二・五公尺，根據比例來計算道底的坡度約是四十二度左右，比諸侯家莊最陡的墓道的坡度三十四度，要差上八度左右！這麼陡的墓道，

不但不適合棺木的搬運，也不太適合活人的上下呢！

㈠、六六、下面我們將它們的尺寸列一表：

墓號	墓坑長(公尺)	寬(公尺)	深(公尺)
一二	八・九〇	八・〇六	八・一〇
二六	〇・五五	四・九〇	八・三〇
二五	六・三〇	五・二五	八・二〇
五三	四・八六	三・四二	六・三〇
二〇	八・四〇	五・七五	一・〇四〇
二一	四・三〇	三・一〇	一〇・〇〇
三五	五・八〇	五・〇六	八・〇〇
三六	四・五〇	三・二〇	一〇・〇〇

根據這些尺寸，我們可以發現，它們都是長方形寬坑，墓十二及三十五的長和寬，相差得尤其小；可見得長方形寬坑是大型墓的本來面目。

山西侯馬上馬村

㈠、六七、侯馬上馬村發掘戰國大型墓坑，一共有二座，它們的尺寸是：

墓號	墓坑長(公尺)	寬(公尺)	深(公尺)
五	四・〇〇	二・九〇	五・〇〇
一三	五・二〇	三・八五	六・二〇

這兩座都是長方形寬坑，沒有墓道；無論形制或規模，都比不上長治分水嶺的墓三十五號。

河北懷來北辛堡

㈠、六八、河北懷來北辛堡這個地方，在戰國時代，是屬於燕國的西北邊塞；在這裏，曾經出現了兩座戰國早期的大型墓坑。就器物的形制、棺槨的安排以及殉葬的制度來看，這兩座墓固然不是完全屬於中原的文化，不過，就墓坑的形制結構來看，却和中原的不無牽連的關係，因此，我們還是將它們列進來，作爲一個參考及比較。至少，對於研究燕國的歷史的人，是具有一定的意義。第一號墓是個狹長形土坑，墓口、墓底的尺寸是：

墓口

東西長　一五・一公尺

東端寬　五・一公尺

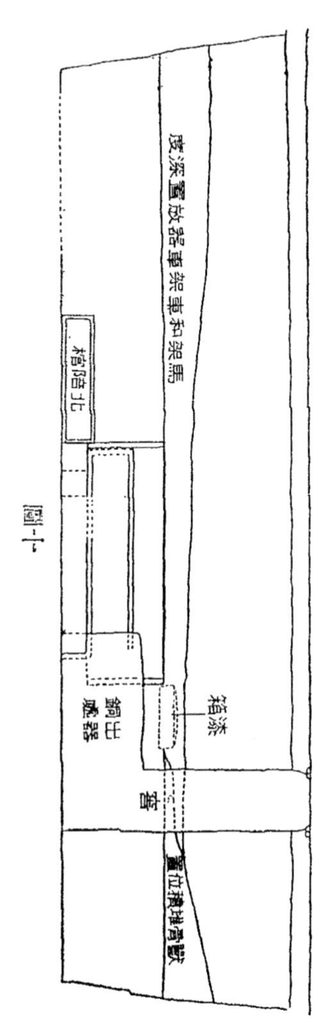

圖十一

西端寬　三・四四公尺

深　〇・三公尺

墓底

東西長　一四・二公尺

東端寬　四・四公尺

西端寬　二・八六公尺

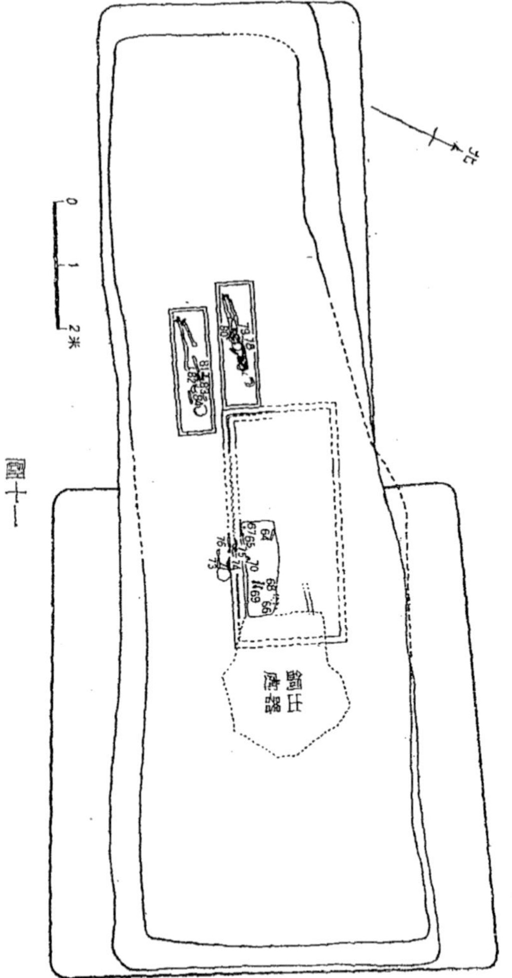

圖十一

深　三・九公尺

根據這個尺寸，可以知道是座口大底小的墓坑（圖十）。這座大型墓，有幾點令我們特別注意：第一、它是個特大號的長方形窄坑，這個窄坑可以分成兩部份，一部份是東邊比較淺的方形坑（見圖十一）一部份是西邊比較深的長方形坑，這個深的長方形坑一直挖到東邊正方形坑的東壁。第二、在東邊正方形坑的東壁上，有若干的臺階，臺階的形制及長寬，報告裏沒說清楚。這個臺階，很顯然的，和墓道具有共同的用途。第三、東邊比較淺的正方形坑，很顯然的，就是所謂「二層臺」，這是受了中原文化的影響的。

㈠、六九、第二號大墓（圖十二）就在第一號墓的西南，相距約十二公尺。它的尺寸為：

墓口

東西長　六公尺

南北寬　三・三六公尺

深　〇・三公尺

墓底

東西長　四・九公尺

南北寬　二・八公尺

深　四・二公尺

此外，在壙壁上部東西兩側開有深一・五公尺，寬〇・九公尺左右的臺階。這座墓，也有幾點令我們

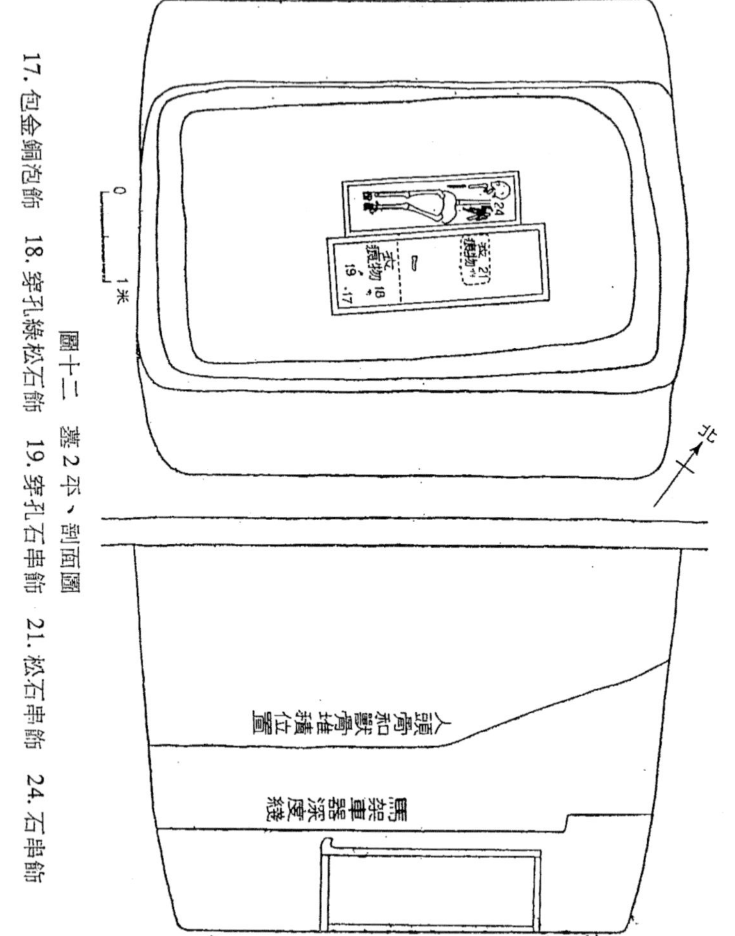

圖十二　墓2平、剖面圖

17. 包金銅泡飾　18. 穿孔綠松石飾　19. 穿孔石串飾　21. 松石串飾　24. 石串飾

注意：第一、墓坑上部是一個比較淺的正方形土壙，這就是所謂「二層臺」；單以這一部來說，它和墓一號完全是一樣的。第二、它有兩條臺階，和墓一相同的，都和墓道的用途一樣。第三、它沒有如墓一號一樣的，將墓坑分作東、西兩部份，這是兩墓相異的最大點，就因爲這一點，使它們棺、槨的安置有很大的不同（圖十三）。無論如何，這兩座墓是非常特別的；文化的不同，造成了它們自成一系統。

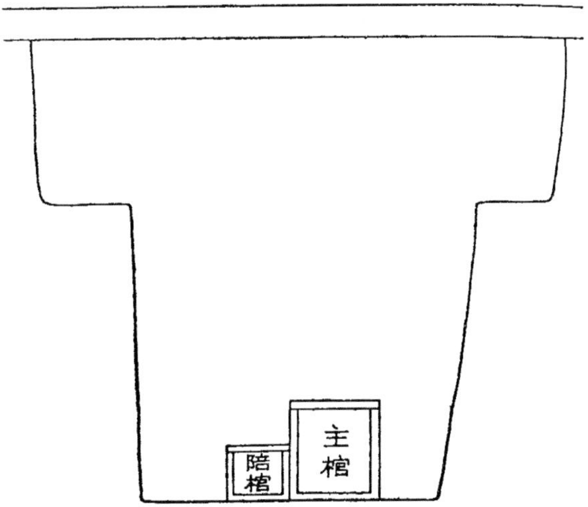

圖十三

河北北平懷柔城北

㈠、七〇、在北平懷柔城北部，我們發掘了二十三座戰國墓，其中，只有兩座是大型墓坑：

墓號	墓坑長（公尺）	寬（公尺）	深（公尺）
四〇	四・五〇	三・二〇	五・二〇
四一	四・二〇	三・一〇	五・三五

這兩座都是長方形寬坑，沒有墓道及任何令人注意的特點。

北平

㈠、七一、在北平的十三陵水庫及松園，曾發現許多戰國墓葬。十三陵水庫方面，報告裏除了一句「發現很多戰國墓，完全是土坑墓」外，就沒有任何關於墓坑的消息了，因此，我們沒法利用這批「很多戰國墓」的材料。在松園方面，只發掘了兩座：

墓號	墓坑長(公尺)	寬(公尺)	深(公尺)
一	四・二〇	二・二〇	不明
二	比一號墓稍大		

實際上，我們只知道一座墓的尺寸而已；「稍大」二字的含糊，使我們不敢再進一步推斷。墓一號是座長方形寬坑，沒有甚麼特點。

河北邢臺南大汪村

㈠、七二、河北邢臺大汪村曾發掘了七座戰國墓，其中，只有第一號墓是大型墓坑，其他都是中、小型。這一號墓坑的長度是五・三公尺，寬度是三・四公尺，深度是六・三公尺。長方形寬坑。

河北邯鄲百家村

㈠、七三、在河北的另一個地方，邯鄲百家村，也曾發掘了一大批戰國墓。其中有七座是大型墓，它們的尺寸是：

墓號	墓坑 長（公尺）	寬（公尺）	深（公尺）
三	五・〇〇	四・一〇	四・八〇
一一	四・九五	三・九五	七・八〇
二〇	四・一〇	三・一〇	四・四〇
二五	五・〇〇	四・〇〇	五・七〇
五七	四・七六	三・五〇	八・九〇
五八	五・三〇	四・一五	一一・三五
五九	七・四〇	六・〇〇	一・七〇

它們一律都是長方形寬坑，墓五十九號規模最大，墓二十號規模最小。都沒有墓道。

河南洛陽西郊

㈠、七四、河南發掘的大型戰國墓，有的在洛陽西郊，有的在洛陽燒溝，有的在上村嶺，有的在輝縣，爲數有五處之多。洛陽西郊只發掘了一座，第一號墓，相當具規模的一座。該報告對它的墓坑如此描述：

> 墓坑爲土壙豎穴，略近正方形，口大底小，四壁傾斜。墓口南北長十公尺，東西寬九・一公尺。墓底長七・九公尺，寬七・二公尺。墓口至底深十二・五公尺。斜坡墓道在南壁正中，方向爲〇度，全長近四十米，兩壁略微傾斜，上口寬五・九公尺，底寬四・八公尺。墓道距二層臺高一・三公尺。墓道未全部發掘。

根據這些資料，我們列出下面幾個要點：第一、這是個近乎正方形（墓口及墓底長、寬分別差不上一公尺）的墓坑，口大底小，四壁傾斜。第二、在南壁的正中間有一道四・五公尺寬的墓道，這條墓道測量得非常好，它的中線垂直於南壁。第三、根據墓深十二・五公尺，墓道長四十公尺（其實還不止，因爲尚未發掘完畢）及道口距二層臺一・三公尺來推斷，這條墓道的坡度最大不會超過三十度，可能只有二十五度，是一條很理想而且方便的墓道。

洛陽燒溝

㈠、七五、洛陽燒溝附近曾發掘了五十九座戰國墓，屬於大型墓的只有墓六一二號一座，它長四公尺，寬三・五公尺，深七・五公尺。沒有墓道及任何特殊的地方。

河南上村嶺

㈠、七六、首先我們將在這裏所得到的大型墓坑的尺寸列一個表：

墓號	墓坑長（公尺）	寬（公尺）	深（公尺）
一〇五二	四・九〇	三・二〇	一三・三〇
一六一七	五・〇〇	三・六六	一〇・一〇
一六四〇	四・二〇	三・四〇	八・八〇
一六四七	四・三四	三・三四	九・五五
一六五七	四・〇五	三・〇〇	九・一五
一六八三	四・九一	三・三〇	六・七〇
一六八九	四・八〇	三・六四	一一〇三〇
一六九一	四・二〇	二・八〇	七・三〇

一七〇一	四·六〇	二·八五	七·三五
一七〇二	四·一五	二·九五	八·四〇
一七〇六	四·五〇	三·三〇	一一·五六
一七二一	四·三五	二·九五	八·五〇
一七四三	四·一六	二·八〇	八·五〇
一七四四	四·一二	二·八六	九·四〇
一七四七	四·三六	二·九〇	八·二〇
一七六五	五·四二	三·三七	一一·一〇
一七六七	五·一〇	三·四八	一〇·一〇
一七八五	四·四〇	二·八〇	七·三〇
一八二〇	四·五〇	三·五五	八·三五

這十九座大型墓，都是長方形寬坑。這十九座墓坑，我們可以分成三類來看：第一類、墓口大於墓底，共有七座（一〇五二、一六四〇、一六四二、一六四七、一七四三、一七四四及一七四七）。第二類、墓口與墓底同大，共有六座（墓一六五七、一六八九、一六九一、一七〇一、一七〇六及一八二〇）。第三類、墓口小於墓底，共六座（墓一六一七、一七〇二、一七二一、一七六五、一七六七及一七八五）。最使我們感到不尋常的是第三類那六座大墓，口小而底大，有的人以為墓口與墓底大小的不同，是沒有什麼意義，我們却不敢持這種想法。墓口大而墓底小，這固然是爲了挖掘上的方便；可是，墓口小而墓底大，在挖掘上是多麼麻煩的一件事！假如沒有意義的話，爲什麼要如此麻煩呢？我們不能因爲不懂而抹煞了它的存在。

輝縣

㈠、七七、在輝縣，曾發掘了一大批戰國墓，其中屬於大型墓的，只在琉璃閣區一個地方，而且，只有兩座而已。這兩座墓的尺寸是：

墓號	墓坑 長(公尺)	寬(公尺)	深(公尺)
一四〇	六・八〇	五・六〇	六・二〇
二四二	六・二〇	五・〇〇	七・一〇

很明顯的，它們都長方形寬坑。沒有墓道。至於墓口與墓底大小的相差，因爲該報告沒有紀錄，我們沒法加以比較研究。

安徽壽縣

㈠、七八、在安徽的壽縣，曾發掘了一座大型墓；經過後人的判斷，墓主人是蔡侯，所以管叫蔡侯墓。這座墓並沒有墓道，南北長八・四五公尺，東西寬七・一公尺，深三・三五公尺。墓口大於墓底。這座墓測量及挖掘皆不佳，據該報告說：「東壁中部稍微凸出，南壁偏西處略爲外凹。」此外，在南壁緊靠外凹的墓底有一長方形小坑，東西長一・六二公尺，南北寬一・一二公尺，較墓底深約〇・二六公尺，未發現任何遺物。

四川成都

㈠、七九、四川成都的羊子山，也曾發掘一座大型墓葬，即第一七二號墓。長六公尺，寬二・七公尺。沒有墓道，口部大於底部。戰國時代大型墓坑裡，這是唯一發現的一座長方形窄坑的墓，屬於普通窄坑。

湖南長沙

㈠、八〇、長沙曾發掘了一大批戰國墓，屬於大型墓坑的，只有兩座；

墓號	墓坑長(公尺)	寬(公尺)	深(公尺)
三〇七	四·二〇	三·三〇	一·二四
四〇六	四·八〇	三·七五	七·五〇

都是長方形寬坑；其中，墓三〇七的墓口及墓底同大，墓四〇六的墓口大於墓底。這兩座墓最令人注意的地方是各有一條墓道：

墓號	墓坑長(公尺)	寬(公尺)	高(公尺)	坡度
三〇七	一·九六	二·一二	〇·三五	不明
四〇六	六·〇〇	二·一〇	二·八〇	五〇度

墓四〇六道底的坡度竟是五十度，比山西長治分水嶺墓三十五（㈠、六五）的墓道還要陡！這實在是令人不可思議的一件事。

㈠、八一、爲了討論的方便，我們準備分成兩方面來說。第一方面，除了四川成都（㈠、七九）那一座普通窄坑外，其他都是寬坑，有的幾乎變成正方形寬坑，例如洛陽西郊（㈠、七四）那一座。

在殷商及春秋時代，大型墓都是寬坑，根本沒有窄坑的存在（㊀、六一）；所以，四川成都那一座普通窄坑，極可能是受了下層階級人物的影響，並不是大型墓坑的本來面目。長治分水嶺（㊀、六五）、洛陽西郊（㊀、七四）及長沙（㊀、八〇）這幾座墓，都有墓道；就是在河北的懷來（㊀、六八），也有類似墓道的臺階；可見得戰國時代的大型墓坑，偶而也流行墓道；只是沒有殷商大型墓那麼普遍罷了。

中型墓坑

㊀、八二、戰國中型墓坑分佈的地域更加廣濶，凡山西、湖北、湖南、安徽、陝西、河北及河南，都有它們的印跡。玆依次敍述如后。

河南輝縣

㊀、八三、輝縣發掘的戰國墓分散在三個地區，琉璃閣區、褚邱區以及固圍村，其中固圍村所發掘的一批，據該報告的作者判斷，以爲是戰國晚期的墓葬。這個說法，很爲我們所懷疑。原來固圍村所謂「戰國晚期」墓，都是空心磚墓，這是秦漢以後的制度，我們無論在先秦的任何一個發掘裏，都沒有這種發現。爲了謹慎，我們將固圍村那批墓劃開來，不敍述，也不討論。琉璃閣區的十座中型墓的尺寸是：

墓號	墓坑長（公尺）	寬（公尺）	深（公尺）
一〇三	三·一〇	二·一〇	四·五〇
一〇四	三·二〇	二·二〇	四·一〇
一〇八	三·五〇	二·三〇	五·二〇
一一一	三·八〇	二·八〇	五·〇〇
一一四	三·〇〇	二·五〇	四·五〇
一二六	三·二〇	二·〇〇	五·七〇
一二八	三·〇〇	二·〇〇	四·四〇
一三〇	三·七〇	二·六〇	七·四〇
二三一	三·三〇	二·二〇	五·二〇
二四三	三·二〇	二·三〇	五·一〇

褚邱區發掘的兩座是：

墓號	墓坑長（公尺）	寬（公尺）	深（公尺）
二	三·六〇	二·六〇	一·九〇
一三	三·三〇	一·八〇	一·四〇

都是長方形寬坑。

河南鄭州二里崗

㈠、八四、鄭州二里崗所掘得的戰國墓坑，為數甚多，茲將中型的列表如下：

墓號	墓坑長（公尺）	寬（公尺）	深（公尺）
二五	三・〇〇	二・〇〇	五・二五
三一	三・一〇	二・〇〇	五・四〇
三五	三・〇〇	二・〇〇	五・七〇
三六	三・四五	二・五五	五・八〇
四一	三・〇四	二・〇五	三・二〇
四三	三・二〇	二・一〇	三・〇〇
五〇	三・〇〇	二・〇〇	三・五〇
五二	三・〇〇	二・四〇	三・〇六
五四	三・〇〇	二・〇三	四・五五
五五	三・六〇	二・八七	四・二六
六四	三・一四	二・二〇	四・八五
八七	三・〇〇	一・九〇	二・五二
八九	三・〇六	一・九五	三・八五
一〇四	三・八〇	一・八〇	二・六〇
一二二	三・二四	二・一六	〇・四七
一三四	三・三二	二・四四	四・一九
一三九	三・〇六	一・七六	一・六六
一四二	三・〇〇	一・九〇	二・七〇
一四七	三・五〇	二・五〇	五・八〇
一五二	三・一〇	一・八二	二・二八
一五五	三・〇五	一・九四	三・一〇

一六二	三・二〇	一・八〇	三・五〇
一七一	三・一五	二・〇五	三・九〇
一七三	三・〇〇	一・九四	三・七五
一七七	三・四〇	二・九〇	二・四五
一八二	三・〇五	二・〇〇	一・七五
一八九	三・一〇	二・〇〇	二・〇〇
二一一	三・一〇	二・七二	三・四五
二一四	三・〇〇	一・九〇	三・二〇
二一五	三・六〇	二・五九	二・九〇
二一六	三・〇〇	二・二八	四・四〇
二二一	三・二〇	二・四〇	三・三〇
二七一	二・九五	五・二〇	二・九六
二七二	二・九〇	二・〇五	四・七五
二九一	二・九〇	一・七〇	三・五〇
三一一	三・〇〇	二・〇〇	三・七八
三三五	三・一〇	二・三三	五・五二
三五〇	三・一〇	二・〇〇	三・四五
三八三	三・四二	二・三八	四・六三
三八五	二・九一	二・六〇	五・〇六
三九七	三・八〇	二・二六	三・〇〇
三九八	二・九〇	一・九〇	二・八〇
四〇〇	三・〇〇	二・一〇	三・五〇
四〇二	三・〇〇	二・〇〇	三・三七

四〇五	三・〇四	一・九二	三・〇八
四〇七	三・一七	二・〇九	三・一六
四一八	三・五〇	二・三五	六・〇八
四二一	三・〇二	四・〇四	四・二〇
四二三	三・一〇	一・八二	三・四〇
四二四	二・九二	一・八八	二・七六
四二七	三・五一	一・九六	四・三〇
四二八	三・〇〇	二・三〇	二・〇〇
四二九	三・四五	二・三三	二・七〇
四三〇	二・九〇	二・二〇	二・八〇
四四九	三・一〇	一・八八	二・八六
四五〇	三・一六	一・九八	三・四〇

根據這個表，我們可知它們都是長方形寬坑。不過，有兩點值得我們注意：第一、有三座墓，即墓二九一、三八五及四三〇，它們的長度及寬度相差很近，幾乎成爲正方形；這也許是受了大型墓坑的影響。第二、有兩座（墓二七一及四二一）的長度短於寬度，墓二七一相差了二・二五公尺，墓四二一相差了一・〇二公尺，這不是一件偶然的事。

河南上村嶺

㈠、八五、河南上村嶺所發現的中型戰國墓爲數相當多，我們先列爲一表：

墓號	墓坑長（公尺）	寬（公尺）	深（公尺）
一六〇一	四·三五	二·九〇	一〇·一
一六〇二	四·二五	二·七六	一〇·五
一六〇四	三·三〇	二·二〇	六·二〇
一六二〇	三·九〇	二·五六	七·三六
一六二四	四·一〇	二·七〇	八·五〇
一六三一	四·〇〇	二·五〇	八·二〇
一六三四	三·七五	二·六〇	六·七〇
一六四六	三·九〇	二·三三	七·四〇
一六五一	三·二五	一·八五	四·二〇
一六五九	三·四六	二·一九	六·二〇
一六六一	三·四六	二·二〇	六·四〇
一六六二	三·五〇	一·七〇	五·一〇
一六六三	三·三〇	一·七〇	五·一〇
一六八一	三·〇〇	一·八〇	六·〇〇
一六八六	三·二〇	一·九四	四·三〇
一六九二	三·一〇	一·九八	五·三〇
一七〇三	三·三〇	一·八〇	五·八〇
一七〇四	三·三〇	二·〇七	二·三五
一七〇五	三·七七	二·四八	九·一五
一七〇八	三·三〇	二·〇二	三·六〇
一七一一	三·九五	二·五〇	九·〇〇
一七一四	三·二五	一·九五	七·一二

一七一五	三・六七	二・三四	七・〇〇
一七二〇	三・七五	二・二二	五・〇〇
一七三〇	三・六二	二・〇四	四・八〇
一七四九	三・〇四	一・九〇	六・一〇
一七五八	三・一〇	一・八〇	六・八〇
一七六一	四・六〇	二・六〇	九・八〇
一七六二	三・四〇	一・九〇	五・五〇
一七六三	三・〇〇	二・二〇	五・四五
一七六八	三・七八	二・四八	六・九〇
一七七〇	三・三七	二・三三	六・五〇
一七七一	三・八〇	二・三八	三・四〇
一七七四	三・二〇	一・五八	四・七〇
一七七七	三・九四	二・六〇	七・一〇
一七八三	三・六五	二・六五	七・二〇
一七八九	三・一五	一・八〇	七・二〇
一七九四	三・〇六	二・一四	五・九〇
一八一〇	四・四〇	二・九三	一・五二
一八一二	三・六〇	一・九七	五・二〇
一八一九	三・〇〇	一・八〇	五・二〇
一八二一	三・八二	二・四〇	六・一〇
一八二四	三・七〇	一・九五	七・四〇
一八二九	三・二〇	二・〇五	七・七〇
一八四四	三・四〇	一・八〇	五・七〇

這四十五座墓，毫無例外的，都是長方形寬坑。根據墓口及坑底的差異，我們將它們分作三大類：第一、口大底小的墓一共有十座（墓一六〇一、一六〇二、一六〇四、一六二四、一六三四、一六四六、一六五一、一六五九、一七一一及一八二二）；第二、口、底同的墓一共有九座（墓一六六三、一六八一、一六八三、一六九二、一七〇三、一七一四、一七一五、一八一〇及一八一九）；第三、口小底大的墓一共有二十五座（墓一六二〇、一六三一、一六六一、一六六二、一七〇四、一七〇五、一七〇八、一七二〇、一七三〇、一七四九、一九五八、一七六一、一七六二、一七六三、一七六八、一七七〇、一七七四、一七七七、一七八三、一七八九、一七九四、一八一二、一八二四、一八二九、一八四四）。另外一座墓一七七一墓口尺寸不明，無法判斷。

㈠、八六、經過歸納統計以後，我們發現第一類墓口大於坑底的佔二二・二%，第二類墓口、坑底同大的佔二〇%，第三類墓口小於墓底的佔五五・五%。反過來看上村嶺大型墓（㈠、七六）的情形，第一類有七座，佔三六・八%，第二類有六座，佔三一・五%，第三類有六座，也佔了三一・五%。兩相比較一下，我們發現第三類所佔的比例和份量相當大，特別是中型墓坑。在資料尚未完全整理出來以前，姑且不加以討論。不過，這一事實的存在，不容以「偶然」或「沒多大意義」來加以解釋。

西安半坡

㈠、八七、西安半坡曾經發掘了一批戰國墓，屬於中型及小型兩種。在中型墓裏，它的墓坑可以分爲兩類，一類是我們普通所知的豎穴墓，另一類是洞室墓。該報告將洞室墓分爲三式（圖十四），

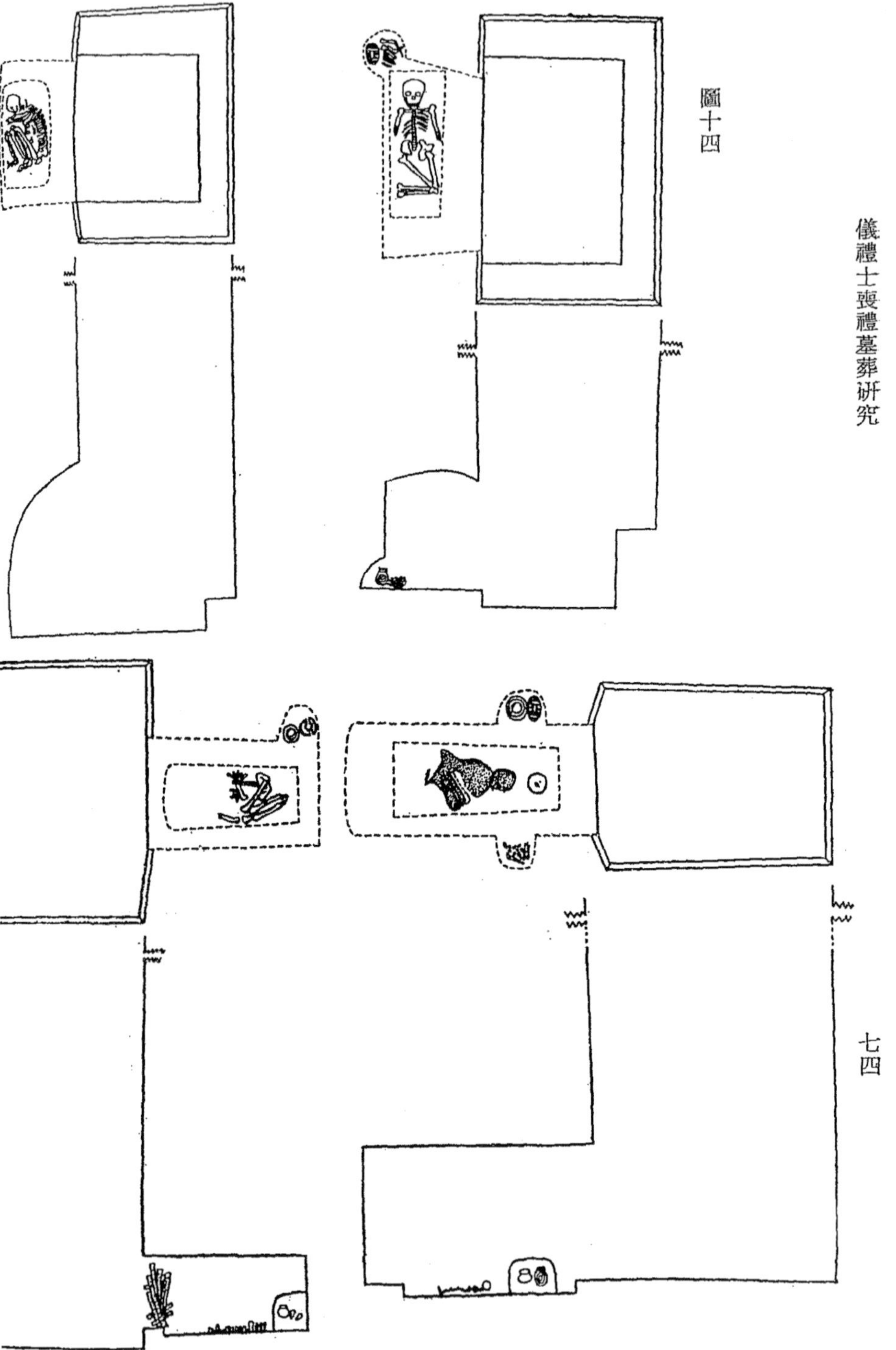

圖十四

它說（包括中、小型）：

Ⅰ式　共八十九座，洞室都掏在豎穴下部的一側，並與豎穴相向並列。

Ⅱ式　共十座，洞室窄而深長，都掏在豎穴一側之中部。

Ⅲ式　共二座，洞室都掏在豎穴的一端。

這報告有兩點不清楚：第一、它沒將洞室墓的形制加以描寫，使我們不能有個清楚的印象。第二、它將洞室墓分爲三式，而且加以統計，可是，這個統計很籠統，因爲我們沒法知道那些是Ⅱ式或Ⅲ式？

㈠、八八、在列表以前，我們有一點要說明：有好幾座墓坑的長寬尺寸沒法知道（大概年久無法測量），按理應該捨棄不加以列入；但是，爲了讓我們有多一些參考資料，我們還是將它們收羅進來，而且列入中型墓坑的表中。

墓號	型別	墓坑長（公尺）	寬（公尺）	深（公尺）
一	洞室	？	？	二・七〇
二	豎穴	？	？	二・一〇
四	穴	？	？	三・四〇
六	室	三・一七	一・八〇	二・四〇
七	室	三・一〇	二・二〇	二・三〇
八	室	三・四三	二・五三	五・三〇
九	穴	三・五八	三・〇〇	二・一〇

一〇	室	三·三〇	二·四五	二·〇〇
一五	室	三·二〇	二·二六	二·一〇
一六	室	三·二六	二·三四	一·九〇
一七	室	?	一·六五	?
一八	穴	?	?	?
一九	室	三·〇五	二·一九	一·三〇
二二	室	三·三二	二·二〇	一·八五
二六	室	三·三二	一·七〇	一·七八
二八	室	?	?	?
三〇	室	三·一〇	二·一〇	二·一〇
三一	室	?	?	?
三八	室	三·三二	二·三〇	三·〇〇
三九	室	三·三〇	二·三二	三·九〇
四一	室	三·七〇	二·四四	一·〇〇
四二	室	三·〇六	二·二八	一·八四
四八	室	三·六五	二·三四	一·二六
四九	室	?	?	一·三〇
五〇	室	三·五三	二·五〇	一·一〇
五一	室	三·一〇	二·二〇	五·六〇
五二	室	三·一一	二·二五	四·八〇
五三	室	三·三五	二·四九	一·五六
五五	室	三·二四	二·〇六	〇·八〇
五六	室	三·一五	二·四五	四·七〇

五七	室	三・三〇	三・二〇	四・三〇
六三	室	三・一五	二・四〇	四・〇〇
六四	室	三・四五	二・四〇	三・八〇
六五	室	三・八〇	二・四〇	五・〇〇
六八	室	三・〇〇	二・二五	四・七〇
七一	室	?	?	?

這三十六座中型墓坑，可分三方面來看：第一、墓五十七及墓六十八這兩墓，長寬相距很小，幾乎是正方形墓坑。第二、有九座墓（一、二、四、一七、一八、二八、三一、四九及七一）的尺寸無法完全知道，暫時列入此類。第三、豎穴墓只有四座（墓二、四、九及一八），佔百分之十一・一；洞室墓共三十二座，爲數最多，佔百分之八十八・八。

洛陽東郊

㈠、八九、洛陽東郊發掘了三座戰國墓，其中一座是屬於中型的。這座墓五十一號中型墓坑，是個長方洞穴墓，該報告這麼說：

長方豎穴，長三公尺，寬一・七公尺，深五・六公尺。此墓室穿成却虛而不用，另於北壁下部開一小劵門，再向深處打挖一土洞，爲置放木棺骨骸明器地。洞穴長二公尺，寬〇・九六公尺，高〇・八五公尺，距地深五・六公尺。

這種形制，使我們聯想到西安半坡（㈠、八八）那三十二座洞穴墓，它們都有一個共同點；卽將原來的墓室變爲墓道，又在原來墓室的壁側上開一土洞，用來代替墓室的用途。這種形制不是一朝一夕產生的，很顯然的，是由壁龕慢慢演變而成。因爲壁龕的材料還沒有整理出來，所以，有關這種演變，我們留待以後才討論。

洛陽燒溝

㊀、九〇、在洛陽燒溝，我們只發掘了四座中型的戰國墓坑，它們的尺寸是：

墓號	墓坑長(公尺)	寬(公尺)	深(公尺)
六一三	三・〇〇	二・一〇	五・九五
六二六	三・一二	二・〇〇	五・七〇
六四三	三・〇〇	一・八五	五・〇〇
六五一	三・〇〇	一・八〇	五・〇〇

洛陽燒溝戰國墓有兩種形制，一種是豎穴墓，一種是洞室墓。大型（㊀、七五）及中型墓坑都是豎穴墓，只有小型墓坑才有豎穴及洞室兩種形制。這四座中型墓，都是長方形寬坑，口部略爲寬大，往下逐漸略爲狹小，形成傾斜的四壁，和我們從前所談的豎穴墓沒有什麼不同。這四座墓都沒有墓道。

河南禹縣白沙

㊀、九一、禹縣是古代的陽翟，春秋時稱爲櫟，左桓十五年傳：「秋九月，鄭伯突入於櫟。」是鄭國的別都。左傳莊十六年秋楚伐鄭及櫟，僖二十四年夏又記載狄伐鄭取櫟，宣十一年楚子伐鄭及櫟，昭元年楚公子圍使公子黑肱、伯州犁，城櫟。可見得是當時干戈擾攘的要地。在這裏，曾經出土了一批中型及小型的戰國墓坑。我們將中型的列表如后：

墓號	墓坑長(公尺)	寬(公尺)	深(公尺)
一三三	三・二〇	一・五六	一・九八
一三九	三・〇〇	一・六〇	二・二〇
一四二	三・〇〇	一・八〇	一・六〇
一四九	三・一〇	一・八七	一・八〇
一二九	三・〇〇	二・〇〇	一・五〇
一四一	三・〇〇	一・八〇	二・三〇
一一六	三・二〇	一・九五	一・二〇
一四四	三・〇〇	一・六〇	〇・一〇

這八座墓，都是長方形寬坑，沒有墓道，沒有其他特別令人注意的形制。

湖南長沙

㈠、九二、長沙曾發掘了許多戰國墓，有的在長沙市東北部，有的在長沙沙湖橋，有的沒有注明地點。這裏，先將長沙東北郊楊家山山腰的一座中型墓列出來。這座墓的編號是：五八長、楊、鐵、二號墓，墓底長三・二九公尺，寬二・二九公尺，深四・五〇公尺。是座長方形豎穴墓，沒有墓道。

㈠、九三、長沙沙湖橋一帶，也曾經發掘一批中、小型的戰國墓，這批墓的尺寸如下：

墓號	墓坑長(公尺)		寬(公尺)		深(公尺)
	左長	右長	頭寬	足寬	
A一九	三·一〇	三·一〇	一·七八	一·八八	四·五〇
A二三	三·〇六	三·〇六	二·〇三	二·一〇	六·六〇
A三四	三·一六	三·一八	一·四九	一·五八	二·五八
A三九	三·一八	三·二〇	一·五〇	一·五四	二·八二
A四二	三·一八	三·一八	一·八〇	一·八〇	八·五〇
A四四	三·〇二	二·九三	二·一五	二·一〇	四·七三
D六	三·一〇	三·二四	一·九四	一·九〇	一·八〇
D九	三·二七	三·二七	二·二〇	二·二〇	二·〇〇

這幾座中型墓的測量及挖掘工程相當粗劣，有的左、右長不等，有的頭、足寬不等；其中左、右長相等的有四座（墓A一九、A二三、A四二及D九），頭、足寬相等的只有兩座（墓A四二及D九）；眞正成爲正長方形墓坑的，只有墓A四二及D九兩座佔百分之二十五而已！測量及挖掘工程之差劣，眞是前所未見！

㈠、九四、另外有兩處並沒有注明在長沙的那一個地方，我們只好根據原來的報告分爲兩節來敘述。首先要敘述的是三座編號比較長的墓；

墓號	墓坑長（公尺）	寬（公尺）
五四、長、左、一五	東 三・〇六 西 二・九八	南 一・七八 北 一・八〇
五四、長、楊、六	南 三・六八 北 三・六五	東 二・六五 西 二・六八
五三、長、仰、二五	與前二座相似	

這三座墓，有一座的尺寸沒法完全知道。其他兩座，都不是正長方形墓坑，不是長度差，就是寬度差，測量挖掘工程的差劣，和上一節所述的不相上下。這三座墓都有墓道，這是很令人注意的地方，五四、長、左、一五的這一座，報告裏只說：「墓向正南方，頭端有一墓道，斜坡式。」此外，再也沒有對此墓道作任何描述了。五四、長、楊、六也有墓道，該報告說：「在東端有平長一・三〇公尺，寬一・四八公尺，斜度三十六度之斜坡式墓道。」描述得比較清楚。至於另外一座，連起碼的描述也沒有了。

㈠、九五、另外在長沙所發掘的一批中型戰國墓坑，可分爲有墓道及無墓道兩種；有墓道的共十座，它們的尺寸爲：

墓號	墓坑長	寬	深	墓道長	寬	底高	坡度
一〇一	四・一二	二・七六	八・二〇	二・二四	一・七六	二・六〇	二七度
一一八	三・七〇	二・七〇	六・三〇	？	一・七〇	二・〇〇	
一二四	三・四六	二・〇五	六・三五	？	一・三六	二・三五	
一二五	三・三四	二・二六	六・三〇	？	一・四〇	二・四〇	

三一三	三·二〇	二·二〇	九·八〇	?	一·四五	〇·四〇	
三一八	三·二〇	二·四六	五·八〇	?	一·四〇	一·八五	四五度
三二二	三·二〇	一·八〇	七·五〇	九·〇〇	一·一六	一·八〇	
三二四	三·六〇	二·三五	五·四〇	六·〇〇	一·五六	一·九五	
三四〇	三·六五	二·八〇	六·四〇	?	一·八〇	二·三〇	
三五四	三·五〇	二·六〇	八·〇〇	八·〇〇	一·五〇	二·七〇	

這十座墓可以分作三組；第一組是墓口大於墓底的，共有七座（墓一〇一、一二四、一二五、三二二、三二四、三四〇及三五六）；第二組是墓口與墓底同，只有墓一一八及三一三兩座；第三組是墓口小於墓底，只有墓三一八一座。沒有墓道的共有五座，它們的尺度是：

墓號	墓坑　長(公尺)	寬(公尺)	深(公尺)
二四八	三·〇〇	一·九〇	二·二〇
二五七	三·三〇	二·五五	五·五〇
二六〇	三·五〇	二·四四	五·〇〇
三二三	三·一〇	二·一五	二·九〇
三三〇	三·六〇	三·一〇	三·〇〇

都是長方形寬坑墓，其中，墓口大於墓底的僅有一座（墓二四八），墓口與墓底同的有四座（墓一五七、二六〇、三二三及三四七）之多，而墓口小於墓底的，只有墓三三〇一座而已。

山西長治分水嶺

㊀、九六、長治分水嶺出土了十一座戰國中型墓葬，其中，有七座（墓七、八、九、一〇、一一、一五及一六）的尺度沒有被記錄下來，我們將其他的列表如下：

墓號	墓坑長(公尺)	寬(公尺)	深(公尺)
六	三・四五	二・四五	四・八〇
二四	三・二〇	二・二五	二・〇〇
四〇	三・一八	二・〇八	七・〇〇
四一	二・七八	二・二〇	七・〇〇

這四座墓，都是長方形寬坑。墓六號墓口尺度沒法知道，其中墓四十及墓四十一號，墓口大於坑底，墓二十四號，口及底同大。此外，它們都沒有墓道，也沒有什麼特別特人注意的形制。

山西侯馬

㊀、九七、山西侯馬有兩處發掘了中型的戰國墓坑，有一處敍述得很含糊，報告說：

是豎穴土壙，大小深淺不一。舉五八，H四，M六爲例，平面長三公尺，寬二公尺，深四・九公尺。……在這裏，值得注意的是五七，H六，四和M五相隔約一公尺，大小深淺形制完全一樣。

根據這個簡單的敍述，我們知道：第一、這裏大概出土了至少七座中型戰國墓；第二、它們都是三公尺長、二公尺寬左右的中型墓，長方形寬坑；第三、它們都沒有墓道，否則，該報告不會不說明；第四、該報告又說：「戰國墓早期的形制仍是豎穴土壙，……晚期的形制有二，一爲豎穴土壙，一爲洞室。」很顯然的，此處的墓坑有豎穴及洞室兩種形制。有關這一種形制，在戰國時代大型墓坑裏，並沒有發現；所以，我們擬在結束中型墓坑的敍述後，再加以比較研究。另外一處却敍述得比較詳細，它說：

墓號	墓坑長(公尺)	寬(公尺)	深(公尺)
三	三・四〇	二・五〇	三・七〇
四	三・〇〇	一・七〇	三・七〇
九	三・二六	二・一二	四・九〇
二一	三・八〇	二・八〇	四・二〇
二二	三・六〇	二・四〇	三・〇〇
一四	三・五〇	二・二〇	五・〇〇

都是寬方形寬坑，沒有墓道。這批墓葬都是在斷崖發掘出來的，墓口都殘損不全，所以，沒法判斷墓口與坑底的關係。

河北邯鄲百家村

㈠、九八、河北的中型戰國墓分散在三個地方，除了邯鄲外，還有一處是在北平，另一處是在邢臺。邯鄲百家村那二十三座，它們的尺度是：

墓號	墓坑長(公尺)	寬(公尺)	深(公尺)
一	三·一五	二·三〇	二·〇五
五	三·五四	二·二六	二·三三
七	三·一五	二·一〇	四·五〇
九	三·六〇	二·五〇	五·八〇
一〇	三·八〇	二·八〇	五·一〇
一二	三·六〇	二·六〇	三·三〇
一五	三·五〇	二·五〇	四·一〇
一六	三·二〇	二·一〇	三·四五
一七	三·三四	二·四二	?
一八	三·二〇	二·一〇	四·九〇
一九	三·三〇	二·七〇	四·四〇
二一	三·八五	二·七〇	六·五〇
二二	三·八〇	三·三〇	四·六〇
二七	三·〇五	二·〇〇	三·五〇
二八	三·〇五	一·九七	二·五〇
三五	三·一二	二·四〇	三·六〇
三六	三·〇五	二·一二	三·〇〇
三七	三·三八	二·四八	四·〇〇
三八	三·〇〇	二·九九	三·五〇
四〇	三·三三	一·八三	三·七三
四二	三·二〇	二·五〇	二·六〇

四三	三·〇五	二·五〇	二·六〇
五一	三·四四	二·〇〇	二·四〇

這批墓，都是長方形寬坑，沒墓道。另外，有兩點我們要加以說明：第一、除了七座（墓一、五、七、一〇、一七、二七及二八）墓口尺度不明，無法和坑底比較外，另外口、底同大的共有四座（墓一五、一六、四三及五二），口大底小的共有十二座（墓九、一二、一八、一九、二一、二二、三五、三六、三七、三九、四〇及四二），沒有一座是口小而底大的。第二、有兩座（墓二二及三七）的長、寬很相近，尤其後一座；相差只有〇·一一公尺，幾乎是正方形墓坑，那是大型及中型墓坑的本來面目。

北平懷柔城

㈠、九九、在這裏，一共有十七座中型墓被發現，它們的尺寸是：

墓號	墓坑		
	長(公尺)	寬(公尺)	深(公尺)
二	三·〇〇	二·〇〇	五·〇〇
三	三·〇〇	一·九〇	五·〇〇
六	三·四一	一·五〇	五·五〇
一二	三·七五	一·九二	三·五五
二五	三·一二	二·〇四	四·六〇
五〇	三·八〇	二·四六	五·三一

五四	三・四五	二・三〇	五・八〇
六四	三・一二	一・九〇	四・五〇
四	三・四四	二・〇二	五・〇〇
五	三・二七	二・〇〇	五・五〇
三八	三・三二	二・一五	四・二〇
五六	三・四〇	三・三〇	七・〇〇
一〇	三・四八	一・九〇	四・五〇
二七	三・七〇	二・〇六	五・八八
三〇	三・七〇	二・三〇	四・一〇
三二	三・三〇	二・一〇	六・一〇
三五	三・六〇	二・四〇	五・〇五

都是長方形寬坑，沒有墓道。其中，墓五十六號最令我們注意，長三・四〇公尺，寬三・三〇公尺，相差只〇・一一公尺，幾乎是正方形墓坑。

河北邢臺

㈠、一〇〇、邢臺發掘的戰國墓有三十七座之多；大型墓坑，在㈠、七二裏已經敘述過了；對於中型墓坑，該報告說：

墓的形制皆爲長方形直壁豎穴墓，口底同大。一般長二・六四—三・二〇公尺，寬一・一〇—一・七八公尺，深三・七〇—五・〇〇公尺之間。

我們不但不明瞭中型墓坑的多寡數量，也不明瞭它們的眞正尺度；唯一可以推測得到的，它們都是長方形寬坑，沒有墓道。

陝西耀縣

㊀、一〇一、在陝西，有兩處發現戰國中型墓，一處是在耀縣，一處是在寶鷄的福臨堡。耀縣只發掘了一座，是座洞室墓，該報告說：

> 墓十一（圖十五）是戰國墓，……墓道是一個長方形的豎穴，長三・二〇公尺，寬二・一〇公尺，深五・一〇公尺。在墓室的西面有一正方形的小龕……在墓道的北壁掏一土洞的墓室，長一・九公尺，寬一公尺，高〇・九公尺。

根據這個報告，這座墓和西安半坡（㊀、八八）及洛陽東郊（㊀、八九）所發掘的是同一種形制的墓坑，我們留待後頭才來討論。

陝西寶鷄福臨堡

㊀、一〇二、在這裏，一共發掘了十座戰國墓葬；屬於中型的只有兩座：

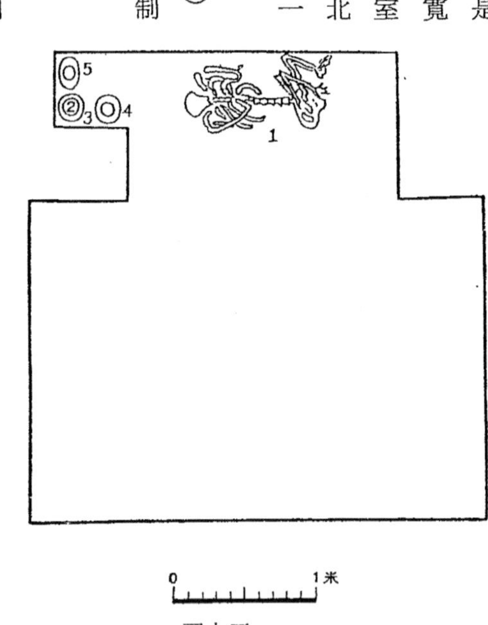

圖十五

墓號	墓坑長（公尺）	寬（公尺）	深（公尺）
一	三・七五	二・一〇	一・四五
六	三・〇〇	一・三〇	一・二二

墓一號是長方形寬坑；墓六號長三公尺，寬只有一・三〇公尺，距離長方形窄坑的尺度標準只差〇・〇四公尺，是長方形寬坑，但有偏向窄坑的趨勢。

湖北松滋縣大岩嘴

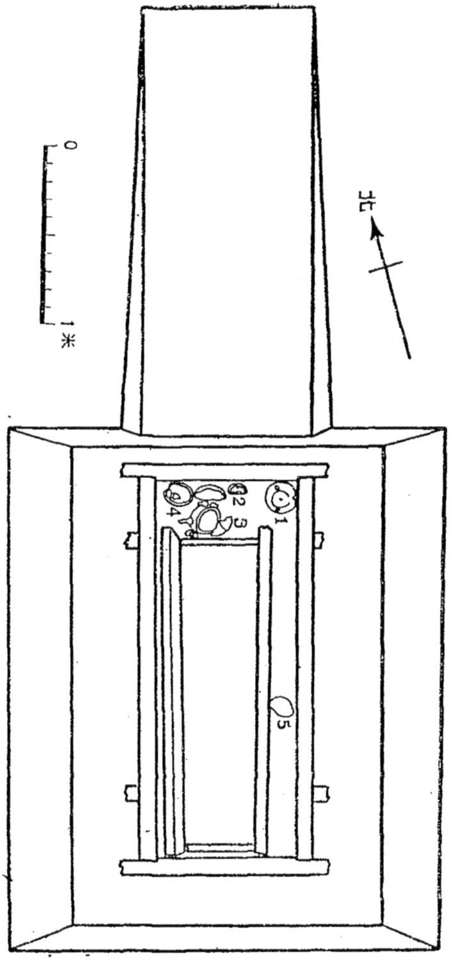

圖一六

㊀、一〇三、這裏出土的一批戰國墓，因報告的簡略，我們沒法子搞淸楚，該報告說：

共淸理了土坑墓二十七座和磚室墓二座。……寬坑墓以墓十一爲最大，底長三・二八公尺，寬二・二公尺；近正方形的如墓十四，坑口長二・九四公尺，寬二・五公尺。……寬坑墓中有的帶有斜坡墓道，墓十四（圖十六）的墓道平長二・三四公尺，坡長二・六六公尺，寬一｜一・二六公尺，墓道口高出墓底一・六公尺。

這樣籠統的報告，眞是使我們傷透腦筋。我們唯有整理出幾條可尋的材料來：第一、屬於戰國墓的大概只有二十七座，兩座磚室墓極可能是漢代的；固圍村的幾座戰國空心磚墓並不能使我們放棄這個看法。第二、寬坑墓的墓十一是中型墓，而又是該批墓葬最大的一座，可知不是中型墓，就是小型墓，根本沒有大型墓的存在。第三、該報告又說：「窄坑墓以墓二十爲最小……寬坑墓以墓十一爲最大。」那麼，中型墓坑裏極可能有窄坑的存在了；爲數多少？我們就不得而知了。第四、該批墓坑裏，有近正方形墓坑的存在，很可能不止墓十四那麼一座而已。第五、除了墓十四有斜坡墓道外，還有一些墓也有斜坡墓道；爲數多寡，也不得而知了。第六、根據報告所給我們的線索：「墓道平長二・三四公尺，坡長二・六六公尺……墓道口高出墓底一・六六公尺。」

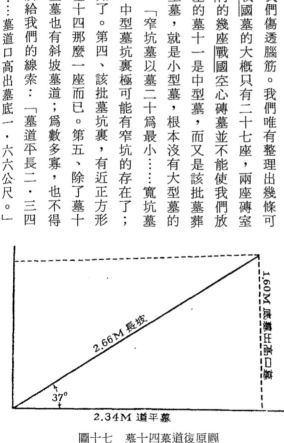

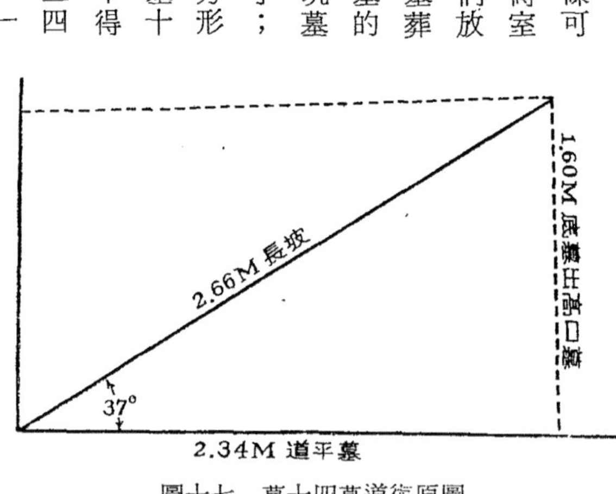

圖十七　墓十四墓道復原圖

我們作出了一個墓道復原圖（圖十七），根據這個復原圖，我們測出墓十四的墓道的坡度大約是三十七度。

安徽淮南市

㈠、一〇四、安徽淮南市蔡家崗趙家孤堆曾出了兩座中型戰國墓葬。它們的尺寸是：

墓號	墓坑長（公尺）	寬（公尺）	深（公尺）
二	三·二五	二·一五	不明
一	三·四〇	二·一七	不明

都是長方形寬坑墓。第二號墓墓口長五公尺，寬四·一三公尺；第一號墓墓口長五·〇五公尺，寬四·二五公尺；用來和表中的尺寸比較一下，我們立刻會發現此二墓是口大底小的墓。這兩座墓，分別各有一條墓道，第二條墓的墓道坡長是五·二公尺，南寬一·七五公尺，北寬一·六〇公尺，墓道底距墓室底高一·二五公尺。這條墓道是在墓坑的北壁正中。根據這些材料，我們沒法推斷出墓道的坡度。第一號墓的墓道長四·四五公尺，口寬一·七二—一·九一公尺，底寬一·五五—一·六五公尺，墓道底距墓底高一·四公尺，根據這些材料，我們也沒法推斷出這座墓的墓道坡度。

㈠、一〇五、此時此地，我們所能掌握的戰國中型墓坑的材料，有上述那麼多；我們固然受到某種限制，但是，這些材料已經多得難以統攝了。爲了易於討論起見，我們分作若干方面來敍述。第一、閱完了全部的材料，我們立刻可以得到一個印象，這些中型墓坑幾乎全部是寬坑！在陝西寶鷄

(㊀、一〇二)有一座墓有偏向窄坑的趨勢，在湖北松滋縣(㊀、一〇三)也可能有一些窄坑的存在，但是，它們的數量非常非常少，幾乎可以說是例外！在大型墓坑裏，也絕大部份是寬坑(㊀、八一)，唯一例外是四川成都(㊀、七九)的那一座。這些絕少的窄坑，可說是一種例外。第二、墓道方面，長沙(㊀、九四；㊀、九五)十三座有墓道，湖北松滋(㊀、一〇三)也不止一座有墓道！安徽淮南市(㊀、一〇四)兩座也都有，和沒有墓道的比較起來，數目固然少一些；不過，它的存在是一件不可否認的事實。第三、鄭州二里崗(㊀、八四)三座，西安半坡(㊀、八八)二座，邯鄲(㊀、九八)二座，北平懷柔城(㊀、九九)二座，湖北松滋(㊀、一〇三)若干座，這十多座的墓坑，都是幾乎正方形的；數目固然不太多，但是，也絕不是一種偶然的現象，很值得我們注意。第四、另一種情形和第三點有些相似，鄭州二里崗(㊀、八四)有兩座墓的長度短於寬度，一座差了二・二五公尺，一座差了一・〇二公尺，差度如此之大，很顯然的，也不是一件偶然的事。第五、關於墓口與坑底大小的差異，也是一項令人注意的問題，很可惜的，有一部份發掘報告並沒有將墓口的尺度作紀錄，當然，也有一小部份因為各種情形而在發掘時，已經殘損了墓口，這些，我們都沒法子用來比較研究；下面一個簡表，只是根據我們所知的有限資料作出來的：

	上村嶺	長沙	分水嶺	邯鄲	共計	百分比
口大於底	一〇	一	二	一二	二五	三六・二%
口底同	九	四	一	四	一八	二六%
口小於底	二五	一	〇	〇	二五	三七・六%

這個百分比因為資料的殘缺而無法表現得太準確，不過，根據這個百分比，我們可以了解，在中形墓坑裏，口小於底的墓坑和口大於底的墓坑非常相近，至少，它的數目是相當可觀的。第六、在這裡，我們想根據已得的一些資料，來討論洞室墓的形制。洛陽燒溝曾發現洞室墓，但是，只是小型墓坑才有，中型墓沒有（㈠、九〇）；山西侯馬雖有洞室墓，但是，因爲報告說得不淸楚，我們沒法討論；因此，我們所獲得的資料，只有在西安半坡（㈠、八七）、洛陽東郊及陝西耀縣（㈠、八九；㈠、一〇一）三處所掘得的幾座墓。西安半坡的報告將洞室墓分爲三式（㈠、八七），即：

I式　洞室掏在豎穴下部的一側，與豎穴相向並列。

II式　洞室掏在豎穴一側的中部。

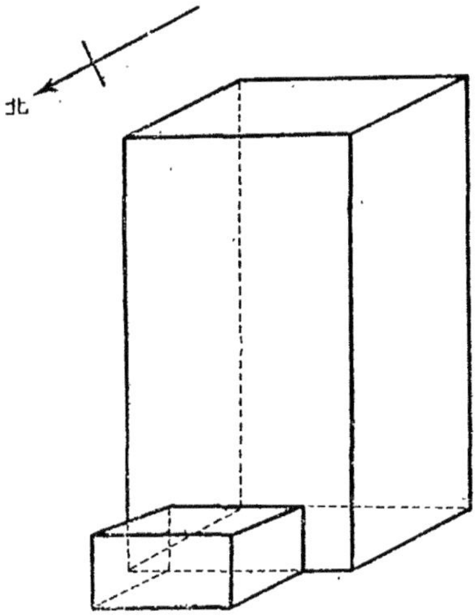

北

圖十八　洛陽洞室墓復原圖

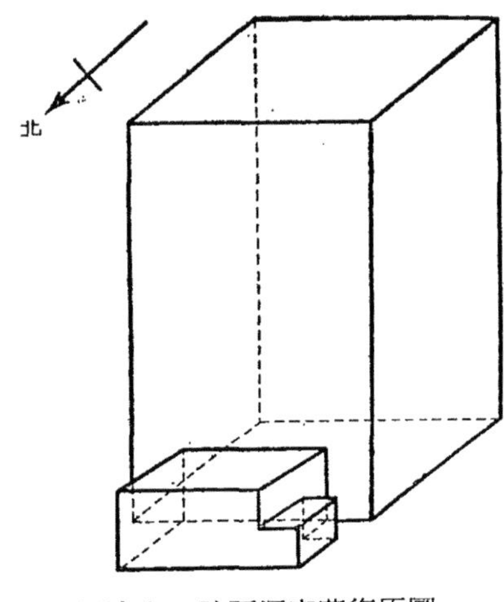

圖十九　陝西洞室墓復原圖

Ⅲ式　洞室掏在豎穴的一端。

根據這三式，我們來觀察洛陽及陝西的洞室墓。洛陽出了一座洞室墓，該報告只將它描寫一番，未作任何附圖；我們根據它的描寫作了一個復原圖（圖十八），發現它是一座Ⅱ式的洞室墓。陝西那一座，該報告只有一張平面圖；我們根據這張平面圖以及尺寸的描寫，作了一個立體復原圖（圖十九）發現它也是一座Ⅱ式的洞室墓，不過，它在墓室西部再掏一個小土洞，以陳置各種明器，這是它與西安半坡、洛陽不同的地方。第七、洞室墓如何產生呢？這是一個很令人興趣的問題；我們擬在閱過全部的資料後，才加以討論和蠡測。

小型墓型

㈠、一〇六、屬於戰國時代的小型墓坑，爲數也非常多，它們散布在河南、湖南、河北、陝西、湖北、山西以及廣東各省。我們依次敘述於后。

河南輝縣

㈠、一〇七、輝縣發掘的小型戰國墓，分散在琉璃閣區及褚邱區，我們將它們分別列表如下：

墓號	墓坑 長(公尺)	寬(公尺)	深(公尺)
一〇二	二・六〇	一・七〇	四・三〇
一〇五	二・五〇	一・五〇	三・五〇
一一八	二・四〇	一・三〇	三・八〇

墓號	墓坑長（公尺）	寬（公尺）	深（公尺）
一二〇	二・八〇	一・八〇	三・三〇
一二一	二・六〇	一・五〇	四・四〇
一二二	二・四〇	一・六〇	三・〇〇
一二七	二・四〇	一・五〇	三・七〇
一二九	二・六〇	一・四〇	三・一〇
一三八	二・六〇	一・五〇	二・九〇
一三九	二・七〇	二・一〇	五・一〇
二一四	二・五〇	一・三〇	二・九〇
二三九	二・六〇	一・五〇	二・九〇
二三〇	二・二〇	一・三〇	四・四〇
二四〇	二・二〇	〇・九〇	一・九〇

琉璃閣區這十四座小型墓坑，都是長方形寬坑，沒有什麼特出的地方。下面是褚邱區的幾座墓：

墓號	墓坑長（公尺）	寬（公尺）	深（公尺）
三	二・九〇	一・八五	一・六〇
四	二・二〇	一・四〇	〇・七〇
六	二・二〇	一・〇六	〇・七七
七	二・六〇	一・八〇	一・三〇
九	二・七〇	一・三〇	一・八〇
一〇	一・三五	〇・六五	〇・六五
一一	一・八〇	一・〇〇	〇・五五
一四	二・八〇	一・九〇	一・八〇

墓號	長(公尺)	寬(公尺)	深(公尺)
一六	二・七〇	一・八—一・五	二・一〇
一七	二・八〇	一・八—一・五六	二・三〇
二二	二・三〇	一・五六	二・八〇
二四	二・六〇	一・六〇	二・六〇
二五	二・六〇	二・〇〇	一・七〇

都是長方形寬坑。

鄭州二里崗

㈠、一〇八、鄭州二里崗出土的小型戰國墓坑，爲數非常多，我們全部列表如下：

墓號	墓坑 長(公尺)	寬(公尺)	深(公尺)
一三	二・〇五	〇・八五	一・一〇
一五	?	?	二・二〇
一七	二・〇八	〇・九〇	一・八〇
八三	二・七五	一・八〇	三・四〇
三四	二・八九	一・七九	三・四〇
三七	二・八〇	一・九〇	三・三〇
三八	二・六〇	一・七六	三・四八
三九	二・八五	二・〇〇	三・三二
四〇	二・七〇	二・〇〇	二・二六
四二	二・九五	二・〇〇	五・五〇

四四	二.九〇	二.一〇	四.〇〇
四五	二.五〇	一.五〇	三.四五
四七	二.四五	一.四六	二.九二
四八	二.五〇	一.五〇	二.九〇
四九	一.八〇	一.〇〇	二.二〇
五三	二.八五	一.七五	三.七三
五六	二.九八	一.九二	三.七〇
五七	三.〇〇	一.七〇	二.四八
五八	二.九七	一.九六	四.八五
六〇	二.九四	二.〇四	四.四四
六二	二.九〇	一.九五	四.五〇
六三	二.八〇	一.九二	二.七〇
六五	二.七〇	一.八〇	二.六〇
六九	二.五二	一.六二	二.三六
七一	二.七九	〇.八三	三.八〇
七五	二.九〇	一.八〇	二.三六
八三	二.五六	一.五〇	二.〇〇
八四	二.五五	一.六五	三.九〇
八五	二.四〇	一.五五	二.一〇
八六	二.七〇	一.六〇	三.八五
八八	二.五〇	一.五〇	二.一二
九〇	二.六〇	二.〇〇	三.八五
九四	二.四〇	一.七〇	三.一〇

九五	二·七五	一·八〇	四·四五
九七	二·八五	二·一〇	三·九〇
九八	二·七四	一·七〇	二·二三
一〇〇	二·九三	一·八〇	四·六〇
一〇二	二·六〇	一·四五	三·一〇
一〇三	二·九〇	一·八〇	三·六二
一〇六	二·七〇	一·六五	三·三〇
一〇七	二·九〇	二·〇〇	四·四七
一一一	二·六〇	一·六二	一·九八
一一四	二·八〇	一·八〇	三·六八
一一五	二·七二	一·七四	一·八五
一一六	二·四四	一·三八	二·〇六
一二三	二·七〇	一·七〇	一·一六
一三二	二·八〇	一·七七	二·四八
一三三	二·五〇	一·八二	三·二五
一三五	二·八〇	一·八八	四·九〇
一三六	二·五五	一·六五	三·五五
一三七	二·七〇	一·六八	三·三〇
一四〇	二·六〇	一·五〇	一·四〇
一四三	二·五〇	一·五〇	二·三七
一四四	二·九四	二·〇六	三·三五
一四五	二·二三	一·三九	二·七四
一四六	二·八〇	一·八二	三·七二

一四八	二・九四	一・八四	三・一〇
一五〇	二・八六	一・九二	二・四七
一五一	二・七六	二・〇〇	三・二〇
一五三	二・六二	一・五八	一・八〇
一五七	四・八五	二・〇八	二・六〇
一五八	二・六八	一・七〇	二・四四
一五九	二・六九	一・四二	二・三六
一六五	二・六二	一・六四	二・九八
一六六	二・四〇	一・六八	一・三五
一六七	二・八〇	一・七〇	三・五〇
一六九	二・七〇	一・七六	二・三六
一七二	二・七〇	一・七〇	三・五八
一七四	三・一六	二・一八	五・二〇
一七九	二・五五	一・四〇	一・七三
一八〇	二・四四	一・五六	一・六〇
一八五	二・七〇	一・六〇	三・一五
一八六	二・八四	一・八六	三・六〇
一九三	二・七〇	一・九〇	三・七一
一九六	二・九〇	一・九八	三・〇〇
二〇〇	二・六〇	一・四〇	三・三〇
二〇二	二・六六	一・九〇	三・二〇
二〇四	二・八〇	一・八〇	三・四〇
二〇五	二・九六	二・一二	三・六〇

二〇七	二·八八	一·九七	四·六二
二一八	二·五六	一·四〇	二·八〇
二二〇	二·八八	一·六八	三·五〇
二二二	二·七〇	一·七〇	三·六〇
二五八	二·六〇	一·六〇	二·〇〇
二六五	二·二五	一·一八	一·〇〇
二七六	二·五〇	一·八〇	二·四五
二九四	二·五二	一·七四	三·九五
二九六	二·七〇	一·八〇	三·八二
三〇一	二·九〇	一·六八	三·一〇
三〇三	二·二〇	一·五四	三·〇〇
三〇九	二·八〇	二·〇〇	三·九四
三一二	二·七二	一·八五	一·二四
三一四	二·五四	一·七七	三·三八
三一五	二·八〇	二·〇〇	三·八四
三一六	二·六〇	一·五〇	二·二二
三二〇	二·七二	一·九四	三·六〇
三二八	二·七〇	一·七五	一·四〇
三三〇	二·五二	一·四〇	二·八〇
三四一	二·六五	一·九三	二·七五
三四二	二·五〇	一·九〇	三·二一
三四九	二·六〇	一·六〇	四·二〇
三五二	二·八八	二·〇六	四·五〇

三六七	二・六〇	一・五四	三・五五
三七一	二・七八	一・六〇	三・二〇
三八二	二・七三	二・六〇	三・三六
三八四	三・一五	二・一五	五・二〇
三八六	二・三五	一・四〇	三・〇〇
三八七	二・八一	一・八六	四・二〇
三八八	二・七六	一・六〇	三・三六
三八九	二・三二	一・六〇	二・九八
三九〇	二・七〇	一・八〇	一・五五
三九一	二・二四	一・四九	三・二四
三九二	二・五〇	一・四五	一・二〇
三九四	二・六〇	一・六〇	二・九六
三九五	二・三五	一・三〇	二・四〇
三九六	二・八〇	一・六八	二・二四
四〇一	二・四一	一・六一	二・五八
四〇六	二・七一	一・七六	三・〇八
四〇八	二・七七	一・九九	二・四〇
四〇九	二・七二	二・一三	三・八九
四一四	二・五八	二・一〇	二・五一
四一七	二・五二	一・七〇	二・一八
四二〇	二・三六	一・四〇	二・二八
四二三	二・四七	一・六〇	一・七〇
四二六	二・四八	一・二四	二・八九

四三一	二·二〇	一·六〇	二·二五
四三二	二·九〇	一·七六	二·二一
四三三	二·七〇	一·八五	三·一四
四三四	二·七四	一·六四	三·一〇
四四七	二·五九	一·八八	四·四八

這一百三十一座小型墓坑，並沒有什麼特出的地方。因此，我們只擬簡單地說明下列三點：第一、墓十五號的長、寬度不明，無可歸類，只得暫寄此處。第二、墓七十一號長是二·七九公尺，寬是〇·八三公尺，是個長方形次標準窄坑墓；在這一大羣墓裏，它是唯一的一座窄坑墓。第三、墓四一四號長、寬相差〇·四八公尺，是這羣墓裏最接近正方形的一座；不過，距離正方形墓坑的標準似乎還很遠。

上村嶺

(一)、一〇九、上村嶺虢國墓的戰國墓坑，爲數也異常多，我們全部列入以供參考：

墓號	墓坑 長(公尺)	寬(公尺)	深(公尺)
一〇五五	二·三〇	〇·九〇	四·一三
一六〇三	二·四三	一·〇二	三·九〇
一六〇五	二·七〇	一·二五	四·二五
一六〇七	二·八八	一·三六	四·六〇
一六〇八	二·五六	一·二三	四·二〇

一六〇九	二・四〇	一・一〇	三・四〇
一六一〇	二・四一	一・〇二	三・四〇
一六一一	二・一八	〇・八二	三・四〇
一六一二	二・八八	一・七四	六・一〇
一六一四	二・五五	〇・八二	一・八七
一六一五	二・九六	一・九八	五・三〇
一六一六	二・三一	一・二〇	三・七五
一六一八	二・九五	一・六七	五・八七
一六一九	二・六〇	一・二一	四・三〇
一六二一	二・四〇	一・〇六	三・七〇
一六二二	二・九六	一・六〇	四・六〇
一六二三	二・四〇	一・〇〇	三・八五
一六二六	二・五〇	一・〇三	三・五〇
一六二七	二・二五	一・〇五	四・一〇
一六二八	二・三二	一・〇〇	四・〇〇
一六二九	二・四〇	一・〇〇	三・三五
一六三〇	二・八八	一・五〇	六・二〇
一六三二	二・七〇	一・三五	三・五〇
一六三三	二・四三	一・〇〇	四・一〇
一六三五	二・六五	一・〇九	四・三〇
一六三六	二・六〇	一・四〇	三・五〇
一六三七	二・四〇	一・〇〇	三・五〇
一六三八	二・六八	一・一五	四・一〇

一六三九	二・三四	一・〇〇	四・三〇
一六四一	二・四〇	一・〇〇	四・三〇
一六四二	二・七二	一・二九	四・一〇
一六四三	二・七四	一・四六	三・九〇
一六四四	二・三〇	一・二二	二・六八
一六四五	二・八五	一・五〇	三・七五
一六四八	二・五〇	一・二四	三・九〇
一六四九	二・五七	一・一二	?
一六五〇	二・七〇	一・二九	三・九〇
一六五二	?	?	?
一六五三	二・六五	一・二五	三・八〇
一六五四	二・八六	一・四〇	四・〇〇
一六五五	二・七八	一・四五	四・二〇
一六五六	二・六〇	一・六〇	四・一二
一六六四	二・一五	一・二四	三・一〇
一六六五	二・三〇	一・二〇	三・四五
一六六六	三・〇〇	一・五〇	四・七〇
一六六七	二・五二	一・二三	三・六〇
一六六八	二・三〇	〇・八四	三・七〇
一六六九	二・四八	一・七〇	四・五〇
一六七〇	二・五〇	一・六四	三・四〇
一六七一	二・七〇	一・五〇	四・六〇
一六七二	?	?	?

一六七三	二・八一	一・八六	六・二五
一六七四	二・九二	一・六二	四・一七
一六七五	二・四七	一・一五	四・一〇
一六七五A	二・五五	一・〇六	四・一〇
一六七六	二・五五	一・二六	四・五〇
一六七七	二・八三	一・四八	四・二〇
一六七八	二・七〇	一・四二	四・一〇
一六七九	二・三〇	一・〇〇	四・三〇
一六八〇	二・二六	一・三〇	三・四〇
一六八二	二・四〇	一・〇五	三・八二
一六八四	二・一〇	〇・九四	三・四〇
一六八五	二・七三	一・四〇	三・八〇
一六八七	二・三五	一・三五	四・〇〇
一六八八	二・四〇	一・一〇	三・四〇
一六九〇	二・八〇	一・四〇	四・七〇
一六九三	二・一五	〇・七〇	一・二五
一六九四	二・六〇	一・四〇	四・七〇
一六九五	三・〇〇	一・三〇	四・五〇
一六九六	二・八〇	一・五〇	四・九〇
一六九七	二・三〇	一・一二	四・〇〇
一六九八	二・八〇	一・五〇	四・〇〇
一六九九	二・〇八	〇・九〇	三・一〇
一七〇七	二・六〇	一・一〇	四・〇〇

一七〇九	二・七〇	一・三五	二・二三
一七一〇	二・六〇	一・四五	四・二〇
一七一二	二・五四	一・二〇	一・九五
一七一三	二・四五	一・二八	四・一五
一七一七	二・六〇	〇・九九	三・〇〇
一七一八	二・四〇	一・〇四	二・六〇
一七一九	二・九二	一・六〇	四・八〇
一七二二	二・四五	一・〇〇	三・九五
一七二三	二・七〇	一・一〇	三・九五
一七二四	二・二五	〇・九五	三・〇〇
一七二五	二・四〇	一・〇〇	二・九〇
一七二六	二・二〇	一・〇四	二・二〇
一七二八	二・三〇	一・〇〇	四・三九
一七二九	二・四〇	〇・九五	三・二〇
一七三一	二・二八	〇・九五	三・二〇
一七三二	二・一二	〇・八五	三・五〇
一七三三	二・五〇	一・一五	四・二〇
一七三四	二・七五	一・三二	三・八〇
一七三五	二・七〇	一・三〇	三・二〇
一七三六	二・四九	一・三〇	三・六〇
一七三七	二・七七	一・二四	三・五〇
一七三八	二・一二	〇・九七	三・一〇
一七三九	二・六五	一・三五	三・三〇

一七四〇	二・四八	一・一四	三・二五
一七四一	二・五六	一・三〇	三・六〇
一七四二	二・五四	一・二〇	二・五〇
一七四五	二・三八	一・三八	六・六〇
一七四八	二・四七	一・四二	?
一七五一	二・四〇	一・一七	三・二〇
一七五二	二・四六	一・二〇	四・三〇
一七五三	二・二六	一・二三	四・二三
一七五四	二・四〇	一・一〇	三・四〇
一七五五	二・〇四	〇・九二	三・二〇
一七五六	二・八二	一・三〇	四・〇五
一七五七	二・四八	一・〇五	三・一〇
一七五九	二・八五	一・六六	五・五〇
一七六〇	三・〇〇	一・五六	六・五〇
一七六四	二・四六	一・一四	三・七五
一七六六	二・五五	一・四〇	四・八五
一七六九	二・六〇	一・五二	五・三〇
一七七二	二・七八	一・四四	四・四五
一七七三	二・九〇	一・五八	五・三〇
一七七五	二・三〇	一・〇〇	三・六〇
一七七六	二・六四	一・四五	四・六〇
一七七八	二・四〇	一・四五	三・七一
一七七九	二・九〇	一・六八	六・二〇

一七八〇	二·三七	一·三〇	四·四五
一七八一	二·六七	一·三八	四·六〇
一七八六	二·五三	一·三〇	三·八〇
一七八七	二·三七	〇·六四	三·二〇
一七八八	二·八〇	一·七〇	四·八〇
一七九一	二·〇七	〇·七二	二·五〇
一七九三	二·四六	一·三六	三·三〇
一七九五	二·九〇	一·五九	五·四〇
一七九六	二·六六	一·四二	四·六五
一七九七	三·〇八	一·七〇	四·六〇
一七九八	三·一〇	一·六六	四·九八
一七九九	一·九二	〇·八五	三·一〇
一八〇一	二·八〇	一·三一	四·三〇
一八〇二	二·九〇	一·六〇	四·七〇
一八〇三	三·〇〇	一·七〇	五·一〇
一八〇四	二·三〇	一·一四	?
一八〇五	二·五〇	一·三〇	三·三〇
一八〇六	三·〇〇	一·六〇	四·一〇
一八〇七	二·九〇	一·七〇	四·三〇
一八〇八	二·八〇	一·五五	四·三〇
一八〇九	二·九五	一·八〇	五·一五
一八一五	二·四〇	一·二〇	三·七〇

在分析與討論之前，我們有一點要加以說明，這一百四十二座墓裡，有兩座墓（墓一六五二及一六七二（的尺度不清楚，我們是否應該將它們納入小型墓呢？在它沒法解決以前，我們只好將它們列入而不加以討論。所以，這裡實際上只有一百四十座墓。

㈠、一一〇、首先，我們要討論的是墓口與坑底大小的關係；除了墓一六一四一座不明外，其他的可分爲三類。第一類，墓口大於墓底的一共有二十二座，它們是墓一〇五五、一六〇八、一六四八、一六七九、一七一三、一七三二、一七三三、一七三七、一七三八、一七四〇、一七四五、一七四八、一七五二、一七五三、一七五四、一七五五、一七六〇、一七六四、一七七二、一七八六、一七九一及一七九七，佔全部百分之十五·七。第二類，墓口與墓底同大，共有五十座，它們是墓一六三七、一六三九、一六四一、一六五三、一六六四、一六六五、一六六九、一六七〇、一六七一、一六七七、一六八〇、一六八二、一六八四、一六八五、一六八七、一六八八、一六九〇、一六九三、一六九四、一六九六、一六九七、一六九八、一六九九、一七〇七、一七〇九、一七一二、一七一八、一七二二、一七二三、一七二四、一七二五、一七二六、一七二八、一七二九、一七三一、一七三四、一七三五、一七三九、一七五一、一七七八、一七九九、一八〇一、一八〇二、一八〇三、一八〇四、一八〇五、一八〇六、一八〇七、一八〇八、一八一五，佔全部百分之三五·七。第三類，墓口小於墓底，一共有六十七座（除了墓一六一四、一六五二、一六七二以及上面兩類所舉的以外，其他都是），佔全部百分之四七·八。根據這個統計，我們知道第三類（墓口小於墓底）爲數最多，第二類（口、底同大）次之，第一類（墓口大於墓底）爲數最少。我們將在後面作比較研究。

㈠、一一一、其次，我們要討論這羣墓坑的形制，這羣墓葬絕大部份是長方形寬坑，窄坑僅有十座，屬於普通窄坑的有七座（墓一〇五五、一六一一、一六六八、一七一七、一七二九、一七三二及一七九一），屬於標準窄坑的有一座（墓一六九三），屬於次標準窄坑的有兩座（墓一六一四及一七八七），共十座，佔全部百分之七·一。百分之七·一這個比率雖然不多，但是，窄坑的存在是件不可否認的事實。在㈠、六一裏，我們曾說過：「原來春秋的時代，大、中兩型並不流行窄坑，都只流行寬坑；唯有小型墓坑才寬、窄二型同時流行。」戰國時代大型（㈠、八一）及中型（㈠、一〇五）墓坑幾乎沒有窄坑的存在（絕少的幾座是例外），可是，在小型墓坑裏，窄坑的數量雖然少（專指上村嶺而言），却不容我們隨意疏略；何況我們還未閱完全部的材料？

西安半坡

㈠、一一二、西安半坡所發掘的小型戰國墓坑，可分為洞室墓及豎穴墓兩種，它們的尺寸是：

墓號	型別	豎穴長	寬	深	洞室長	寬	高
三	洞室墓	二·七〇	二·五〇	五·二〇	二·〇	一·二五	?
一一	室	二·一〇	一·三五	〇·五〇	一·六〇	〇·六五	?
一二	室	二·七六	一·六五	一·六七	二·一〇	一·〇六	?
一三	室	二·七〇	一·九〇	一·九〇	一·八五	一·〇五	?
一四	室	二·九〇	一·九〇	二·〇〇	二·三二	一·二〇	?
二〇	室	二·五〇	一·八六	一·四〇	一·九〇	一·四〇	〇·八〇
二一	豎穴墓	二·〇〇	〇·九五	三·一〇			

二四	室	二.六〇	一.八五	〇.九五	一.七〇	〇.九一	?
二七	室	二.六四	二.六〇	二.〇六	二.二〇	一.三〇	?
二九	室	二.八四	二.〇〇	二.一〇	三.〇〇	一.三八	一.六〇
三二	室	二.七四	二.四〇	一.八〇	一.七〇	〇.九〇	?
三三	室	二.六〇	二.一〇	一.四〇	一.七四	〇.九〇	?
三四	室	二.四〇	一.五〇	一.七〇	一.七〇	一.八〇	?
三五	室	二.五〇	一.七六	一.八〇	一.七六	一.一〇	?
三六	室	二.八〇	一.六二	〇.九〇	一.九〇	一.〇〇	〇.六〇
三七	室	二.四六	一.六六	〇.五〇	二.〇〇	一.二四	?
四〇	室	二.七四	二.一六	一.六〇	二.二〇	〇.九〇	?
四三	室	二.三〇	一.七〇	〇.九〇	一.七六	一.〇〇	?
四四	室	二.九〇	一.九〇	一.四〇	一.九〇	一.〇〇	?
四五	室	二.四三	一.六五	一.三〇	一.八五	一.二〇	?
四六	室	二.九〇	〇.九〇	〇.九二	一.九〇	一.一五	?
四七	室	二.六五	一.七四	二.五三	一.七六	一.〇九	?
五四	室	二.五〇	一.七〇	?	一.六二	〇.九四	?
五八	室	二.八〇	二.二〇	四.〇〇	二.〇〇	一.〇二	〇.七〇
五九	穴	一.九四	一.五五	三.四〇			
六〇	室	二.九〇	二.七〇	六.〇〇	一.八〇	一.一三	一.〇〇
六一	室	二.五〇	二.五〇	三.〇四	一.七四	一.二〇	一.〇四
六二	穴	二.二五	一.二〇	四.三〇			
六六	穴	二.五〇	一.九〇	四.五〇			
六七	穴	二.八〇	二.二〇	四.四〇			

七二	穴	二・一〇	一・二〇	二・五〇			
七三	室	二・三〇	一・三〇	三・〇〇	二・一〇	〇・八六	一・三〇
七四	室	三・一〇	二・二五	三・〇〇	一・九〇	一・一〇	一・七〇
七五	室	三・〇六	二・二〇	三・二〇	一・八〇	一・〇四	一・九〇
七六	室	二・七〇	二・三〇	四・一五	一・七五	一・〇三	二・一〇
七七	室	三・〇〇	二・〇五	三・六〇	一・九〇	一・一五	一・五〇
七八	室	三・〇〇	二・〇五	四・三〇	一・九〇	一・二〇	一・二四
七九	室	三・二〇	二・二〇	四・三〇	二・〇〇	一・〇〇	一・二〇
八〇	室	二・六〇	一・九〇	三・六〇	二・〇六	一・一〇	二・七〇
八一	室	三・一〇	二・二〇	四・九五	二・〇五	一・三〇	二・六〇
八二	室	二・九五	二・二〇	三・五〇	一・九〇	一・〇〇	二・一〇
八三	室	三・一五	二・〇五	四・〇〇	二・〇二	一・四〇	一・三〇
八四	室	三・二〇	二・二〇	三・六〇	二・三〇	一・一〇	二・一〇
八五	室	二・五〇	二・一〇	四・〇〇	一・四〇	一・一〇	二・二〇
八六	室	三・一〇	二・三〇	三・二六	一・八〇	一・二〇	一・八〇
八七	室	三・二〇	二・〇五	四・〇三	二・一〇	一・一〇	一・八〇
八八	室	三・一五	二・二〇	三・五〇	一・六〇	一・三〇	一・一〇
八九	室	三・九〇	二・八〇	六・〇〇	二・七〇	一・三〇	一・七〇
九〇	室	三・三〇	二・二〇	二・八〇	二・二〇	一・二〇	一・二〇
九一	室	三・二〇	二・三〇	五・四〇	二・四〇	一・二〇	一・一〇
九二	室	三・五〇	二・二〇	三・五〇	二・二〇	一・二〇	二・六〇
九三	室	二・九〇	二・五〇	四・七〇	一・八〇	一・二〇	二・七〇
九四	室	三・二〇	二・三〇	四・四〇	一・九〇	一・二〇	一・四〇

九五室	二·九〇	二·三〇	三·八〇	二·一〇	一·一〇	一·五〇
九六室	二·八〇	一·九〇	三·八〇	二·二〇	一·〇〇	二·二〇
九七室	二·七五	二·一〇	三·七〇	一·八〇	〇·九〇	一·九〇
九八室	三·一〇	二·八〇	三·六〇	二·〇〇	一·〇八	一·六〇
九九室	三·三〇	二·一〇	五·一〇	一·九〇	一·三〇	二·一〇
一〇〇室	三·二〇	二·三〇	五·五〇	二·二〇	一·一〇	二·八〇
一〇一室	二·五〇	一·五〇	一·九〇	一·五〇	〇·九〇	一·一〇
一〇二室	三·三五	二·〇〇	三·五〇	二·三〇	一·〇〇	二·二〇
一〇三室	三·〇五	二·〇〇	三·八〇	二·〇〇	一·二〇	二·〇五
一〇四室	三·〇五	二·〇〇	三·三〇	二·〇〇	〇·九〇	二·五〇
一〇五室	三·四〇	一·八〇	三·五〇	一·八〇	一·二〇	?
一〇六室	三·一〇	二·二〇	三·九〇	一·八〇	一·三五	二·一〇
一〇七室	二·三〇	一·七〇	三·七〇	一·八〇	一·二〇	一·六〇
一〇八室	二·三〇	一·七〇	二·一〇	一·六〇	〇·八〇	一·五〇
一〇九室	二·八〇	一·九〇	四·〇〇	二·二〇	一·一一	二·六〇
一一〇穴	?	〇·七〇	?			
一一一室	二·八〇	一·四〇	四·〇〇	二·二〇	一·一〇	二·三〇
一一二室	三·四〇	二·一〇	三·五〇	二·二〇	一·二〇	一·五〇
一一三室	二·八〇	一·九〇	三·八〇	二·三〇	一·二〇	一·七〇
一一四室	?	二·二〇	四·三〇	二·三〇	一·三〇	二·〇〇
一一五室	三·〇〇	二·〇〇	三·一六	一·九〇	一·〇〇	二·四〇
一一六室	三·四〇	二·四〇	四·四〇	一·七〇	一·二〇	二·一〇

這七十五座墓坑，可以分作幾方面來討論。第一、洞室墓六十八座，佔全部百分之九十・六；豎穴墓七座，佔全部百分之九・三。第二、七座豎穴墓都是長方形寬坑，沒有墓道。第三、六十八座洞室墓的洞室可分為正方形坑一座（墓三十四），普通窄坑二座（墓十一及七三），其他六十五座的洞室都是長方形寬坑。第四、六十八座洞室墓的豎穴也可分為正方形坑五座（墓三、三二、二七、六〇及六一），次標準窄坑一座（墓四六），其他六十二座的豎穴都是長方形寬坑。第五、根據上面四點，我們清楚地知道，西安半坡小型墓坑裏的豎穴墓沒有長方形窄坑的存在；只有在洞室墓裏，既有長方形寬坑，也有長方形窄坑。

安陽大司空村

㈠、一一三、安陽大司空村發掘的小型戰國墓坑只有九座，它們的尺寸是：

墓號	墓坑　長(公尺)	寬(公尺)	深(公尺)
三	二・八〇	一・五〇	四・六〇
八	二・八〇	一・七八	四・四八
九	二・三六	一・三〇	三・五二
一〇	二・五三	一・三二	五・三〇
一六	二・六〇	一・八〇	六・〇〇
二一	二・五〇	一・一〇	三・六〇
七七	二・五六	一・五四	三・三五
一三一	二・六〇	一・五〇	二・一〇
二七七	二・六〇	一・五〇	一・九〇

都是長方形寬坑，沒有墓道。

洛陽燒溝

㈠、一一四、洛陽燒溝的小型墓坑可分爲豎穴墓及洞室墓兩種，我們先將它們的型別及尺度列表如下：

墓號	型別	豎穴長	寬	深	洞室長	寬	高
四四	豎穴墓	三·〇〇	一·七〇	三·七〇			
四二二	洞室墓	二·三〇	一·二五	四·五〇	二·二〇	〇·八五	一·〇四
六〇一	室	二·二五	一·三〇	三·一〇	二·六〇	〇·八五	一·〇一
六〇二	穴	二·八五	一·三六	四·二〇			
六〇三	穴	二·六〇	一·三五	五·二〇			
六〇四	穴	二·九〇	二·〇三	五·七〇			
六〇五	穴	二·三五	一·五〇	四·〇〇			
六〇六	穴	二·四〇	一·四三	四·五〇			
六〇七	穴	二·四〇	一·四〇	四·六五			
六〇八	穴	二·四六	一·四〇	四·九〇			
六〇九	穴	二·八〇	一·八〇	四·九七			
六一〇	穴	二·六〇	一·六五	五·四五			
六一一	穴	二·九〇	一·六〇	五·二〇			
六一四	室	二·一五	二·〇〇	三·四〇	二·〇〇	〇·九五	〇·八八
六一五	穴	二·五六	一·四〇	五·一〇			

六一六	穴	二·三五	一·一五	四·二〇			
六一七	穴	二·五〇	一·四五	五·〇五			
六一八	室	二·一六	一·一六	五·三〇	二·二四	〇·八〇	一·〇〇
六一九	室	二·七〇	一·六〇	五·四〇	二·二五	一·〇〇	一·〇五
六二〇	穴	二·三五	一·四〇	五·〇〇			
六二一	室	二·一五	一·二五	四·五〇	二·二三	〇·八〇	〇·九二
六二二	室	二·二五	一·二五	五·九〇	二·二五	〇·八五	〇·九五
六二三	穴	二·一五	一·二五	三·〇〇			
六二四	穴	二·七八	一·六四	四·八〇			
六二五	穴	二·八五	一·七五	四·九〇			
六二七	室	二·四〇	一·四〇	四·八〇	?	〇·九六	?
六二八	穴	二·四三	一·六七	五·九〇			
六二九	穴	二·三五	一·四〇	五·三五			
六三〇	穴	二·六〇	一·四四	五·九〇			
六三一	室	二·四〇	一·三〇	五·〇〇	二·一六	〇·九〇	一·〇四
六三三	穴	二·三〇	一·二八	一·三〇			
六三四	穴	二·八四	一·六二	四·七〇			
六三五	穴	二·一八	一·三七	三·六〇			
六三六	穴	二·七五	一·七〇	四·〇〇			
六三七	穴	二·七五	一·七〇	五·三〇			
六三九	穴	二·五五	一·五五	四·〇〇			
六四〇	穴	二·六〇	一·六八	四·九八			
六四一	穴	二·九〇	一·七〇	五·一五			

六四三	室	二·二〇	一·三〇	五·三〇	二〇·三	一·二〇	一·一五
六四四	室	二·二〇	一·二〇	三·六〇	二·一〇	〇·八五	一·一五
六四五	穴	二·九〇	一·六五	四·九〇			
六四六	穴	二·九五	一·五〇	四·七〇			
六四七	穴	二·六六	一·七五	四·九〇			
六四八	穴	二·八〇	一·七五	四·七〇			
六四九	室	二·二七	一·二〇	四·九〇	二·一〇	〇·九五	一·〇五
六五〇	室	二·二五	〇·八〇	四·五〇	二·一五	一·〇〇	一·〇五
六五二	穴	二·四八	一·六〇	四·五〇			
六五三	室	二·三六	一·三二	五·六〇	二·三〇	〇·九六	〇·八八
六五四	室	二·二五	一·三〇	四·八五	二·六〇	〇·八〇	〇·九五
六五五	室	二·三五	一·一五	三·五〇	二·三五	〇·七五	一·〇〇
六五六	穴	二·五五	一·五〇	四·三〇			
六五七	穴	二·五〇	一·六〇	五·二五			
六五八	穴	二·七五	一·六〇	四·七〇			
六五九	穴	二·八〇	一·八五	六·二〇			

對於洞室墓，該報告曾如此說：

洞室前面的豎穴空無所有，不是墓之主體，只是作爲開闢洞室中放置棺材與隨葬品時的通路而存在，但它之大小、形狀、深淺却與前述豎穴墓的墓室無異；不過由於作爲一種通路，具有墓道之作用，它的底部有時略爲傾斜，如四二二、六四三、六四四（圖二十）號。在十六個洞室墓中，十四個墓係在豎穴的一端開闢洞室（圖二十一）；豎穴都作南北向，十三個墓在豎穴的

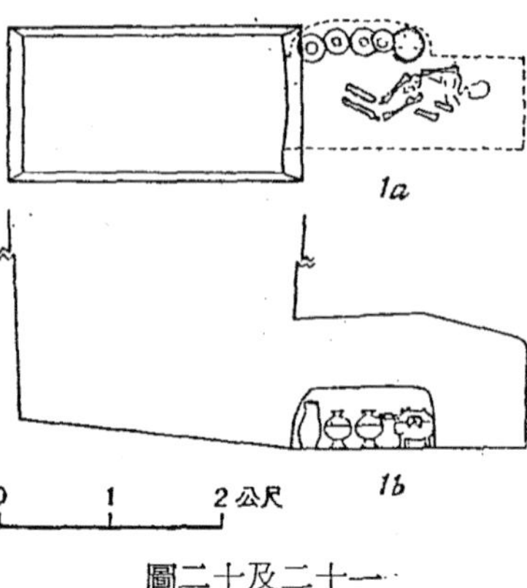

圖二十及二十一

2a
2b

圖二十二

北壁開闢洞室，洞口向南；獨六二二號墓在豎穴的南壁開闢洞室，洞口向北。六五○與六五五兩墓係在豎穴的一個側壁開闢洞室（圖二十二）。六五○號的豎穴作東西向，洞室開闢在豎穴的南壁，洞口向北；六五五號的豎穴作南北向，洞室開闢在豎穴的西壁，洞口向東。

根據這些資料，我們分作幾方面來討論。第一、這五十四座小型墓，豎穴墓佔三十八座，洞室墓佔十六座。第二、豎穴墓全部都是長方形寬坑。第三、洞室墓裏，屬於Ⅱ式的有兩座，屬於Ⅲ式的有十四座，沒有一座是屬於Ⅰ式的。第四、洞室墓主要的墓葬部份是在洞室，而不在豎穴；豎穴是一條變象的墓道，洞室取代了過去的豎穴坑；因此往後洞室墓墓坑形制的鑑定和討論，都偏向於洞室，而不偏向於洞室墓的豎穴。第五、這十六座洞室墓洞室的形制，除了墓六二七不清楚以外，屬於長方形寬坑的計有五座（墓六一四、六三一、六四三、六四九及六五三），屬於長方形窄坑的共有八座；其中，五座（墓四二二、六一八、六二一、六二二及六四四）是普通窄坑，一座（墓六〇一）是標準窄坑，兩座（墓六五四及六五五）是次標準窄坑。

河南禹縣

㈠、一一五、河南禹縣的小型戰國墓葬，爲數也不少，它們的尺度是：

墓號	墓坑長（公尺）	寬（公尺）	深（公尺）
一二二	二·六五	一·九五	一·一〇
一一三	二·三五	一·一〇	〇·八〇
一一四	〇·六〇	一·五〇	〇·七〇
一二三	二·六〇	一·二六	〇·五〇
一二五	二·五〇	一·三〇	〇·三〇
一二六	二·七六	一·七〇	一·一〇
四〇	二·四五	一·三〇	二·二〇
四八	二·七〇	一·五〇	二·一〇
五六	二·二五	一·四〇	〇·九六
五七	二·六六	一·三六	〇·九〇
五八	二·八六	一·三二	〇·二四
一一五	二·二四	一·一〇	〇·二五
一一七	二·四四	一·五四	〇·九五
一二〇	二·五〇	一·一〇	〇·四〇

一四五	二・四五	一・三〇	一・七五
一五九	二・五〇	一・二〇	〇・九六
一五三	二・六〇	一・六〇	二・六〇
一五五	二・六八	一・六〇	二・一〇
一六五	二・七〇	一・六〇	一・八〇
一三七	二・七二	一・一四	二・五〇
一三〇	二・七〇	一・七〇	一・九三
一二八	二・四八	一・二八	〇・二〇
一四三	二・二〇	一・四〇	一・三五
一四六	二・八〇	一・四四	一・七五
一二二	二・三四	一・六六	一・五四
一二七	〇・五〇	一・〇〇	一・六四
一三一	二・五四	一・五四	一・二〇
一三八	二・八〇	一・八〇	二・四五
一五二	二・一〇	一・一四	〇・二五
一一九	二・五〇	一・一〇	〇・一〇
一二一	二・三六	一・一四	〇・二〇
一二四	二・四〇	一・三五	一・六五
一三四	二・五〇	一・三〇	〇・七五
一四七	二・六〇	一・四〇	二・二五
一五四	二・五〇	一・二六	〇・五〇

這些墓，都是長方形寬坑，沒有什麼特出的地方。不過，其中有兩墓令人注意，墓一一四及一二七的

長度都短過寬度，而且，相差竟在〇・五公尺以上，這絕不是一件偶然的事。

河南林縣

㈠、一一六、河南林縣曾掘獲一羣小型戰國墓坑，該報告除了略爲描述其中的一座外，其他一概省略，這是一件很可惜的事。根據報告的描寫，該墓是長方形的豎井土坑，長二・七〇公尺，寬〇・九五公尺。很顯然的，這是一座長方形普通窄坑墓。至於那些被省略的墓坑，是否有窄坑的存在？我們不得而知。不過，有的可能性似乎比較大一些。有多少呢？我們就不敢斷言了。

湖南長沙市東北郊

㈠、一一七、長沙東北郊只出了兩座戰國墓坑，一座是中型（㈠、九二）墓坑，一座是小型墓坑。這座小型墓坑的編號是：五八長，新，鐵二號墓。墓坑長二・八公尺，寬一・六六公尺。是座長方形寬坑墓。

長沙

㈠、一一八、長沙所發掘的另一羣墓坑，可分爲有墓道和無墓道兩大類。無墓道的幾座的尺度是：

墓號	墓坑長（公尺）	寬（公尺）	深（公尺）
二一一	二・三四	〇・六二	三・五〇
一一七	二・三〇	〇・七〇	一・六〇
三〇一	二・三〇	〇・六六	三・〇〇

三〇五	二·二〇	〇·六〇	〇·八〇
三〇八	二·〇〇	〇·五六	二·六〇
三一四	二·一〇	〇·六八	四·三〇
三一六	二·〇〇	〇·六〇	二·六〇
一一三	二·七〇	一·一〇	一·五〇
一二〇	二·〇〇	〇·七〇	〇·七〇
一二一	二·二〇	〇·八〇	〇·九五
一二三	二·八〇	一·三〇	一·一〇
二〇七	二·八六	一·六六	五·四六
二一〇	二·六〇	一·一二	三·六〇
二一六	二·五五	一·四〇	二·六〇
二二九	二·三六	一·〇六	一·六〇
二三三	二·四〇	一·〇四	三·三〇
二三四	二·五〇	一·一六	二·七〇
二三七	三·〇〇	一·七〇	三·五〇
二三八	二·八五	一·一〇	一·八〇
二五〇	三·一〇	一·一六	四·〇五
二五三	三·〇〇	一·二〇	三·〇〇
二五四	二·五五	〇·九四	一·〇〇
二六四	二·八四	一·三〇	三·二五
二六六	二·六五	一·〇五	一·八五
二六八	二·六〇	一·〇〇	二·六〇
二七二	二·六〇	一·〇八	一·七〇

二七三	二·一〇	〇·七〇	一·二〇
三〇四	二·三〇	一·〇〇	四·七〇
三〇六	二·七〇	一·〇〇	七·〇〇
三〇九	?	?	?
三一〇	二·七〇	一·一六	四·八〇
三一五	二·六〇	一·一〇	三·〇〇
三一八	二·七六	一·四五	三·一〇
三一九	二·三〇	一·一〇	三·四〇
三三一	二·三六	一·二六	二·七〇
三三八	二·四四	〇·六〇	一·五二
三四三	二·八〇	一·一五	二·五二
三四五	二·八〇	一·四八	六·一〇
三四九	二·三〇	一·五〇	四·〇〇
二一五	二·九〇	一·九〇	三·一五
二二三	二·九〇	一·六八	四·五〇
二四七	二·九〇	一·八四	三·一〇
二四九	二·九〇	一·八八	一·八〇
三一一	三·四〇	一·六〇	七·〇〇
三一七	二·六〇	一·六〇	四·六〇
三二一	二·六〇	一·六〇	六·〇〇
三四七	二·七〇	一·七五	〇·九〇

這批小型墓，可以分作兩組，長方形寬坑及長方形窄坑。長方形寬坑共有三十座（墓一一三、一二

三、二〇七、二一〇、二一六、二二九、二三三、二三四、二三七、二三八、二五〇、二五三、二六四、三〇四、三二〇、三二五、三二八、三二九、三三一、三四三、三四五、三四九、二一五、二二三、二四七、二四九、三一一、三一七、三二一及三四七），佔全部百分之六十五・二。長方形窄坑計十六座，佔全部百分之三十四・八。窄坑墓又可分爲四類；第一、普通窄坑七座（墓一二〇、一二一、二五四、二六六、二六八、二七二及三〇六）；第二、標準窄坑一座（墓二七三）；第三、次標準窄坑七座（墓一一二、一一七、三〇一、三〇五、三〇八、三一四及三一六）；第四、四分一窄坑一座（墓三三八）。根據這項分析，長沙小型墓坑窄坑的存在，是一件不可否認的事實。

㈠、一一九、有墓道的墓坑有下列幾座：

墓號	墓坑長	寬	深	墓道長	寬	底高	坡度
一〇五	二・九〇	一・六〇	四・八五	一・二〇	一・一四	三・四五	
一〇六	三・〇〇	二・〇〇	三・〇〇	二・五〇	一・三三	一・九〇	
一一二	三・〇〇	一・八〇	二・〇〇	一・四〇	一・四六	一・五〇	
二三〇	二・八〇	一・七〇	三九・〇	四・六〇	一・四五	二・一五	
二四六	二・九〇	二・〇〇	三四・〇	三・四〇	一・六〇	二・〇〇	
三〇二	二・四〇	一・四〇	五五・〇	？	〇・九〇	一・三〇	
三一五	二・八〇	一・七八	五一・〇	？	一・一五	一・九五	
三三六	二・九〇	一・五〇	四三・〇	五・四〇	一・〇八	一・〇六	四七度
三五三	二・八五	一・八五	六九・〇	八・〇〇	一・三二	一・七五	

這九座墓，都是長方形寬坑；至於墓道的坡度，除了墓三二六外，其他一概不知，資料的短缺，也使我們無法推算。長沙這五十五座小型墓坑，有墓道的九座，佔百分之十六・三；數量確是不少。這五十五座長沙小型墓的墓口與坑底的關係，可以分作三種：第一、墓口大於墓底，計有二十一座（墓一一一、三〇八、三一四、三一六、二〇七、二三七、二五〇、二六六、三三八、三四五、三四九、一〇五、二二〇、二四六、三一五、三二六、三五三、二一五、二四七、二四九及三一七），佔百分之三十八・一。第二、墓口與墓底同大，計二十三座（墓一一七、三〇五、一二〇、一二一、一二三、二一〇、二二九、二三三、二三四、二三八、二五四、二七三、三〇四、三〇六、三二五、三二八、三二九、三三一、一〇六、一一二、二二三及三四七），佔全部百分之四十一・八。第三、墓口小於墓底，共有十座（除墓三〇九外的十座都是），佔百分之十八・一。

長沙沙湖橋

㈠、一二〇、長沙沙湖橋所發掘的小型墓，爲數也不少；這裏，先列下它們的尺寸：

墓號	墓坑左長	右長	頭寬	足寬	深
A四	二・九〇	二・九〇	一・〇七	一・一七	三・六〇
A二〇	二・九五	二・九五	一・二三	一・二三	二・〇〇
A二一	一・八〇	一・八〇	〇・五八	〇・五八	？
A二四	二・七七	二・七〇	一・一七	一・一四	一・三五
A二六	二・七〇	二・七九	〇・九九	〇・九九	二・七七

A二七	二·六〇	二·六七	一·二四	一·二八	一·一二
A二八	二·五四	二·五四	〇·九四	〇·九四	二·四六
A二九	二·五五	二·五五	一·三五	一·三五	一·八〇
A三〇	二·六〇	二·六〇	一·五〇	一·五〇	二·七〇
A三五	二·一五	二·一五	〇·五七	〇·五七	二·六八
A三六	二·九八	二·九八	一·二六	一·二六	三·八〇
A三七	二·五五	二·五五	〇·九五	〇·九五	四·二〇
A三八	二·二八	二·二八	〇·七三	〇·七三	三·〇〇
A四七	二·六〇	二·七七	一·〇八	一·〇八	三·三〇
A四八	二·六六	二·六六	一·三〇	一·三〇	三·二〇
A四九	二·〇八	二·一二	〇·八四	〇·八二	〇·九五
A五〇	二·七六	二·七六	一·五四	一·四〇	三·二四
A五一	二·九〇	二·九四	一·一四	一·二三	三·〇〇
A五二	二·一〇	二·一〇	〇·七六	〇·七二	一·三〇
A五三	二·六八	二·七〇	一·〇八	一·〇四	二·一五
A五四	二·一〇	二·一〇	〇·七六	〇·七二	一·七三
A五五	二·五四	二·五八	一·〇〇	〇·九四	一·〇二
A五六	二·六〇	二·六〇	一·三〇	一·三四	二·四〇
A五七	二·九〇	二·九四	一·一二	一·一四	三·二六
A五八	二·六二	二·五四	〇·九六	〇·九〇	一·七二
A五九	二·〇〇	二·〇〇	〇·六二	〇·六二	一·六二
A六〇	二·九三	二·九三	一·三五	一·三五	三·五六
A六一	二·五六	二·五六	一·〇四	一·〇二	一·二四

B三	二·八〇	二·八〇	一·一八	一·一六	一·四三
B四	二·一四	二·一四	〇·七〇	〇·七八	一·四五
B七	二·一二	二·一二	〇·七七	〇·六七	五·一〇
C二	二·八四	二·八四	一·一〇	一·一四	二·六〇
C三	三·〇〇	三·〇〇	一·三二	一·四〇	二·三〇
C七	二·五六	二·五六	一·〇〇	一·〇〇	一·八四
C一〇	二·四二	二·四二	一·〇四	一·〇七	二·三〇
C一一	二·六八	二·六八	一·〇六	一·〇〇	二·四四
C一三	二·二〇	二·二〇	一·一〇	一·一四	二·二五
D一	二·九二	二·九二	一·一五	一·一八	二·一五
D八	二·六〇	二·六〇	一·一〇	一·一〇	一·八〇
D七	?	?	〇·八三	〇·七四	二·二四
E一	二·九〇	二·九〇	一·二八	一·二八	三·一〇
E四	二·五〇	二·六五	〇·九五	〇·九六	〇·六八
E五	二·七一	二·六九	一·一二	一·〇八	一·四〇
E六	二·二〇	二·一〇	〇·六二	〇·五八	二·八〇
E七	二·四八	二·四四	一·〇七	一·〇〇	一·三〇
E八	二·九三	二·九〇	一·一七	一·一八	一·三〇
E九	二·七二	二·七八	一·二〇	一·一八	〇·五三
E一〇	二·七四	二·七四	一·〇四	一·一二	一·二七
E一一	二·五五	二·五五	一·一〇	一·〇五	一·六五
F二	二·七三	二·七三	一·一五	一·一〇	一·六五
F三	二·七八	二·六六	一·六六	一·七八	四·〇〇

這五十座墓坑可分兩方面來分析。第一、這五十座墓坑發掘及測量的工程非常粗劣（中型墓坑也如此，見㊀、九三），左、右長度不等的有十七座，頭、足寬度不等的竟有三十三座之多！能夠成爲正長方形的，也就是說，四個角都是九十度的，只有十四座（墓A二一、A二八、A二九、A三〇、A三五、A三六、A三七、A三八、A四八、A五九、A六〇、C七、D八及E一）而已；非正長方形的，竟佔了三十六座，百分之七十二！測量的不正確，挖掘的草率，於此可見。第二、五十座墓裏，寬坑有三十六座之多，佔百分之七十二；窄坑有十四座，佔百分之二十八。十四座窄坑，屬於普通窄坑的有五座（墓A二六、A二八、A三七、A五八及E四），屬於標準窄坑的也有五座（墓A二一、A五二、A五四、B四及B七），另外，有三座（墓A三八、A五九及E六）是次標準窄坑，有一座（墓A三五）是四分一窄坑。窄坑雖然只佔二十八巴仙，不過，有次標準窄坑及四分一窄坑的出現，就不得不令我們注意了。

湖南常德德山

㊀、一二一、常德位於沅水下游北岸，在這裏，根據兩份報告的記載，似乎曾出土兩批小型戰國墓。第一份報告如此地說：

狹長方形土坑墓四座，墓底長二・二四—二・三三公尺，寬〇・五二—一・〇四公尺，深〇・二四—三・六〇公尺，長寬約爲三比一。

根據這段簡單的記載，這四座墓裏，包括了寬坑、普通窄坑及標準窄坑三種形制，甚至極可能有一座是次標準窄坑呢！該報告又說：

長方形土坑墓八座，長二・三六—三・〇八公尺，寬一・一—一・四公尺，長寬約為二比一。

很顯然的，這八座墓都是長方形寬坑。另一份報告，作如是的報導：

長方形共八座，墓坑一般很長，但是很窄，其長寬比例約爲三比一。墓的大小按墓底計算，一般長一・九—二・六公尺，寬〇・六五—〇・八三公尺，深度最淺的〇・四公尺，最深的二・三八公尺。

這八座墓，根據這份報告，包含了標準窄坑及次標準窄坑兩種形制。該報告又說：

長方形寬坑，共三十六座。墓坑長寬的比例約爲三比二或二比一。按墓底計算，一般長二・二—三・五公尺，寬〇・九九—二・六公尺。現存深度〇・二四—六・一公尺。墓口往往較墓底爲大，部份墓葬墓口與墓底相等，也有少數墓葬墓口小於墓底。

這批郤是長方形寬坑。常德這兩批墓坑，可以歸納出下列兩個要點：第一、既有長方形寬坑墓，也有長方形窄坑墓；窄坑墓包括了普通、標準、次標準以及四分一四種不同的形制。第二、墓口有大於坑底，也有同大，也有比墓底小的；數目多寡，不得而知。

湖南湘潭

㈠、一二二、湘潭下攝司曾出土了兩座小型墓坑，它們的尺度爲：

墓號	墓坑長(公尺)	寬(公尺)	深(公尺)
三	二・四〇	頭端〇・八八 足端〇・八四	不明
一	二・七〇	頭端一・五〇 足端一・七〇	不明

墓一是長方形寬坑墓，墓二是長方形窄坑（普通窄坑）墓。這兩座墓的寬度都不整齊，相差最大是〇．二公尺，可見其工程之差劣了。

河北邯鄲

㈠、一二三、河北出土的小型墓分散在邯鄲、邢臺、天津及北京四處。今依次敘述如後：

墓號	墓坑 長(公尺)	寬(公尺)	深(公尺)
二	二．七六	一．九〇	一．六八
四	二．四〇	一．二五	〇．八八
六	二．七〇	一．二〇	二．一〇
八	二．七〇	二．四〇	四．四六
一三	一．五二	二．八六	三．八〇
一四	二．七〇	一．七五	三．九〇
二三	二．三五	一．二一	二．〇〇
二四	二．七八	一．九〇	五．九〇
二六	二．九〇	一．七八	二．四〇
三一	二．七〇	一．八〇	二．七〇
三二	二．〇五	一．二五	二．八〇
三三	二．九〇	二．〇〇	四．〇〇
三四	二．一〇	〇．八〇	一．四〇
四一	二．七七	一．八二	二．七〇
四四	二．八五	一．八五	三．七〇

五二	二·七〇	一·三〇	二·七五
五四	二·六〇	一·四〇	二·四〇
五五	二·四〇	一·四四	四·一〇

邯鄲百家村這十八座墓，可分作二方面來說明。第一、十八座墓中，有十七座是長方形寬坑，只有一座墓三四號是長方形普通窄坑；此外，墓八號的長、寬只差〇·三公尺，似乎有偏向正方形坑的趨勢。第二、墓口與墓底大小的關係，有七座不淸楚（墓二、四、八、一四、二三、三一及三四），八座口大底小，口、底相同（墓三二）及口小底大（墓三三）各一座。另外，墓一三號很令我們懷疑；因爲它的墓口長二·八六公尺，墓底長是一、五二公尺，這原本沒什麼奇怪，但是，它的墓口寬是一·二五公尺，墓底寬却是二·八六公尺！如此相反的尺寸，不但前所未有，也使人懷疑其眞實性；鑑於該報告對這奇怪現象不作任何說明，我們姑且假設是紀錄的錯誤。

河北邢臺南大汪村

㈠、一二四、大汪村出土了七座戰國墓，包括了大、中及小型三種。關於小型方面，該報告說：

> 戰國墓共淸理了七座。墓的形制皆爲長形方直壁豎穴墓。口、底同大，一般長二·六四—三·二公尺，寬一·一—一·七八公尺，深三·七—五公尺。

根據這麼一段簡單的報告，我們整理出下列二點：第一、這爲數不多的小型墓大概都是長方形寬坑；第二、它們都是口、底相等的直壁墓坑。

天津

㈠、一二五、天津南郊的巨葛莊，曾出土了二座小型墓坑，即墓M三及M四號。M三號長三公尺，寬一二．五公尺，深一．四公尺，是座長方形寬坑墓。M四號的尺寸，該報告未作任何報導。

北平昌平鎮

㈠、一二六、北平昌平鎮西南的半截塔村，曾出土兩座小型戰國墓，它們的尺度爲：

墓號	墓坑長(公尺)	寬(公尺)	深(公尺)
五	三．〇〇	一．六〇	二．〇〇
二四	三．〇〇	一．八〇	二．五〇

都是長方形寬坑。

陝西長安

㈠、一二七、長安曾出了許多戰國墓，但是，由於該報告的簡略，我們不知道到底有多少座是大型墓坑？多少座是中型及小型墓坑？該報告曾透露了其中兩座小型墓坑，它說：

七十二座東周墓都是在客省莊發現的，墓穴比一般的西周墓爲寬敞。……第二〇二號墓長三．五公尺，寬一．八五公尺。……第一四〇號是一座特殊的墓，墓長一．九公尺，寬〇．六公尺。

根據這段紀錄，至少我們可以推出下面的一個結論：這裏七十二座戰國，墓有長方形寬坑，也有長方形窄坑；窄坑有次標準窄坑，極可能也有標準窄坑及普通窄坑。

陝西寶雞福臨堡

㈠、一二八、寶雞福臨堡發掘的八座小型墓坑的尺度是：

墓號	墓坑長（公尺）	寬（公尺）	深（公尺）
三	二．八〇	一．四五	一〇．八
四	二．九〇	一．八〇	七．三〇
五	二．二〇	一．二四	八．三八
七	二．八五	一．五〇	八．九〇
八	二．五〇	一．四〇	八．五〇
九	二．四〇	一．三八	八．二〇
一〇	二．五〇	一．七〇	八．四〇
一二	二．二〇	一．八〇	九．六〇

都是長方形寬坑墓。該報告又說：「一般的墓壙是墓口與墓底同大。」從這句話，我們知道這八座墓坑的口、底關係，至少有口大底小及口、底同大兩種形制。

山西侯馬

㈠、一二九、山西侯馬上馬村曾發掘了十四座戰國墓，有幾座是屬於小型的？因為報告過份簡略，我們沒法得知。尺度方面，該報告說：

> 一般長二．一—三公尺，寬一．六—二．六公尺，深三—四公尺。一般墓口略大於底部，壁直而平整。

至少，根據這段文字，我們可以整理出下列三點：第一、它們都是長方形寬坑；第二、其中有一座以上的長、寬相差很小，有偏向正方形坑的趨勢；第三、口、底大小關係，不止口大於底一種形制而已。

山西長治分水嶺

㈠、一三〇、長治分水嶺所掘獲的小型墓坑，只有九座而已，即：

墓號	墓坑		
	長(公尺)	寬(公尺)	深(公尺)
二八	二·九〇	一·九〇	三·二〇
三〇	二·六〇	一·八〇	二·七〇
三二	二·三二	一·四六	一·五〇
四七	二·三〇	一·五〇	二·三二
四三	二·五〇	一·八四	三·七〇
四五	二·八〇	一·八〇	三·九〇
四八	二·七〇	二·一〇	二·四五
四九	二·七四	一·七〇	五·七五
二七	二·七〇	一·八〇	三·〇〇

都是長方形寬坑。除了墓三〇、三二及四七三座是口、底同大外，其他都是墓口大於墓底。

湖北松滋縣

㈠、一三二、湖北松滋縣曾出土若干中型墓葬（㈠、一〇三）；至於小型墓葬，計有二十二座之多，它們的尺度為：

墓號	墓坑長（公尺）	寬（公尺）	深（公尺）
四	二·三〇	一·二〇	〇·二七
五	二·六八	一·七〇	一·三四
六	二·九〇	一·三六	一·〇五
八	二·七八	一·二〇	四·六〇
一〇	二·四四	一·一五	一·四七
一二	二·五三	一·四三	三·九〇
一三	二·七〇	一·五八	三·九〇
一四	二·七〇	一·八〇	三·五〇
一五	二·五七	一·三四	〇·二五
一六	二·四〇	一·四〇	〇·五三
一八	二·七三	一·四〇	〇·六〇
一九	二·四三	一·二四	〇·三五
二〇	二·二〇	〇·七〇	〇·一五
二一	二·四八	一·〇〇	一·〇五
二二	二·八六	一·七六	一·六三
二三	二·五二	一·一〇	一·二八
二四	二·七〇	一·三二	〇·五〇
二五	二·四〇	二·八五	〇·九五
二六	二·五〇	一·二〇	三·四〇
二九	?	一·四三	〇·一五

三一	二・六〇	一・四八	〇・九〇
三二	二・七〇	一・四〇	三・二〇

這一羣墓，有三點需要說明：第一、墓二十號是座窄坑，而且是次標準窄坑；其他都是長方形寬坑。第二、墓二十五號的長度，短過寬度，差了〇三・五公尺，很令人注意。第三、除了墓一二、一三、二〇、二一、二九及三二六墓的墓口不知外，其他的墓口和墓底相較，都是墓口大於墓底。

廣東清遠

㈠、一三二、廣東清遠的戰國墓，是發現在馬頭崗上，爲數只有一座。該報告說：「這是一個狹長形土坑豎穴墓，南北長二・八公尺，東西寬一・一公尺，深二・三五公尺。」該報告又說：「墓壁相當平整，看來墓口及墓底的大小約略相等。」據此，我們知道是長方形窄坑、墓口與墓底相等的墓。

燕下都

㈠、一三三、這裏，只掘得一座戰國早期墓，長二・九六公尺，寬二・六六公尺，深一・二公尺。可以說是一座近乎正方形的墓坑。

㈠、一三四、爲了討論戰國小型墓的寬、窄墓坑關係，我們先將全部的資料列一總表：

地名	竪穴 寬坑	竪穴 普通窄坑	竪穴 標準窄坑	竪穴 次標準窄坑	竪穴 四分一窄坑	竪穴 次四分一窄坑	竪穴 五分一窄坑	洞室 寬坑	洞室 普通窄坑	洞室 標準窄坑	洞室 次標準窄坑	洞室 四分一窄坑	洞室 次四分一窄坑	洞室 五分一窄坑
河南輝縣	二七													
二里崗	一三〇			一										
上村嶺	一三〇	七	一	二										
西安半坡	七							六五	二					
大司空村	九													
洛陽燒溝	三八							五	五	一	二			
禹縣	三五													
林縣		一												
長沙東北郊	一													
長沙	三九	七	一	七	一									
沙湖橋	三八	五	五	三	一									
常德	有	有	有	有	有									
湘潭	一	一												
邯鄲	一七	一												
邢臺	有													
天津	一													
北平	二													
長安	有	有	有											
寶鷄	八													
侯馬	有													

長治	九													
松滋縣	二一			一										
廣東清遠		一												
燕下都														
總計	五一三	二三	七	一四	三				七〇	七	一	三		
	寬坑共五四一佔百分之八七							窄坑共八〇佔百分之一三。三						

根據這個總計表，窄坑共有八十座，佔全部百分之十三・三；戰國小型墓坑裏，窄坑的存在，是一件鐵的事實。反過來看戰國時代的大型（㊀、八一）及中型（㊀、一〇五）墓坑，都沒有窄坑的存在，偶而有一、二座，可以當作例外；唯有在小型墓坑裏，才寬、窄同時流行，我們在㊀、六一會這麼地說過：「原來春秋的時代，大、中兩型並不流行窄坑，都只流行寬坑，唯有小型墓坑才寬、窄二型同時流行。」原來戰國墓坑時尚的風氣，也都是繼承春秋而來的！我們將㊀、六一的表再加以「延長」；

		殷商	西周及春秋	戰國
大型	寬	○	○	○
	窄			
中型	寬	○	○	○
	窄	○		

小型	寬	〇一一八座	〇一五座	〇五四〇座
	窄	〇八六座	〇四座	〇五六座

這個簡表告訴了我們兩件事實：第一、每個時代的墓坑形制大體上是承繼上一時代而來的；殷商、西周春秋大型墓坑沒有窄坑的出現，戰國時代也復如此；殷商、西周春秋小型墓坑寬、窄同時流行，戰國時代也是如此；幾乎沒有什麼太大的紊亂。第二、殷商時代，小型墓的寬、窄二制幾乎是勢均力敵；到了西周春秋，寬坑大為流行，變成窄坑的四倍了；到了戰國，這種發展更為激烈，寬坑竟是窄坑的十倍！假設我們說社會階級愈高的人，死後的墓坑愈大；社會階級愈低的人，死後的墓坑愈小；那麼，小型墓坑可以代表社會階級相當低微的人了。到了戰國時代，這些低微的人物，一部份依舊安份守己地維持他們過去的墓坑的形制，一大部份人物因為各種情形而「僭越」地應用上層社會人物的墓坑；這一大部份人物，可能是工、商的暴發戶，可能是農田的地主。

㈠、一三五、我們可以順手舉另一件事實來證明這種「僭越」禮節的盛行。無論殷商時代，或是西周春秋時代，中、小型墓坑都沒有墓道這種形制；可是，到了戰國時代，不但中型墓坑出現了墓坑，甚至小型墓坑也出現墓道（不是指洞室墓），數量不多，正可以說明這種僭越禮節在逐漸流行。左傳二十五年傳說：「戊午，晉侯朝王，王享醴，命之宥。請隧，弗許，曰：『王章也，未有代德，而有二王，亦叔父之所惡也。』」所謂「請隧」，就是請求周王允許他將來死後的墓坑可以有墓道這種形制；文獻上這條記載，正可以證明這種事實的存在。身為諸侯尚且如此，何況在下的人呢？

㊀、一三六、我們在上面說：「每個時代的墓坑形制大體上是承繼上一時代而來的。」我們用「大體」二字，是有原因的。譬如在戰國小型墓坑裏，本是流行寬、窄兩種形制；但是，偶而也發現一些意外，在西安半坡（㊀、一一二）、河北邯鄲（㊀、一二三）、山西侯馬（㊀、一二九）及燕下都（㊀、一三三）都分別發現一座幾乎正方形的墓坑；本是大型流行的，卻出現在小型裏，當然，這種情形非常少，數量也非常少，並不會妨礙我們的結論。

㊀、一三七、另一件我們要討論的是墓口、墓底大小的關係。有關這種資料，各報告都詳略不同，有的報告甚至一字不提，因此，我們所能得到的材料，是非常有限的；這裏，先就所知的列爲一表：

形制	上村嶺	長沙	常德	邢臺	寶雞	長治	邯鄲	總計
口大於底	二二	二一	有		有	六	八	五七
口、底相同	五〇	二三	有	有	有	三	一	七七
口小於底	六七	一〇	有				一	七八

用這個表來和中型墓坑的（㊀、一〇五）相比較，我們可以發現戰國時代除了口大於底這種形制外，還有口底相同及口小於底另兩種形制。這兩種形制，是不是前有所承呢？因爲資料的缺少，我們沒法子回答。這兩種形制，不會如一些報告所說「偶然」、「沒多大的意義」，那是可以斷言的。

㊀、一三八、其次，我們要討論洞室墓的問題。一如所們在㊀、一一四第四點所說的：「洞室墓主要的墓葬部份是在洞室，而不在豎穴；豎穴是一條變相的墓道，洞室取代了過去的豎穴坑。」因

此，洞室墓絕不是一朝一夕所能發展成功的，它一定是經過一段相當長的時間，逐漸演變蛻化而來。這種變墓坑為墓道，另闢洞室代墓室的形制，是戰國才新興的（殷商及西周春秋時代根本沒有此形制），它一直蔓延到秦漢，成為秦漢的主要墓坑形制。然則，這種形制的「雛型」，極可能上溯到殷商或西周春秋時代。根據我們現在資料的初步整理，在戰國以前，有不少墓坑有壁龕的存在，有的在頭端，有的在足端，也有的在側壁。這些壁龕的最初目的，是用來陳設各種明器及殉葬品（正坑體積太小，放不下這些東西），幾乎沒有例外；我們姑且假設這是洞室墓的第一型。到了後來，有一些墓坑的洞室並不是用來陳置明器及殉葬品，而是用來陳置死者的棺木，明器等依然放置在正坑裏；這是第一型的變相，我們姑且假設為洞室墓的第二型。這兩型都發生在戰國以前。到了戰國，不但將洞室用來陳置明器，而且用來放置棺木，把全部的東西都放進洞室裏去，原來的豎穴空無所有，我們在戰國時代所發現的洞室墓，沒有一座例外地都是如此；我們假設這是洞室墓的第三型。到了第三型，洞室墓的發展可以說已經成功了。到了漢代，洞室墓又有變化了，豎穴不但是墓道，洞室的前半截也是墓道，陳置棺木及明器的部位是在洞室的尾端（洞室深長）；這是洞室墓的第四型，也是洞室墓發展的頂點。根據資料的初步整理，我們姑且作如此的假設；因為壁龕最早的產生時代及其演變過程，我們要到第二章才討論。

㈠、一三九、在㈠、一三五那一節裏，我們曾提到左僖二十五年傳所載晉文公向周襄王請隧一事，並且說明「隧」就是墓道。關於此點，我們想進一步再加以討論。天子是否有墓道，歷來有兩種說法，一種是否定的，一種是肯定的。我們先討論否定的，禮記檀弓下說：「公室視豐碑。」鄭注：

言視者，時僭天子也。豐碑作大木爲之，形如石碑，於槨前後四角樹之，穿中于間爲鹿盧，下棺以綍繞，天子六綍四碑，前後各重鹿盧也。

根據鄭玄的說法，天子並沒有墓道，當天子下葬時，在槨的四角立上四個木碑，每碑穿中爲鹿盧，然後用六條綍來下棺。周禮地官遂人說：「及葬，帥而屬六綍；及窆，陳役。」鄭注說：「綍，舉棺索也。葬舉棺者……用綍；旁六執之者，天子其千人，與陳役者主陳役之耳。」鄭玄又引鄭司農說：「窆，謂下棺。」賈公彥疏又說：「下棺之時，千人執綍，背碑負引。」鄭司農、鄭玄及賈公彥都主張天子沒有墓道，到了墓坑時，以木碑鹿盧下棺。我們可以在其他文獻上找到鄭玄這種說法，禮記王制：「庶人縣封。」鄭注：「縣封當爲縣窆，……引紼下棺。」檀弓下：「縣棺而封。」鄭注也說：「封當爲窆；窆，下棺也。」

㈠、一四〇、另一種說法謂天子有墓道的，歷來也有不少學者。上面所舉左傳那節文字，是最好的證據；國語周語裏也有相同的記載，韋昭解引賈逵注說：「隧，王之葬禮；闕地通路曰隧。」杜預注左傳說：「闕地通路曰隧，王之葬禮也；諸侯皆縣柩而下。」杜注採用賈逵的說法，又加上「諸侯皆縣柩而下」一句。杜預所加的這句話，大概是爲了解釋左傳「請隧」二字而用的，他是否有所本？我們不得而知；孔穎達疏說：

天子之葬，棺重禮大，尤須謹愼，去壙遠而闕地通路，從遠處而漸邪下之；諸侯以下，棺輕禮小，臨壙上而直懸下之。故隧爲王之葬禮，諸侯皆縣柩而下，故不得用隧；晉侯請隧者，欲請以王禮葬也。

孔穎達就根據左傳及杜注的說法，將天子及諸侯的墓坑形制劃分為兩種：天子有墓道；諸侯以下縣棺而下，不得有墓道。這種肯定的說法，比前一說法正確得多多；左傳及國語上的記載，不得不使我們同意這一看法。反過來看地上所掘獲的直接材料，大型墓坑有墓道，中、小型墓坑絕大部份都沒有，這一現象不但證明墓道的存在是件不可否認的事實，也證明墓道本是最上層階級的專有物。

㈠、一四一、禮記喪服大記說：「凡封用綍，去碑負引；君封以衡，大夫、士以咸。」鄭玄以為「封」就是「窆」，即「下棺」的意思。根據這條記載，君、大夫、士都是引碑縣棺而下的，所以鄭注說：

樹碑於壙之前後，以紼繞碑間之鹿盧，輓棺而下之……使輓者皆繫紼而繞要，負引舒繫之，備失脫也。

這裏所說的「君」，大概是指諸侯而言，不會是指天子，鄭玄在注的最後一句說：「禮唯天子葬有隧。」這句注代表兩種意義：①鄭玄在這裏，有「天子有墓道」「諸侯以下無墓道」這個觀念；②喪服大記所說的「君」字，鄭玄不以為是天子，而是諸侯。因此，這段文字並不會和我們的說法衝突。

㈠、一四二、「隧」是否墓道？它們是完全相等的嗎？歷來學者對「隧」字，有不少的解釋，姑且敍述如后。周禮冢人說：「及竁，以度為丘隧。」鄭注：「隧，羨道也。」賈公彥疏說：

天子唯有隧，諸侯以下有羨道。隧與羨道異者，隧則上有負土，羨道上無負土。而鄭云『隧，羨道』者，對則異，散則通也。

賈氏將隧和羨道劃分為二，似乎很勉強：第一、依照賈氏的說法，隧和羨道都是墓道，只是形制上略有不同而已；如此，不但和上面的說法衝突，而且和地下出土不符。第二、他說，隧與羨道異者，前者有負土，後者無負土；什麼叫做「負土」呢？雖然如此，還是有不少學者支持這種說法，洪亮吉春秋左傳詁說：

隧則闕地通路，惟天子始克爲之，故云「王章」。若羨即不過築墓道，使通閒隙。鄭注考工記玉人云：「羨、猶延也。」爾雅：「延，間也。」郭注以爲間隙亦可容人。史記衞世家：「共伯入釐侯羨自殺。」可知諸侯有羨道矣。蓋隧道寬，羨道窄；一有負土，一無負土。

劉壽曾也說（劉文淇春秋左氏傳舊注疏證引）：

上有負土，則隧道之上仍留土，故曰負土也。

這兩家說法，既沒有新材料，也沒法子將隧及羨道的不同解釋清楚。根據我們的假設，隧、羨道及墓道可能是同一種墓坑形制。至於史記衞世家載釐侯墓有墓道，那並不是一件希奇的事；五伯之一的晉文公不是請過隧嗎？周襄王不是說過「若不然，叔父有地而隧焉，余安能知之」（國語周語中）的話嗎？

㈠、一四三、至於墓坑及墓道的用途，用不着解釋，我們都會立刻明白的。

第二章　附庸墓坑

㈡、一、首先，我們必需對「附庸墓坑」四個字加以解釋，因為這是我們自己擬撰的名詞。什麼叫做「附庸墓坑」呢？根據第一章，我們深深地了解，墓坑最主要的一部份是方形的正坑，它是該墓坑的測量、挖掘的最重要的工程，是棺槨木室及明器等安置的基本部份；取消了方形的正坑，其他一切墓道等等，都失去了意義及其存在的價值了。所以，我們可以說正坑是「主體墓坑」。相反的，和它相對的我們都叫作「附庸墓坑」，它們可以存在，也可以不存在；它們包括了墓道、腰坑、壁龕、二層臺及腳窩等等。這些「附庸墓坑」，絕大部份都有它們各自的源流即發展變化，對於研究某時代墓坑的形制以及鑑定某墓坑的時代性，都提供了相當大的價值。在這許多「附庸墓坑」裡，我們將「墓道」一項劃歸第一章，而且，已經在第一章加以敘述討論，為什麼我們將它劃歸第一章呢？這是有原因的。墓道固然是附庸之一，但是，對整個墓坑來說，它是大而且主要的工程的一部份；此外，在我們研究該墓坑測量及挖掘工程的精粗時，我們不得不提到墓道（例如我們利用墓道中線來判定侯家莊大墓測量的精粗），並且討論墓道。基於這兩個原因，我們將墓道劃入第一章，並且在第一章討論研究。

㈡、在㈠、六裡，我們曾如此說過：「本論文以後各篇、章、節所提到的各大、中、小型的墓，一概都以此為標準。」這個「此」字，就是指第一章的鋼架。我們根據這個粗分斷代鋼架，再加以詳細研究，希望獲得各斷代早晚二期的不同，從而了解了各斷代早晚二期的墓坑的不同形制。

甲　腰坑

殷商時代

㈠、三、在文獻上，我們找不到任何有關腰坑的記載，但是在考古田野發掘工作上，却發現了它的存在。根據我們資料上的初步檢閱，發現腰坑也有它的發展過程，並且有它的盛衰；因而提高了我們對它的研究興趣。所謂腰坑，就是在墓主人棺槨正中間，也即相當於墓主人的腰部，挖掘一個或橢圓或正方或長方的土坑，作爲各種殉葬的一部份。因爲它的位置大部份相當於墓主人腰部，所以叫做腰坑。腰坑似乎是殷商社會興起的一種附庸墓坑；在新石器時代，我們很難找到例證，而在殷商時代，這種附庸形制却觸目皆是。

大型墓坑

侯家莊

㈡、四、首先，我們要舉安陽侯家莊的幾座大墓作爲它的例證。編號一〇〇一、〇〇三大墓都有腰坑，一〇〇二大墓應當也有腰坑，但是，因爲受到早期盜墓者的洗刼，我們已經找不到它正確的形制了。一〇〇一及一〇〇三大墓的腰坑的尺度是：

墓號	長	寬	深
一〇〇一	一・〇四	〇・八五	一・三〇
一〇〇三	一・三〇	〇・五〇	一・一〇

這兩個腰坑，都在正坑的正中心（圖一及圖二），長方形，形制相當大，幾乎與小型墓坑相等。

武官村

㈡、五、武官村曾發掘了一座兩條墓道的大型墓坑，有關這座墓的形制，我們只能在一份轉載的報告裏獲得（㈠、一九）；實際上，因爲該報告過份的簡單，我們也只有一個大略的形制而已。根據該報告的一張插圖（圖五），我們很容易觀察出來：武官村這座大墓也有腰坑的存在。它的部位也在正坑的正中心，長方形土坑；此外，它的尺寸及殉葬物，就沒法子得悉了。

大司空村

㈡、六、大司空村這座三一一號大墓，也有腰坑的存在，長一・五四公尺，寬〇・七六公尺，深一・一公尺。這座墓坑的尺度（㈠、二〇）比侯家莊大墓（㈠、八；㈠、一一；㈠、一五）要小得多多，但是，它的腰坑竟比它們的來得大，這是一件很令人注意的事。

洛陽東郊

㈡、七、洛陽東郊這五座大型墓，除了墓一〇四號沒有腰坑外，其他幾座都有；我們據該報告轉述如下：

第二號墓墓……底正中有腰坑，長一・一公尺，寬〇・六公尺，深一・三四公尺；但腰坑到深一公尺時，四壁再收縮爲長〇・九公尺，寬〇・三公尺的小方坎。

根據這個紀錄，我們爲它作個復原圖（圖二十三）。這個腰坑剖面圖顯示一個要點，它的底部並不是直壁形，而是坡形的，和侯家莊一〇〇一大墓腰坑（圖二）相較，可發現這正是它異於人的地方。

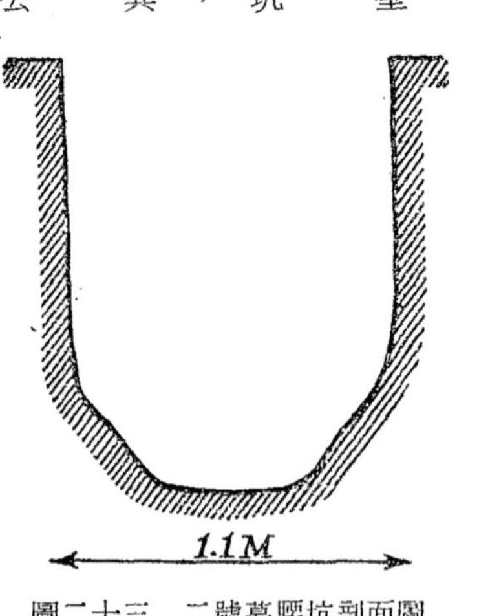

圖二十三　二號墓腰坑剖面圖

第一號墓……底有腰坑，長〇・七公尺，寬〇・三八公尺，深〇・二七公尺。

第一五九號墓……槨室正中有腰坑，長〇・八公尺，寬〇・一五公尺。

第三號墓……形制規模與二號墓相埒。

一號墓及一五九號墓的腰坑都相當小，特別是後者的寬度，竟只有〇・一五公尺。該報告對第三號墓的紀錄過份的簡單，我們姑且假設它也是座有腰坑的大型墓。

河南輝縣琉璃閣區

㈡、八、輝縣琉璃閣區四座大型墓坑都有腰坑，我們先將它們的尺寸列一表：

墓號	長	寬	深
一四一	一·七五	〇·四〇	〇·五五
一四七	一·五〇	〇·三五	〇·五〇
一五〇	一·一〇	〇·五〇	〇·八五
一五一	一·一〇	〇·四〇	〇·三五

這四座大墓的腰坑，以墓一四一號爲最大，墓一五一號爲最小。

㊁、九、爲了往後研究的方便，我們擬以腰坑的長度爲準，寬度爲輔，將腰坑的大小分爲下列四種：

大號腰坑　一·五公尺以上；

二號腰坑　一·五—一公尺之間；

三號腰坑　一—〇·五公尺之間；

小號腰坑　〇·五公尺以下。

根據這四種型式，我們將殷商大型墓的腰坑作個統計：

腰坑型	侯家莊	武官村	大司空村	洛陽	輝縣	共計
大號			一		二	三
二號	二			一	二	五
三號				二		二
小號						

殷商大型墓的腰坑，屬於大號的有三座，二號的有五座，三號的兩座。按理來說，正坑愈大，腰坑也跟着大，也就是說，腰坑的大小與正坑成正比例；但是，侯家莊幾座大墓即例外，它們的正坑是所有大型墓最大號的，而它們的腰坑卻列爲第二號！爲什麼如此呢？原來侯家莊坑底不但有腰坑，還同時有另外八個殉葬坑（圖一）；這八個殉葬坑，分佈在腰坑的四周；爲了分佈這八個殉葬坑，中間的腰坑不得不縮小了。我們不敢說這種假設是完全正確的，但，至少有很大的可能性。

中型墓坑

㈡、一〇、安陽大司空村所掘獲的六座中型墓，全部都有腰坑，我們先列一表：

河南安陽大司空村

墓號	長	寬	深
一	〇·八八	〇·三三	〇·三四
一八	〇·九四	三·〇五	〇·四一
一四六	？	？	〇·三三
一六五	〇·九二	〇·四四	〇·三四
一七一	〇·九〇	〇·四〇	〇·二六
三〇四	〇·七〇	〇·五〇	〇·一五

這六個腰坑，除了墓一四六不詳外，其他六個都是三號腰坑；寬度方面，也非常接近；深度除了三〇四墓特別淺以外，其他幾個也很相近

洛陽東郊

㈢、一一、洛陽東郊幾座中型墓，除了墓一六三及一六五兩座因未掘到底而「腰坑不明」（該報告語）外，其他六座都有腰坑，它們的尺度是：

墓號	長	寬	深
一六七	〇・五〇	〇・三〇	不明
一五六	一・〇四	〇・六〇	〇・三〇
一六〇	一・二〇	〇・三二	〇・二八
一六一	〇・七二	〇・三一	〇・一八
一〇一	〇・七二	〇・三〇	〇・一七
一〇二	一・〇〇	〇・四〇	〇・三〇

根據這個表，我們說明幾點：第一、屬於二號腰坑的有三個（墓一五六、一六〇及一〇二），屬於三號腰坑的也有三個。第二、墓一五六號最寬最深。第三、兩座未掘到底的墓，報告雖說「腰坑不明」，但是，我們推測也可能有腰坑。第四、該報告又形容墓一六七的腰坑說：「腰坑作階梯形。」腰坑有階梯，是一種很特殊的形制；它是無意或有意造成的呢？因爲報告太簡單，使我們沒法作進一步的推斷。不過，這種形制却很令人注意。

輝縣琉璃閣區

㈢、一二、輝縣琉璃閣區中型墓坑只有墓一四五號一座，這座墓的腰坑的長度是一公尺，寬度是〇・四公尺，深〇・二六公尺，是個二號腰坑。

㈡、一三、中型墓共有十三座有腰坑（二座不明的，也極可能有腰坑），可以說佔絕大部份了。

我們分作幾點來討論：第一、請先列一表：

腰坑型	大司空村	洛陽	輝縣	總計
大號				
二號		三	一	四
三號	六	三		九
小號				

根據這個表，我們來和大型墓腰坑總計表（㈡、九）作個比較，很容易可以發現；大型墓坑的腰坑以二號爲最多，大號次之；中型墓腰坑却以三號居最多，二號次之；在㈡、九我們曾說過：「正坑愈大，腰坑也跟着大，也就是說，腰坑的大小與正坑成正比例。」這個說法大致上是正確的。第二、洛陽東郊有兩座因爲未掘到底而「腰坑不明」，在大型墓裏，洛陽東郊有一座沒有腰坑；那麼，這兩座會不會也沒有腰坑呢？或是和洛陽東郊那十座一樣也有腰坑呢？我們沒法答覆這個問題，不過，我們似乎可以偏向肯定這一面。第三、洛陽東郊有一座的腰坑作「階梯形」，這和大型墓一座（也是在洛陽的東郊，見㈡、七）作「斜坡形」，都是很特殊的一種形制。

小型墓坑

安陽大司空村

㈡、一四、大司空村發掘的一百六十座小型墓坑，有腰坑的墓共九十七座，沒有的共五十六座，另外，不清楚的有六座。我們先列一表：

墓號	長	寬	深
二	〇·八八	〇·三三	〇·三四
五	〇·七八	?	〇·一八
八	〇·七四	〇·五〇	〇·一四
一二	〇·九六	〇·三八	〇·三〇
一五	〇·七五	〇·四五	〇·二五
一七	〇·八〇	〇·二〇	〇·一九
二二	〇·九〇	〇·三九	〇·二〇
二三	〇·七二	〇·二二	〇·二〇
二四	一·〇〇	〇·四五	〇·三二
二七	〇·六〇	〇·四〇	〇·三六
二八	〇·二八	〇·二四	〇·一四
三二	〇·七〇	〇·二四	〇·〇八
三五	〇·七二	〇·三二	〇·二〇
三六	〇·六〇	〇·四五	〇·四五
五四	一·一二	〇·三〇	〇·二〇
五六	〇·五六	〇·三四	〇·二六
七〇	〇·七五	〇·二八	〇·一〇
八二	〇·八〇	〇·四〇	〇·二四
八四	〇·八〇	?	〇·五〇
八五	〇·三〇	〇·一六	〇·一二

八六	○·六○	○·三○	○·二六
八八	○·五○	○·一八	○·○四
九八	○·四○	○·二六	○·二○
一○二	○·六○	○·二四	○·一一
一○三	○·八○	○·三○	○·二○
一○七	○·九○	○·三五	○·一二
一○八	○·五二	○·二四	○·一五
一○九	○·六○	○·一四	○·○四
一一一	○·四四	○·二○	○·一二
一一四	○·七○	○·三○	○·二三
一二八	○·四八	○·二六	○·一二
一三○	○·五四	?	?
一三二	○·六四	○·一○	○·○六
一三四	○·六○	○·二三	○·二二
一三六	○·七四	○·二六	○·二○
一三七	○·四○	○·二○	○·七○
一三八	○·五○	○·三四	○·一八
一四○	○·六二	○·三一	○·二○
一四一	○·五四	○·二四	○·一四
一四三	○·五○	○·二○	○·一六
一四五	○·六六	○·二八	○·二四
一四九	○·六六	○·三四	○·三○
一五○	○·五六	○·二一	○·二一

一五三	〇.六四	〇.四二	〇.二八
一五七	一.〇七	〇.四二	〇.二七
一六〇	〇.五八	〇.三二	〇.一八
一六一	〇.七八	〇.二八	〇.一六
一六二	〇.七〇	〇.四二	〇.二八
一六三	?	?	〇.二〇
一六四	〇.七〇	〇.四〇	〇.二五
一七〇	〇.六〇	〇.二六	〇.二五
一七三	一.〇〇	〇.二八	〇.一六
一七四	〇.八四	〇.三〇	〇.三二
一七六	〇.五〇	〇.四〇	〇.一六
一七七	〇.四〇	〇.二五	〇.二〇
一八一	〇.六四	〇.二四	〇.二三
一八二	〇.五〇	〇.一四	〇.〇六
一八四	〇.九三	〇.三六	〇.二三
一八五	〇.九〇	〇.二〇	〇.三四
一八六	〇.三〇	〇.一四	〇.一〇
一八八	〇.六四	〇.二四	〇.二一
一九五	〇.七〇	〇.四〇	〇.二八
一九七	一.〇〇	?	〇.四〇
一九八	〇.七〇	〇.四七	〇.二四
二〇〇	〇.九〇	〇.四〇	〇.二〇
二〇一	〇.六八	〇.三二	〇.二〇

二〇六	〇・七〇	〇・二四	〇・一六
二一〇	〇・八〇	〇・四〇	〇・二六
二一四	〇・六四	〇・一〇	〇・〇八
二一五	〇・七六	〇・三四	〇・一八
二一七	〇・七〇	〇・四〇	〇・二〇
二二〇	〇・七七	〇・三五	〇・二四
二二一	〇・六〇	〇・二四	〇・二五
二二三	〇・七〇	〇・二八	〇・二〇
二二八	〇・七四	〇・五〇	〇・二〇
二三一	〇・六四	〇・三〇	〇・一七
二三二	〇・六六	〇・三〇	〇・二三
二三三	一・〇八	〇・四〇	〇・二三
二三六	〇・五二	〇・三一	〇・二三
二四〇	〇・六二	〇・二四	〇・二〇
二五六	〇・七四	〇・五四	〇・二三
二六〇	〇・八四	〇・四八	〇・三〇
二六四	〇・五四	〇・二六	〇・三〇
二六九	〇・六八	〇・三七	〇・一八
二七三	〇・四八	〇・二二	〇・一四
二七五	〇・七四	〇・四六	〇・二二
二八八	〇・五八	〇・二〇	〇・〇九
二八九	〇・七〇	〇・三六	〇・二四
二九二	〇・六〇	〇・三〇	〇・一四

三〇〇	一・〇〇	〇・三二	〇・二〇
三〇三	〇・七〇	〇・三五	〇・一五
三〇五	〇・六五	〇・三〇	〇・二五
三〇六	〇・五〇	〇・三〇	〇・一〇
三〇七	〇・六〇	〇・三〇	？
三〇八	〇・七五	〇・二五	〇・〇五
三一二	一・二〇	〇・六八	〇・三六
三一三	〇・七〇	〇・二六	〇・二四

根據這個表，我們分別說明下列諸事：第一、沒有腰坑的五十六座，是墓四、一三、一九、二〇、二六、二九、三〇、三三、四四、五〇、五八、六六、七四、七五、七六、七九、八〇、九〇、九九、一一五、一一六、一一七、一一九、一二七、一三五、一五二、一五六、一五九、一六六、一六七、一六八、一六九、一八〇、一八三、一八九、一九二、一九九、二〇三、二〇七、二〇八、二一一、二一六、二二五、二三〇、二三七、二三八、二三九、二六五、二六六、二八四、二九一、二九六、三〇一、三〇二、三〇九及三一四。第二、有腰坑的共九十七座，佔全部百分之六十・六；沒有腰坑的共五十六座，佔全部百分之二十七・五；另外，不明的有六座，它們是墓七、一四、八三、二六七、二八六及三一〇，佔百分之三・五。第三、這九十七個腰坑，它們的類型爲：

大號：無。

二號：八個，即墓二四、五四、一五七、一七三、一九七、二三三、三〇〇及三一二，佔八・二%。

三號：七十九個，即墓二、五、八、一二、一五、一七、二二、二三、二七、三二、三五、三六、五六、七〇、八二、八四、八六、八八、一〇二、一〇七、一〇八、一〇九、一一四、一三〇、一三二、一三四、一三六、一三八、一四〇、一四一、一四三、一四五、一四九、一五〇、一五三、一六〇、一六一、一六二、一六四、一七〇、一七四、一七六、一八一、一八二、一八四、一八五、一八八、一九五、一九八、二〇〇、二〇一、二〇六、二一〇、二一四、二一五、二一七、二二〇、二二一、二二二、二三一、二三二、二三六、二四〇、二五六、二六〇、二六四、二六九、二七五、二八八、二八九、二九二、三〇三、三〇五、三〇六、三〇七、三〇八及三一三，佔八一・四%。

小號：九個，即墓二八、八五、九八、一一一、一二八、一三七、一七七、一八六及二七三、佔九・二%。

因此，我們可以知道，就中以三號腰坑（圖二十九）佔絕大多數，二號及小號等量（墓一六三的腰坑，只知深度，未列入此統計中），佔數都很小。第四、在小型墓坑裏，我們第一次發現有的墓坑並沒有腰坑，共五十六座，爲數相當多，這是很可注意的事。

河南鄭州

㈡、一五、河南鄭州的殷代墓葬分散三處：上街、銘功路及二里崗。上街共有五座，墓M三九、四一及四八三座不詳，另外兩座墓六二及六四，該報告說：「在墓室底部的中間有南北向的長方形腰坑，腰坑底不甚平坦。」此外，再也沒有什麼描述了。因此，這兩個腰坑的型式我們沒法知道，當然，它們極可能是三號腰坑。另外，銘功路的墓二及四號，二里崗的墓一及二三號，報告上都沒有記錄下任何腰坑的文字，所以，它們大概都沒有腰坑。在河南鄭州這個地方，我們所得到的結論是：兩座有腰坑，佔二二・二％，三座沒有腰坑，佔四四・四％；三座不詳。

安陽小屯村及西北崗

㈡、一六、這裏三座小型墓，墓一八・二，一八・三及一八・四，根據報告，都沒有任何腰坑的紀錄，我們推想，大概它們也都沒有腰坑。

安陽高樓莊

㈡、一七、根據報告，安陽高樓莊九座小型墓坑（墓一、二、三、四、五、六、八、九及一〇），都沒有腰坑。

輝縣琉璃閣區

㈡、一八、輝縣琉璃閣區四十八座小型墓裏，有十四座是有腰坑，我們先將它們列一表：

墓號	長	寬	深
一一〇	?	?	〇・二二
一二四	〇・七五	〇・二六	〇・三六
一四六	〇・七〇	〇・二六	〇・一四
一五八	〇・七五	〇・二六	〇・三六
二〇二	〇・六〇	二・二三	〇・一七
二〇五	〇・七〇	〇・二〇	〇・二二

二〇七	〇・五二	〇・二〇	〇・一七
二〇八	〇・六八	〇・二〇	〇・二一
二一八	〇・二二	〇・一二	〇・一三
二二四	〇・四五	〇・二〇	〇・一五
二二七	〇・五〇	〇・三〇	〇・一五
二三三	〇・七二	〇・三〇	〇・一五
二三四	〇・五〇	〇・四〇	〇・一八
二三五	〇・二三	〇・一七	〇・一〇

根據這個表，我們說明下列幾點：第一、琉璃閣區沒有腰坑的墓有三十四座，佔七〇・八%；有腰坑的墓是十四座，佔二九・一%。第二、十四個腰坑，屬於三號的計有十個（墓一二四、一四六、一五八、二〇二、二〇五、二〇七、二〇八、二二七、二三三及二三四），屬於小號的只有三個（墓二一八、二二四、二三五）。第三、墓一一〇號的腰坑的尺寸不詳，根據它的深度來看，很可能是個小號坑。

洛陽東郊

㈡、一九、洛陽東郊六座墓有關腰坑的形制，可分三類來說明。第一類：腰坑不明的有一座，即墓一六五號，該報告說是因為發掘「未到底」。第二類：墓一六二號的腰坑，該報告謂「被盜坑打破」，腰坑的存在似乎不成問題，只是形制不明而已。第三類：四個腰坑的尺寸是：

這四個腰坑，都是三號腰坑。

墓號	長	寬	深
一五七	〇・七六	〇・四二	〇・二〇
一六四	〇・七〇	〇・二四	〇・二六
一六九	〇・七〇	〇・三〇	〇・二五
一〇三	〇・八〇	〇・三〇	〇・二六

河南陝縣七里舖

㊂、二〇、七里舖的三座墓，墓三〇二，三〇三及三〇六，根據報告的紀錄，都沒有腰坑的存在。

㊂、二一、殷商時代的大型墓坑（㊂、九）及中型墓坑（㊂、一三）絕大部份都有腰坑；可是，在小型墓坑裏，並不是如此，各地有腰坑及無腰坑的參差，可以由下表見出：

	大司空村	鄭州	小屯村及西北崗	高樓莊	琉璃閣	洛陽	七里舖	共
有腰坑	九七	二			一四	四		一一七
無腰坑	五六	四	三	九	三四		三	一〇六

根據我們所有的資料，在小型墓裏，有腰坑的墓和沒有腰坑的墓幾乎同樣的多！這種現象，和大、中兩型比較起來，是相差多麼遠！腰坑的主要用途，不外是殉葬，無論大，中或小型墓，它的用意都是一樣。小型墓坑是當時社會階級很低微的人的墓(㊀、四六)，他們因爲貧賤窮困，沒有辦法用殉葬，

縱使腰坑所殉葬的只是一條狗，也是他們所負擔不起；那麼，他們犧牲腰坑這種附庸墓坑，不是很自然的事嗎？我們深信，殷商時代有些墓沒有腰坑，應該作如此解釋才比較正確的。到了後代，這種附庸形制因爲各種關係而漸次不流行，那時，有些墓沒有腰坑，才是沒有意義的省略；也就是說，他們是受了社會環境的影響而省略了，不像殷商時代因爲自身經濟的困難而有意的省略了。

㊁、二二、另一個我們要討論的是腰坑的型式問題。在列表以前，我們有一點要說明；在這許多腰坑裏，有一小部份的腰坑的型式沒法子知道，例如鄭州那兩個，這些，我們都不列入表中。因此，四個有腰坑的地方，現在減爲三處了。

腰坑型	大司空村	琉璃閣區	洛陽東郊	共計
大號				
二號	八			八
三號	七九	一〇	四	九三
小號	九	三		一二

三號腰坑爲數最多，小號次之，二號最少。根據㊁、九的表，顯示出在大型墓裏，以二號腰坑爲最多，大號腰坑次之，沒有小號腰坑；根據㊁、一三的表，顯示出在中型墓裏，以三號腰坑爲數最多，二號腰坑次之，沒有大號腰坑，也沒有小號腰坑；根據這表，三號腰坑最多，小號腰坑次之。將這三種情形比較一下，立刻可發現「腰坑的大小與正坑成正比」這句話是正確的。也許有人要問中：型墓以三號為最多，小型墓也以三號為最多，那有什麼分別呢？其實不然，中型墓沒有小號腰坑，小型墓

却有十二個小號腰坑，這不就證明腰坑隨正坑漸次縮小嗎？

西周及春秋時代

大型墓坑

陝西長安張家坡

㈡、二三、長安張家坡西周時代的一座大型墓葬，根據該份報告，對於腰坑並沒作任何描述，大概是沒有腰坑的存在。

長安普渡村

㈡、二四、普渡村發掘的西周大型墓一座，該報告對它的腰坑作如下之描寫：

槨室中間有一個長方形之坑，略不規則，南北長一・一二公尺，東西寬〇・七二公尺。坑底南北長〇・八〇，東西寬〇・五〇公尺。坑底距坑口〇・二〇公尺，距地表三・五六公尺。

這是一個二號腰坑（腰坑大小的計算，一律以坑口爲標準，不以坑底爲標準）。

中型墓坑

陝西扶風岐山

㈡、二五、扶風岐山三座中型墓，墓八、三三及上康村第二號，都有腰坑，它們的尺寸爲：

墓號	長	寬	深
八	一·一〇	〇·四〇	〇·二五
三三	〇·四八	〇·三五	〇·二五
上康村第二號	〇·六九	北〇·四四 南〇·三四	〇·一六

這三個腰坑都有不同的形制，我們依次加以討論。第八號墓：這是個二號腰坑，報告說：「底圓而不平。」我們復原以後（圖二十四），發現它是一新形制。第三十三號墓：是個小號腰坑，該報告說：「腰坑橢圓形。」我們復原後（圖二十五），發現它也是個新形制。上康村第二號墓：是個三號腰

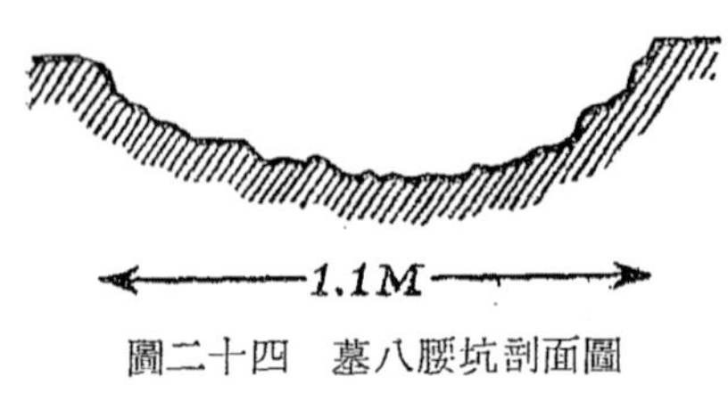

圖二十四　墓八腰坑剖面圖

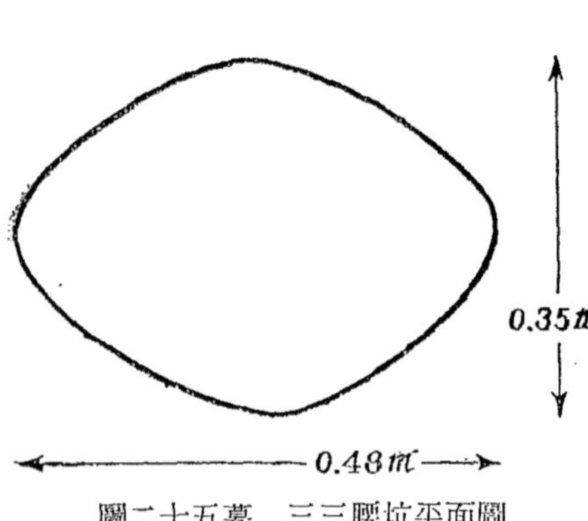

圖二十五墓　三三腰坑平面圖

坑，報告說：「由坑口向下，逐漸收縮底部成橢圓形。」我們復原後（圖二十六），發現它和殷代洛陽東郊的二號的腰坑有很相似的地方（㊂、七）。

0.44m
0.69m
0.34m
0.16m

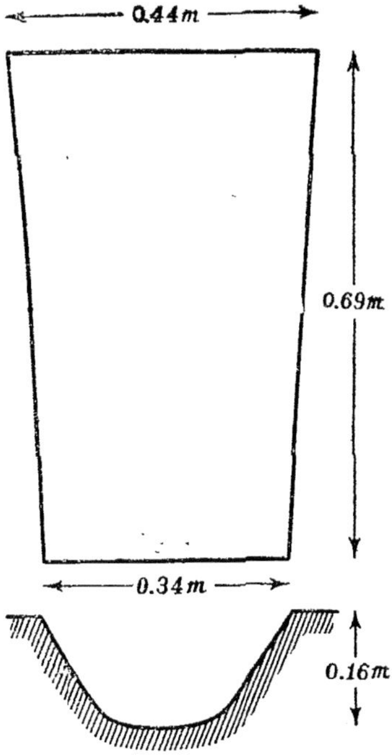

圖二十六　上康村二號腰坑平剖面圖

洛陽

㊂、二六、洛陽的中型西周墓，分散兩處。洛陽東郊那一座，報告並未作任何腰坑的描述，大概是沒有腰坑。在中州路的三座，它們的腰坑的尺寸是：

墓號	長	寬	深
一二三	一・〇〇	〇・四八	〇・二〇
六四〇	〇・七〇	〇・四二	〇・二〇
八一六	〇・八〇	〇・五〇	〇・三〇

這三個腰坑，有一個是二號腰坑，另外兩個是屬於三號腰坑。

山西侯馬縣

㈡、二七、山西侯馬縣的七、八座中型墓，沒有一座有腰坑。

㈡、二八、首先我們要討論西周及春秋中型墓腰坑的存否問題。扶風岐山出三座墓，全都有腰坑；洛陽出四座墓，三座有腰坑，一座沒有；山西侯馬縣出土七、八座墓，似乎都沒有腰坑。我們立刻會發現，在中型墓葬裏，有腰坑的墓和沒有腰坑的墓差不多各佔一半；這種現象，我們不能用殷商小型墓葬的說法來解釋，因爲它們的主人至少是有些社會地位以及經濟基礎的人物。我們上溯西周及春秋大型墓葬，兩座大墓，一座有腰坑，一座却沒有腰坑，和中型墓葬的腰坑配合起來觀察，這種一有一無的現象，似乎不是一件偶然的事情。我們可以如此推斷；殷商時代那種以腰坑爲墓坑的必需形制的觀念，到了西周及春秋時代，已經漸漸消失了。腰坑主要的殉葬品是狗，雖然狗並不是人，不過，由於取消狗的殉葬，進而取消腰坑形制的必需，正可代表社會人道主義的進步。

㈡、二九、下面我們要討論中型墓腰坑的型式問題，我們先列一表：

腰坑型	扶風岐山	洛陽	共計
大號			
二號	一	一	二
三號	一	二	三
小號	一		一

中型墓的腰坑，以三號腰坑為最多；反觀大型墓的一座腰坑，却是二號的；這正好證明「腰坑的大小與正坑成正比」的正確性。

小型墓坑

長安張家坡

㈡、三〇、長安張家坡發掘了五座小型墓，報告說：「墓二……墓底發現一腰坑，內殉狗。」此外，沒作任何的報導。根據這腰坑的剖面圖(圖二十七)來觀察，坑底似乎是橢圓形的，和中型墓扶風岐山墓八的腰坑有相似之處。該報告對其他四墓，並沒對腰坑作任何報導，大概是沒有腰坑吧！

長安普渡村

㈡、三一、普渡村兩座墓都有腰坑，該報告對墓一號的腰坑的描述為：

腰坑在墓室中間，人骨腰下面，與河南安陽一帶殷代墓葬中所見相同。坑呈不規則長方形，長〇・八公尺，寬〇・三公尺。四邊凹凸不齊，深由〇・一〇—〇・二五公尺不等。

對於墓二的腰坑，則：

人骨下面亦有一腰坑，北部為井所破壞，南部所餘留之部分長〇・五公尺，深〇・一五公尺，較第一號墓略為規則。四壁稍成斜坡形，坑壁相

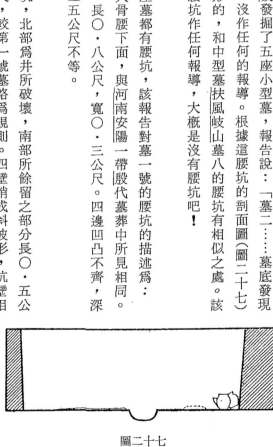

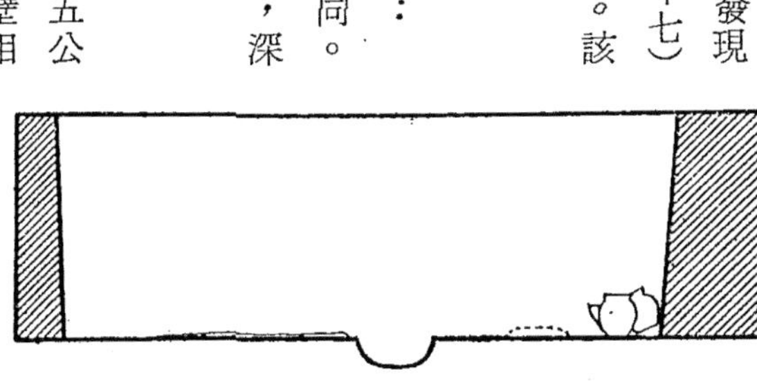

圖二十七

當光滑，坑中一狗架。

根據這兩段相當詳細的描寫，我們得到下列幾個要點。第一、墓一的腰坑是個三號腰坑，墓二的腰坑無疑的也是個三號腰坑。第二、墓一的腰坑成不規則長方形，可能和中型墓上康村二號墓的腰坑（圖二十六）相似；至於「四邊凹凸不齊」，當然是挖掘的簡陋隨便而造成的。第三、墓二的腰坑「四壁稍成斜坡形」，大概和中型墓上康村第二號墓的腰坑相似。

扶風岐山

㈡、三二、扶風岐山六座小型墓，有腰坑的計有三座，它們的尺寸是：

墓號	長	寬	深
五	○・五八	○・三五	○・五○
一六	○・五○	○・四八	○・二五
上康村五號墓	○・五六	○・四二	不明

這三個腰坑都是屬於三號的。

洛陽

㈡、三三、洛陽中州路七座小墓葬，只有三座有腰坑：

墓號	長	寬	深
二一一	○・六○	○・三六	○・二○
三五四	？	○・四○	○・三五
五○六	○・八○	○・三六	○・三○

墓二一一及墓五〇六兩墓的腰坑都是三號坑；另外一座墓三五四的腰坑的長度雖不明，但是，由寬度來推測，大概也在〇．八公尺左右。很明顯的，這三個腰坑都是三號腰坑。

山西芮城永樂宮

㊁、三四、芮城永樂宮雖然發掘了十座小型墓葬，但是，該報告對於腰坑並無任何紀錄，大概都是沒有腰坑。

湖南常德德山

㊁、三五、湖南常德德山所獲得的小型墓有十七座之多，但都沒有任何有關腰坑的紀錄。

㊁、三六、西周及春秋時代小型墓發掘遺址，一共有六處之多；其中，完全是沒有腰坑的墓坑的，一共有兩處，即山西芮城永樂宮及湖南常德德山。也許有人可以持這種看法：是報告省略不紀錄呢？還是眞正沒有腰坑？我們推想腰坑是一件很重要的附庸墓坑，假如確實是有腰坑，報告上不會省略的。因此，我們還是將它們列入沒有腰坑的墓羣裏，請先列一簡表：

發掘地	張家坡	普渡村	扶風岐山	洛陽	山西芮城	湖南常德	共計
無腰坑墓	四		三	四	一〇	一七	四八
有腰坑墓	一	二	三	三			九
腰坑型 大號	（不詳）						
二號							
三號		二	三	三			八
小號							

根據這個表，我們可以說明幾點：第一、西周及春秋時代小型墓有腰坑的，共有九座；沒有腰坑的，共有四十八座。沒有腰坑的墓，竟佔四十八座之多，這是件不尋常的事。我們可以有兩個解釋：小型墓的主人因爲社會階級低賤，經濟毫無能力，用不起殉葬的腰坑，因而有意地省略了；另一方面，到了這個時代，以腰坑爲墓坑的必需形制的觀念，或者已經消失了，因而無意地取消了。在西周及春秋時代小型墓葬裏，這兩個解釋極可能是同時存在。第二、山西芮城十座墓及湖南常德的十七座墓，完全沒有腰坑，這是很少見的現象；它們極可能是春秋晚期的墓葬。第三、九個腰坑裏，除了一個不明外，其他八個都是三號腰坑。小型墓用三號腰坑，雖然和中型墓相同（㊁、二九），但是，也沒有什麼相違背的地方。

戰國時代

大型墓坑

山西長治分水嶺

㊁、三七、山西長治分水嶺八座大型墓坑，都沒有腰坑。

山西侯馬上馬村

㊁、三八、侯馬上馬村兩座大型墓，墓五及墓十三，也都沒有腰坑。

河北懷來北辛堡

㊁、三九、懷來北辛堡兩座大墓，墓一號及墓二號，也沒有腰坑。

河北北平懷柔城北

㊁、四〇、北平懷柔城北部兩座大墓，墓四十號及墓四十一號，都沒有腰坑。

北平

㊁、四一、無論是十三陵水庫，或是松園；這裏所掘得的大型戰國墓，都沒有腰坑這形制。

河北邢臺南大汪村

㊁、四二、此地七座戰國墓，只有一座墓一號是大型的，也沒有腰坑。

河北邯鄲百家村

㊁、四三、七座大型戰國墓，也沒有一座有腰坑。

河南洛陽西郊

㊁、四四、洛陽西郊的一座大型戰國墓，也沒有腰坑的存在。

洛陽燒溝

㊁、四五、大型墓一座，也沒有腰坑。

河南上村嶺

㊁、四六、該報告對上村嶺虢國墓的腰坑，曾作如此敘述：

共二百三十四座墓……五座墓的墓底設有埋狗坑，其中三座在棺槨間之下，二座在棺下（在棺下即通常所謂腰坑）。以墓一七〇一爲例，坑長〇・四八公尺，寬〇・三公尺，深〇・一五公尺。坑內都有狗架，頭一律向南。此外，有十六座墓只有狗沒有坑。

根據這段文字，我們得到幾個要點：第一、上村嶺十九座大墓裏，至少有一座以上是有腰坑。第二、根據這段文字，我們唯一知道大型墓一座有腰坑的，是墓一七〇一號，它的腰坑是屬於小號的。第三、二百三十四座大、中及小型墓，只有五座有腰坑，可見得那時腰坑已經非常不流行了；何況其中三座並不是眞正的腰坑！第四、有十六座墓只有狗而沒有坑，可見這種殉葬習俗偶而還存在，而腰坑的形制，似乎已經「失傳」了。第五、無論腰坑，也無論僅有狗架，它們所佔的數量非常非常少，佔全部九、八％而已，可見腰坑的形制和習俗已爲人所放棄了。

輝縣

㈡、四七、輝縣的兩座大墓，墓一四〇及墓二四二號，都沒有腰坑的發現。

安徽壽縣

㈡、四八、壽縣的蔡侯墓並沒有腰坑，不過，坑底有一個長方形小坑，報告說：

> 東壁中部稍微凸出，南壁偏西處略爲外凹，在緊靠外凹的墓底有一長方形小坑，東西長一．六二公尺，南北寬一．一二公尺，較墓底深約〇．二六

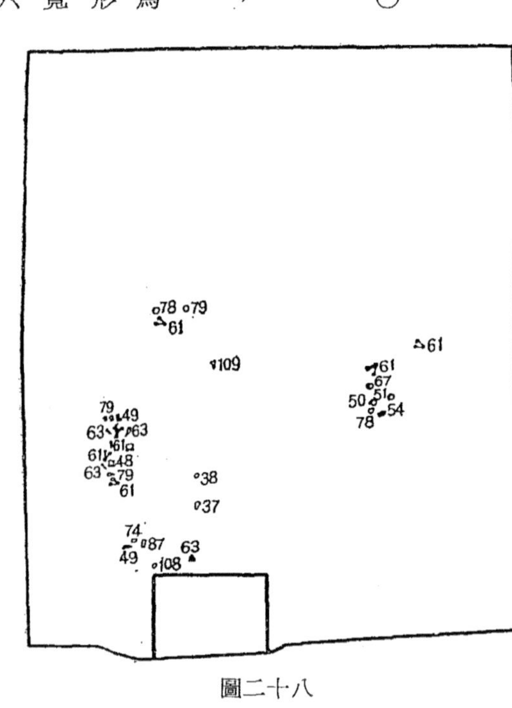

圖二十八

公尺，未發現遺物。

這個小坑（圖二十八），雖然是在坑底，因爲不在墓主人腰部，而且，沒有殉葬，似乎不是個腰坑。

四川成都

㈡、四九、成都羊子山第一七二號大墓，沒有腰坑的發現。

湖南長沙

㈢、五〇、長沙的兩座大型墓，墓三〇七、墓四〇六號，都沒有腰坑。

㈢、五一、閱完全部資料後，我們反過來觀察，原來戰國大型墓裏，絕大部份都沒有腰坑，除了上村嶺幾座（不會超過三座）有腰坑外，其他一概都沒有，這實在是個令人興奮的發現。在殷商時代，絕大部份（幾乎全部）大型墓都有腰坑；到了西周春秋時代，一部份（差不多一半）大型墓喪失了這種附庸形制；到了戰國時代，恰恰和殷商時代相反，絕大部份（幾乎全部）大型墓都取消了這種形制。我們與其說因爲經濟的影響，不如說因爲墓坑形制的改變，或者說是因爲「失傳」；上村嶺十六座墓只有狗沒有腰坑（不管何型墓坑），就是一個最好的證據。換句話說，與其說是有意的取消，不如說是無意的省略。

中型墓坑

河南輝縣

㈡、五二、無論是琉璃閣區，或是褚邱區，十二座中型墓坑，都沒有腰坑。

河南鄭州二里崗

㈡、五三、五十六座墓，沒有一座有腰坑。

河南上村嶺

㈡、五四、有關上村嶺腰坑式的墓坑的有無，我們已在㈡、四六敍述過，二百三十四座墓裏，只有五座有腰坑；除了一座已知出現在大型墓裏，其他四個腰坑，可能出現在各型墓裏，我們假設其中有一部份出現在中型墓葬。

西安半坡

㈡、五五、無論是洞室墓或豎穴墓，都沒有腰坑。

洛陽東郊

㈡、五六、第五十一號洞室墓一座，沒有腰坑。

洛陽燒溝

㈡、五七、燒溝四座墓，無論是豎穴墓或是洞室墓，都沒有腰坑。

河南禹縣白沙

㈡、五八、禹縣白沙八座中型墓坑，都沒有腰坑。

湖南長沙

㈡、五九、長沙出土的戰國中型墓葬，有一座在楊家山山腰，八座在沙湖橋，另外十三座地點未明共有二十二座之多。都沒有腰坑。

山西長治分水嶺

㊁、六〇、長治四座中型墓，都沒有腰坑。

山西侯馬

㊁、六一、也沒有腰坑。

河北邯鄲百家村

㊁、六二、百家村二十三座中型墓，也都沒有腰坑。

北平懷柔城

㊁、六三、十七座中型墓，都沒有腰坑。

河北邢臺

㊁、六四、該報告對腰坑未作任何描述，大概也是沒腰坑。

陝西耀縣

㊁、六五、一座，沒腰坑。

陝西寶鷄福臨堡

㊁、六六、中型墓坑兩座，也沒有腰坑。

湖北松滋縣

㊁、六七、也沒有腰坑。

安徽淮南市

㈡、六八、兩座中型墓，沒腰坑。

㈡、六九、閱畢這些敍述後，我們立刻發現；戰國中型墓坑，完全都沒有腰坑！腰坑這一附庸形制，從殷商大、中、小型墓傳，到西周春秋大、中、小型墓；到了戰國，大型墓坑偶而出現了它；而到中型墓坑，可就「中斷」了！往下的戰國小型墓，再也沒有它的影子了！

㈡、七〇、關於腰坑這一附庸墓坑，我們作兩個結論。第一：腰坑的演變。腰坑是殷商時代所盛行的一種附庸墓坑，那時，由於習俗的影響或宗教的信仰，無論上層社會、中層社會或下層社會的人物，在挖掘墓坑時，都必需附帶挖掘腰坑，作爲放置殉葬的一部份；偶而非常貧賤的人，因爲各種原因，才「犧牲」了這種形制。到了西周春秋時代，腰坑的流行逐漸在遞減中，無論小型、中型，甚至大型墓非常普遍的都有這種現象發生；特別是小型墓，已經很少採用它了。這固然因爲經濟不足的緣故，也可能因爲社會進步，殉葬之風漸爲社會所不贊成。到了西周戰國時代，腰坑差不多「絕傳」了，大型墓絕少有它的痕跡，中、小型墓就完全沒有它的痕跡了。殷商時代所流行的一種附庸墓坑，到戰國早期，就在歷史上銷聲匿跡了！消失的那麼乾淨，連我們在先秦任何文獻上都找不到一點點記載！

㈢、七一、第二：腰坑的形制。所謂腰坑，就是在墓主人棺槨下面中間，也卽相當於墓主人腰部，所挖掘的一種小土坑（㈡、三）。從平面來看，它有長方形，橢圓形，梯形及不規則橢圓形四種形制；其中，以長方形居多。從剖面來看，有斜坡形，橢圓形，方形及直壁斜坡形四種；底部有的很平坦光滑，有的凹凸不平。

㈢、七二、至於腰坑的用途，我們已經說過，那是放置殉葬的一部份，有的放置人和狗和銅戈，有的放置狗，有的放置象徵狗的狗頭或狗齒，也有的放置羊；這些，我們在下編將討論到，此處不贅言。至於腰坑的意義，我們也打算放在下篇去討論；除非我們了解了腰坑殉葬的情形及殉葬的方式，否則，我們沒法子討論。

乙　壁龕

㈡、七三、壁龕也是墓坑附庸形制之一，設在正坑的壁上、或在北壁、或在南壁、或者在側壁，有的在二層臺上，有的在墓坑底，長方形的一種小洞坑。壁龕的出現時代相當晚，最早只能溯源到殷商時代的小型墓坑；到了戰國，卒成爲壁龕鼎盛的時代，一直到兩漢，還是如此。

殷商時代

小型墓坑

安陽大司空村

㈡、七四、最早的壁龕是發現在安陽大司空村的小型墓坑裏，在那一百六十座小型墓裏，只有三座出現了壁龕，爲數之少，使我們對那三座墓的時代感到懷疑。這三座有壁龕的墓是殷商時代的嗎？該報告這麼判斷：「由於這三座墓除去壁龕外，其他如墓葬之形制和出土之器物與其他墓並沒有區別，所以才肯定它們是屬於同一時代之墓葬。」有壁龕的三座墓是墓一五〇、二〇六及二一五號，它們的尺度爲：

墓號	寬	深	高
一五〇	〇·六〇	〇·三〇	〇·四四
二〇六	〇·七四	〇·三〇	〇·七四
二二五	〇·七〇	〇·一八	〇·一六

這三個壁龕的寬度非常接近，只有墓二二五號那一個略爲淺和矮一點。該報告說：「一五〇與二二五都設在人架頭前北壁，二〇六則設在人架頭側的東壁。」根據這個報告，我們將這三個壁龕分成二種：第一種，頭龕兩個，墓一五〇及二二五屬之；第二種，左側龕一個，墓二二五屬之(圖二十九)。

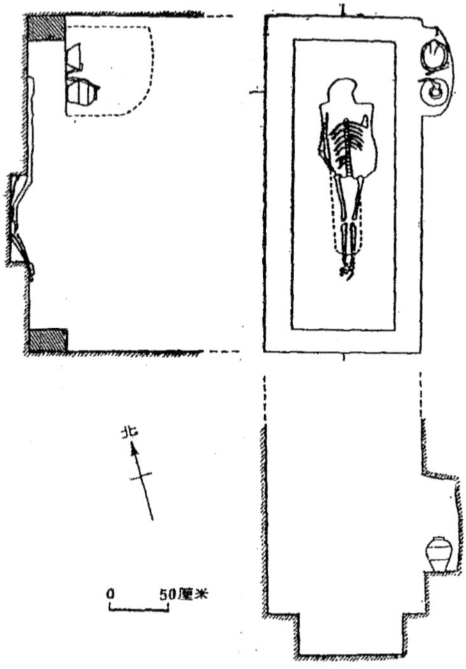

北
0　50厘米

圖二十九

另外，有一點特別令人注意，報告說：「二〇六號墓的壁龕內，沿壁有一層紅顏色。」這一層紅色的壁飾，罪足以令人懷疑這座墓的時代性。

西周及春秋時代

小型墓坑

㊁、七五、殷商時代唯一出現壁龕的，只是大司空的小型墓；到了春秋時代，壁龕依然不流行，大型、中型墓坑裏根本沒有它的痕跡，唯一只有在小型墓裏，它偶而出現了一次，那就是在湖南常德德山。湖南常德德山的小型墓裏，只八座有壁龕，報告說：

狹長方形土坑墓……一般墓底長一・六六—二・七〇公尺，寬〇・五一—一・二二公尺，深〇・二—二・八公尺。……此類墓葬中有八座是帶壁龕的。龕底與墓底平，只有墓四高於墓底〇・一三公尺。壁龕窄於墓壁的有六座，與墓壁等寬的僅墓一。壁龕一般寬〇・四五—〇・九六公尺，深〇・一—〇・三二公尺，高〇・二四—〇・六三公尺。

這份報告雖然敍述得不够詳細，不過，我們藉此可推出幾個要點：第一、既然說「壁龕窄於墓壁……與墓壁等寬」，而壁墓的寬度在〇・四五—〇・九六公尺之間，正好與墓底寬度〇・五一—一・二二公尺相近，可見這八個壁龕都是頭龕。第二、大司空村那三個壁龕都在二層臺上，分別距墓底〇・二六、〇・六八、〇・三五公尺；這八個頭龕，除了一座高於墓底〇・一三公尺外，其他都與墓底齊平。第三、大部份的壁龕都窄於墓壁的寬度（圖三十），只有一座與墓壁等寬。

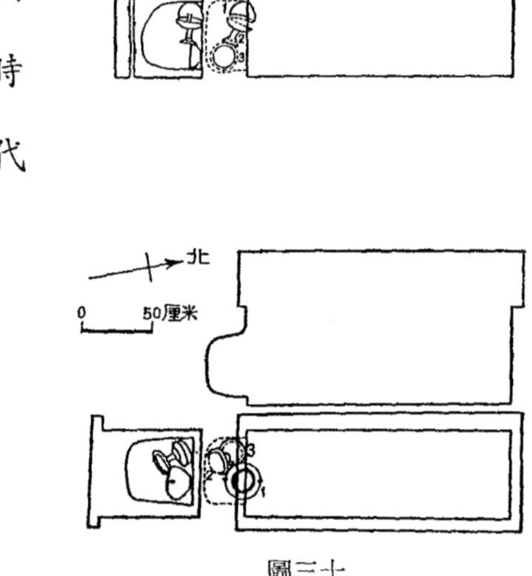

圖三十

戰國時代

大型墓坑

山西長治分水嶺

㈡、七六、長治分水嶺十座大型戰國墓都沒有壁龕。

山西侯馬上馬村

㈡、七七、兩座大型墓，也沒有壁龕。

河北懷來北辛堡

㈡、七八、也沒有壁龕。

河北北平懷柔城北

㈡、七九、懷柔城北的兩座大型墓，也沒有壁龕。

北平

㈡、八〇、無論在十三陵水庫，或在松園，所有的大型墓，也沒有壁龕。

河北邢臺南大汪村

㈡、八一、七座，沒有壁龕。

河北邯鄲百家村

㈡、八二、七座大型墓，都沒有壁龕。

河南洛陽西郊

㈡、八三、也沒有壁龕。唯燒溝墓六一二有個頭龕。

河南上村嶺

㈡、八四、上村嶺會掘得二百三十四座戰國墓，其中，只有十九座是大型墓。在這二百三十四座墓中，有壁龕設製的僅僅只有四座，報告說：

四座墓設有壁龕，二座在西壁，一座在北，一座在南。

這四個壁龕，會不會出現在十九座大型墓裏呢？這實在是令人懷疑；我們推想，它的可能性是非常少的。

輝縣

㈡、八五、輝縣琉璃閣區發現的兩座大型墓，只一座設有壁龕，根據報導，墓二四二的壁龕設在南壁的東端，龕底高出墓底二公尺，東西長〇・九公尺，南北寬〇・一公尺。這座墓是東向九十五度，若「設在南壁的東端」，那麼，這壁龕無疑的是左側龕，稍微接近墓主人的頭部。

安徽壽縣

㈡、八六、沒有壁龕。

四川成都

㈡、八七、也沒有壁龕。

湖南長沙

㈡、八八、同樣的，也沒有壁龕。

㈡、八九、閱畢大型墓坑的資料後，我們立刻發現，戰國時代的大型墓坑，絕少有壁龕這種附庸形制；在那麼一大羣墓葬裏，只有二座設有壁龕，數量之少，於此可見了。壁龕之非大型墓坑的附庸形制，於此可見其端倪了。

中型墓坑

河南輝縣

㈡、九〇、輝縣出土的戰國中型墓，分散在琉璃閣區及褚邱區，前者有十座之多，後者僅有兩座。琉璃閣區墓二四三號，是唯一有壁龕的一座。報告說：「二四三（的壁龕）在東壁上，高出墓底約一・四公尺，南北長一・一公尺，東西寬〇・三四公尺。」根據這座墓的方向九度來觀察，這個壁龕是屬於左側龕，寬一・一公尺，深〇・三四公尺，高度（壁龕）不明。

鄭州二里崗

㈡、九一、鄭州二里崗出土了五十六座戰國中型墓，有壁龕的爲：

墓號	壁龕位置
二五	北
三一	北
三五	北
三六	北
四一	北
四三	北
五〇	北
五二	北
五四	北
五五	北
六四	北

八七　北
一〇四　北
一二二　北
一三四　北
一四二　北
一四七　北
一五二　北
一五五　北
一六二　北
一七一　北
一七三　北
一七七　北
一八二　北
一八九　北
二一一　北
二一四　北
二二五　北

二一六	北
二二一	北
二七一	北
二七二	北
二九一	北
三一一	北
三三五	北
三五〇	西
三八三	北
三八五	北
三九七	北
三九八	北
四〇〇	北
四〇五	北
四〇七	北
四一八	北
四二三	北

四二四	北
四二七	東
四二九	北
四三〇	北
四五〇	北

首先要說明兩點：第一、墓八九、四〇二、四二八及四四九，四座的壁龕不明；第二、墓一三九及四二一兩墓沒有壁龕。

㈢、九二、我們要討論的有下列幾個要點。第一、這五十個壁龕的位置，有四十八個是在北部，我們根據這四十八個墓的方向來觀察，可以發現它們都是頭龕（四十八座墓的墓葬方式都是頭朝北，這些，我們都將在下編第一章討論，此處不贅），沒有一座例外。第二、墓三五〇號的壁龕是在西部，墓四二七的是在東部，這似乎有些特殊的地方，其實，它們也是頭龕，爲什麽呢？墓三五〇的方向是二百七十度，頭恰好是朝西，而壁龕就在西部，這難道不是頭龕嗎？墓四二七的方向是九十三度，頭正好朝東，而壁龕就在東部，這不就是頭龕嗎？所以，這兩個壁龕也是頭龕。我們可以如此作結論：鄭州二里崗中型戰國墓的壁龕都是頭龕。

河南上村嶺

㈢、九三、上村嶺有關壁龕的問題，我們在㈢、八四已經敍述了；我們不但沒法知道中型墓是否有壁龕，更沒法知道該壁龕（假如有的話）的地位。幸好在二百三十四個墓裡，只有四個壁龕，數目非常非常少。

西安半坡

㈡、九四、西安半坡三十六座中型墓，無論是洞室墓，或是豎穴墓，都沒有壁龕的存在。

洛陽東郊

㈡、九五、洛陽東郊出土的一座中型戰國墓，墓五十一號，也沒有壁龕。

洛陽燒溝

㈡、九六、洛陽燒溝曾發掘了四座中型墓；有關壁龕的問題，該報告雖然有所報導，我們深信都是屬於小型墓（該報告曾例舉幾個壁龕，都是屬於小型墓），所以，我們移到小型墓裏去討論。報告說：「壁龕毫無例外的，都設在墓室的北壁。」假設這四座中型墓「不幸」有一座有壁龕的話，也是屬於頭龕。

河南禹縣白沙

㈡、九七、禹縣白沙的八座中型墓，都沒有壁龕的紀錄。

湖南長沙

㈡、九八、長沙發掘的中型墓，爲數不少；其中令人注意的，只有沙湖橋一處。沙湖橋發掘中型墓共有八座，有關壁龕的問題，該報告說：

在這五十六座土坑墓（指中、小兩型的墓）中，有十四座有龕坑。計頭龕的九座，有龕坑與臺階的二座，有頭龕和邊龕的一座，有頭龕和足龕的一座，有腰龕和邊龕的一座。

該報告在下文曾例舉三個壁龕的情形，這三個壁龕，都是出現在小型墓裏；另外十一個壁龕，是否有一些出現在這八座中型墓裏呢？報告沒有詳細的紀錄，所以，我們沒法子得悉。我們可以作最保守的假設：九座頭龕，可能有一小部份出現在中型墓裏。

山西長治分水嶺

㊂、九九、所發掘的幾座中型墓，都沒有壁龕。

山西侯馬

㊂、一〇〇、侯馬所發掘的中型墓，也沒有壁龕。

河北邯鄲百家村

㊂、一〇一、邯鄲百家村二十三座戰國中型墓，只有一座有壁龕，那就是墓五十一號。報告說：

五十一號的壁龕……位於墓室東壁中部，距墓底〇・六八公尺。

五十一號墓的墓葬方向是〇度，正是朝北方向，壁龕在東壁，那麼，這也是個左側龕。

北平懷柔城

㊂、一〇二、十七座中型墓，都沒有壁龕。

河北邢臺

㊂、一〇三、沒有壁龕。

陝西耀縣

㊂、一〇四、輝縣一座中型墓，是屬於洞室墓（一、一〇一）：關於它的壁龕，該報告僅說「隨

葬的陶器即放在小龕內」外，再也沒有任何文字記錄。不過，我們參考它的平面圖（圖十九，見第一章）後，發現那個「小龕」也是頭龕，儘管墓主人埋葬方向是朝西。這個頭龕的復原圖，可參考第一章的圖二十四。

陝西寶鷄福臨堡

㈢、一〇五、兩座中型墓，都沒有壁龕。

湖北松滋縣大岩嘴

㈢、一〇六、沒有壁龕。

安徽淮南市

㈢、一〇七、兩座中型墓，都沒壁龕。

㈢、一〇八、有關戰國中型墓壁龕的問題，我們可作四個結論：第一、壁龕這種設備，逐漸在時尚中，但還沒有十分普遍。第二、有的壁龕出現在洞室墓，有的出現在豎穴墓。第三、所有的壁墓都設在墓底，有的略高於墓底，有的略低於墓底，有的與墓底齊平；不管那一種，它們都是在墓坑底，無一例外。第四、所有的壁龕不是頭龕，就是左側龕，毫無例外。

小型墓坑

㈢、一〇九、爲了應付小型墓壁龕的種類的繁多，我們將壁龕劃分爲下列數種：

a 頭龕　　龕坑在墓主人的頭端；

b左側龕　龕坑在墓主人的左側；

c右側龕　龕坑在墓主人的右側；

d脚龕　　龕坑在墓主人的脚端。

對於bc兩個名詞，有很多人都訂爲「東龕」或「西龕」，我們覺得這兩個名詞有商榷的餘地。第一、有些學者對「東龕」和「西龕」的定義是以龕所在方向而言的，他們似乎忽略了墓主人埋葬的方向（卽頭向）；假如墓主人頭向北，「東龕」是在他的左手邊；假如墓主人頭向南，「東龕」却在他的右手邊；假如是朝東，就變成頭龕……很顯然的，這兩個名詞有其不妥當的地方。第二、有些學者固然是就墓主人的方向來製訂「東龕」及「西龕」，但也給人許多迷惑；假如墓主人朝北，我們叫右手邊的龕坑爲西龕；在同一處又有一墓的墓主人朝南，我們叫左手邊的龕坑爲西龕嗎？很顯然的，這是自相矛盾的。因此，我們將這兩個名詞給與改作「左側龕」和「右側龕」。不管墓主人頭向何處，這「頭龕」、「左側龕」、「右側龕」及「脚龕」四名詞，一概以墓主人爲標準。

河南輝縣

㈡、一一〇、輝縣發掘的小型墓裏，僅大、中型墓有壁龕，小型墓都沒有壁龕。

鄭州二里崗

㈢、一一一、二里崗小型墓共有一百三十一座，有壁龕的：

墓號	壁龕位置
三八	北

三九	北
四〇	北
四二	北
四四	北
四五	北
四八	北
五三	北
五六	北
五七	北
五八	北
六〇	北
六二	北
六三	北
六五	北
六九	北
七一	北
七五	北

八三　北
八四　北
八六　北
九七　西
九八　北
一〇〇　北
一〇三　北
一〇六　北
一〇七　北
一一四　北
一二三　北
一三三　北
一三五　北
一三七　北
一四〇　北
一四四　北
一四五　北

一四六　北

一四八　北

一五〇　北

一五一　北

一五三　北

一五七　北

一五八　北

一六五　北

一六六　北

一六七　北

一六九　北

一七四　北

一八〇　北

一八五　北

一八六　北

一九三　北

一九六　北

二〇〇	北
二〇二	北
二〇五	西
二〇七	北
二二〇	北
二二二	北
二五八	北
二七六	北
二九四	北
二九六	北
三〇一	北
三〇九	北
三一二	北
三一四	北
三一五	北
三二〇	北
三三〇	北

三四一　北
三四二　北
三五二　北
三六七　北
三七一　北
三八二　北
三八四　北
三八七　北
三九〇　北
三九二　北
三五四　北
三九六　北
四〇六　北
四〇八　北
四〇九　北
四一四　北
四三二　北

四三三　北

四四七　北

其中，沒有壁龕的計有三十五座（墓一三、一五、一七、三三、三四、三七、四七、四九、八八、九〇、九四、九五、一〇二、一一一、一一五、一一六、一三二、一三六、一四三、一五九、一七二、一七九、二〇四、二一八、三〇三、三一六、三四九、三八六、三八八、三八九、三九五、四〇一、四一七、四二二及四三四）；壁龕不明的有七座（墓八五、二六五、三二八、三九一、四二〇、四二六及四三一）。在這許多有壁龕的墓裏，有幾點值得我們注意：第一、墓九七及二〇五的壁龕在西部，和其他的壁龕不同。我們觀察此二墓的埋葬方向，發現前者朝西二七〇度，後者也是朝西二六五度，如此說來，這兩個壁龕也是頭龕。第二、其他各墓埋葬方向都是朝北，壁龕在北部，也都是屬於頭龕。第三、唯有一座例外，墓一四六埋葬方向是東偏南一〇五度，壁龕依然在北部；那麼，無疑的，這是個左側龕了。

河南上村嶺

㈡、一一二、有關上村嶺小型墓壁龕的問題，報告曾如此說：「共二三四座墓（不包括車馬坑）……四座墓設有壁龕；二座在四壁，一座在北，一座在南。」這麼簡單的幾句話，實在令人難以判斷壁龕的類型；兩座西壁的，墓主人是朝那裏呢？另外在北在南的兩座，墓主人都是朝北嗎？這些，都是我們所沒法解決的。我們審核上村嶺一百四十二座小型墓裡，埋葬方向朝北的有一百三十二座之多，朝南的有九座，朝西的只有一座；我們假設這四個壁龕都不出現在朝南（九座）及朝西（一座）

的墓葬裡，全都出現在朝北（一百三十二座）的墓裡，那麼，這四個壁龕可分為三類：

a 左側龕　兩個

b 頭龕　一個

c 脚龕　一個

這種推斷的可能性是很大的。

西安半坡

㈢、一一三、西安半坡三十二座小型墓坑，都沒有壁龕。

安陽大司空村

㈢、一一四、這裏出土的九座小型墓，也都沒有壁龕。

洛陽燒溝

㈢、一一五、燒溝小型墓可分為洞室墓及豎穴墓兩種（㈠、一一四），共有五十四座之多。對於壁龕，該報告如此說：

墓中往往設有壁龕。……壁龕大小顯然按所容納的器物而定，由於各個墓的隨葬陶器在種類和數量上完全相同或相差甚微，壁龕的大小也就彼此彷彿。它的寬度較設置處的墓壁稍大或稍小，亦有恰與墓壁相等的；縱深多不超過半公尺；高度通常在半公尺左右；容納陶器以後，極少空餘（圖三十一）。個別的墓沒有陶器，也就不設壁龕；有陶器而不設壁龕的僅四十四號一個墓，陶器放在槨室中棺材的一側。壁龕毫無例外的都設在墓室的北壁（六五九號的人骨架頭

圖三十七

向南，壁龕在人骨腳架後；其餘頭北，壁龕北）。由臺階形成槨室的墓，壁龕多係設在槨室中，位置較低，它的底部與墓底約略取齊。由木材構成槨室之墓，壁龕設在槨室以上，位置較高，底部高出墓底約一公尺。

以上是三十八座豎穴墓的壁龕的情形；我們再看十六座洞室墓的壁龕：

隨葬之陶器也係在洞室中另設壁龕放置，壁龕大小、形狀與豎穴墓的大致相同。六一四與六五五號沒有陶器，所以不設壁龕；六二二號有陶器，但不設壁龕，陶器放在洞室入口處，是一個例外。除六一九號的壁龕設在洞室北端，位置在人骨架的頭前外，其餘的壁龕多設在洞室入口處的西側，位置在人骨架的右側脚旁。六五三號的壁龕有兩個，分別設在洞室的東、西兩側。

洛陽燒溝這羣小型戰國墓，我們可以分作兩方面來說。首先，我們討論三十八座豎穴墓的壁龕；我們作出下列幾個要點：第一、報告說：「墓中往往設有壁龕。」豎穴墓有三十八座。我們假設三十座有壁龕。第二、全部的壁龕都是頭龕；墓六五九號的壁龕在北部，墓主人朝南，可能是埋葬的錯誤，我們算它是例外。第三、壁龕的寬度有的和北壁相等，有的稍大，有的稍小；這種形制，從前已經有過了。第四、報告說：「由臺階形成槨室的墓，壁龕多係設在槨室中，位置較低，……與墓底約略取齊。」這是最常見的壁龕，春秋以來的壁龕，龕低都約略和墓底取齊。報告又說：「由木材構成槨室之墓，壁龕設在槨室以上，位置較高，底部高出墓底約一公尺。」換句話說，這種壁龕是設在生土二層臺（二層臺的定義，詳見㊁、一三九）上，春秋以來，都沒出現過這種壁龕。討論到這裏，立刻使我們連想到殷商時代大司空村三座小型墓坑，它們的壁龕正是設在生土二層臺上（㊁、七四；㊁、七五的第二點），這種形制出現得那麼早嗎？

㊁、一一六、其次，洞室墓的壁龕也可分作下列若干點來討論：第一、有的洞室墓有壁龕，有的却沒有；沒有壁龕的至少有三座。第二、墓六一九號的壁龕是個頭龕，其他的都是右側龕。第三、墓六五三號有兩個右側龕，是一種新的形制，值得令人注意。第四、所有壁龕的形制大小和豎穴墓的很相似。

河南禹縣

㊁、一一七、小型戰國墓計有三十五座之多，都沒有壁龕。

河南林縣

㊁、一一八、林縣只掘得一座小型墓，沒有壁龕。

湖南長沙

㊁、一一九、長沙發掘的小型戰國墓，為數非常多；其中有壁龕的只有兩處。

墓號	寬	深	高
三〇一	〇·六六	〇·二〇	〇·三〇
三〇五	〇·三五	〇·二〇	〇·二〇
三〇八	不明	不明	〇·三〇
三一四	〇·六八	〇·二六	〇·三二

三一六	〇・六〇	〇・二〇	〇・二〇
一二三	〇・四四	〇・四〇	〇・九〇
二〇七	二・二〇	〇・五四	一・一〇
二七三	〇・七〇	〇・二四	〇・四八
三〇四	一・〇〇	〇・二〇	〇・五〇
三〇六	〇・八六	〇・二〇	〇・二〇
	一・〇〇	〇・三六	〇・三〇
三二〇	一・三〇	〇・八二	〇・八二
三二八	一・一〇	〇・三〇	〇・八〇
三二九	〇・六〇	〇・三〇	〇・六四
三四九	〇・九〇	〇・二〇	〇・三五

這十四個壁龕，有下列幾點令我們注意：第一、它們完全在墓坑底。第二、根據報告上的紀錄，我們歸納出頭龕共有十二個（三〇一、三〇五、三〇八、三一四、三一六、二七三、三〇四、三〇六、三二〇、三二八、三二九及三四九），左側龕共有二個（一二三及二〇七），右側龕一個卽三〇六。第三、墓三〇六共有兩個壁龕，一個是頭龕，一個是右側龕，和洛陽燒溝墓六五三有相似之處。

㈡、一二〇、另外沙湖橋有壁龕的小型墓，爲數也不少，報告的紀錄是：

在這五十六座土坑墓中，有十四座有龕坑。計頭龕的九座（圖三十二、三十三），有龕坑與臺階的二座（圖三十四），有頭龕和邊龕的一座（圖三十五），有頭龕和足龕的一座，有腰龕和邊龕的一座（圖三十六）。

頭龕的位置在墓室之頭部（卽前壁）。有四座墓葬的頭龕懸於頭壁之上端，離墓底高約十——

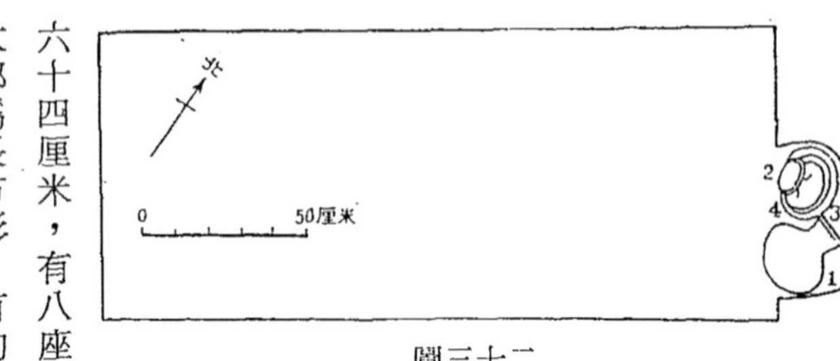

圖三十二

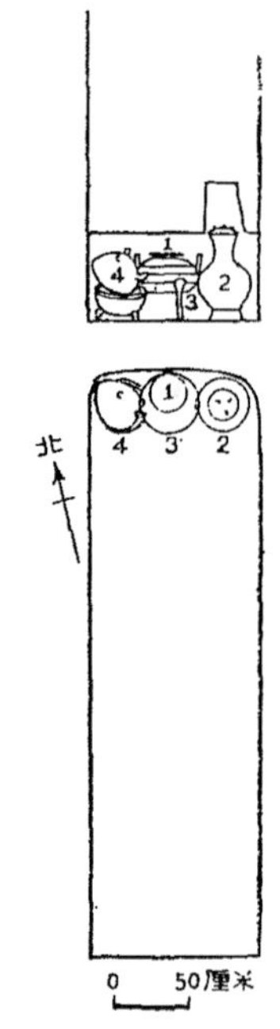

圖三十三

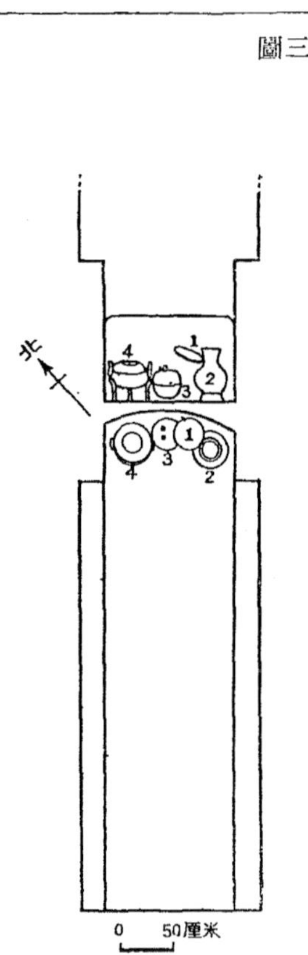

圖三十四

六十四厘米，有八座墓的頭龕與墓底同平，僅A五二號墓之頭龕較墓底低二十厘米。這些頭龕大都爲長方形，有的上部爲拱形。有三座墓之龕坑較爲特殊，如A五二號，墓有頭龕和足龕。頭龕之寬度與墓室頭壁同，而龕底較墓底低二十厘米，通高六十二厘米，深二十八厘米，寬七十六厘米；足龕位於墓室足壁的偏右側，正面呈方形，側面成梯形，上部略小，下部漸大，龕底較墓底低二十四厘米，通高七十六厘米，寬五十六厘米，上部深二十厘米，下部深三十二厘

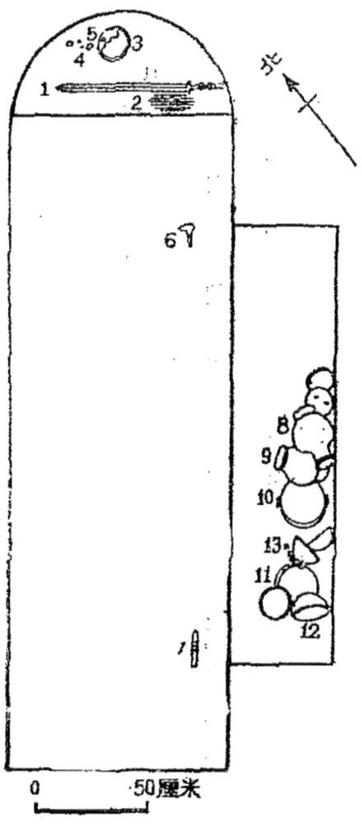

圖三十五

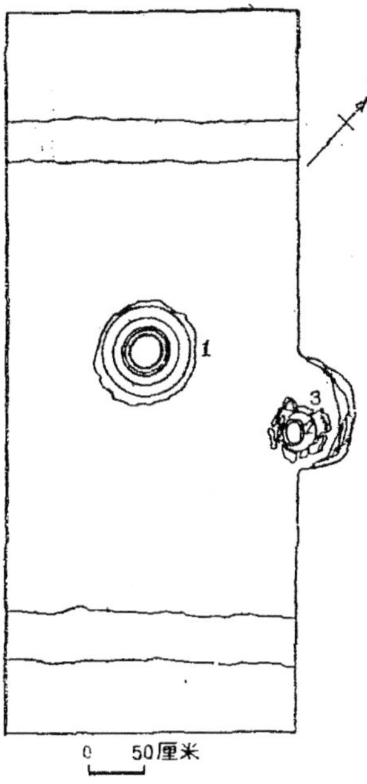

圖三十六

米。但隨葬物全放在頭龕內，足龕空無一物，可能是當時先在足壁挖了，發現錯誤，才改在頭部。又如A五八號，有頭龕和邊龕，頭龕之寬度和墓室頭壁相等，而龕位高出墓底六十四厘米，通高二十六厘米，深四十一厘米。龕頂和後壁呈弧形。邊龕位於墓室右壁，呈長方形，龕頂略成弧形，龕底較墓底低十四厘米，通高九十六厘米，寬一六四厘米，深四四厘米。又如A三六號墓，在墓底中部，有一圓形坑，徑約四十五厘米，深約五十厘米，恰可容一陶罈。在墓室右壁上部，有一邊龕，離墓底高九十厘米，寬約四十六厘米，通高六十七厘米，深二十五厘米，出陶罈及陶鬲。

根據這段紀錄，我們歸納出幾個要點：第一、這羣壁龕，可分爲下列幾種：

a 頭龕

b 脚龕

c 右側龕

d 左側龕

有時，頭龕單獨出現；有時，頭龕和右側龕同時出現；有時，兩個側龕同時出現；總之，沙湖橋的壁龕的形制，已趨向於複雜變化的地步了。第二、所有的壁龕都設在墓底，有的和墓底齊平，有的高出墓底（不會超過〇・六四公尺）。

湖南常德德山

㈡、一二一、湖南常德德山出了兩批小型墓，都有壁龕的紀錄。第一批小型墓，該報告如此說：

狹長方形土坑……墓頭龕都在墓室的北壁上，與墓底等寬。龕頂亦多呈圓形，也有個別呈方形的，如墓三十三號（圖三十七）。頭龕一般寬〇・五二—〇・二五公尺，高〇・二七—〇・五二公尺。

另一批小型墓的壁龕，報告說：

這八個長方形窄坑墓中，有六個墓設有壁龕。壁龕的位置都是在墓坑短壁的一端，形狀大多呈長方形或拱形，一般高〇・二七—〇・五〇公尺，寬〇・四五—〇・六七公尺。深〇二四〇・三三公尺，其中，有三個墓的壁龕在高于墓底〇・二七—〇・六五公尺的地方，另有三個則與墓底在同一個平面（墓三、十九、二十五）。

按照隨葬器物的放置位置，我們推測長方形窄坑墓中的壁龕都是在墓室的頭部，一般稱之為頭龕。

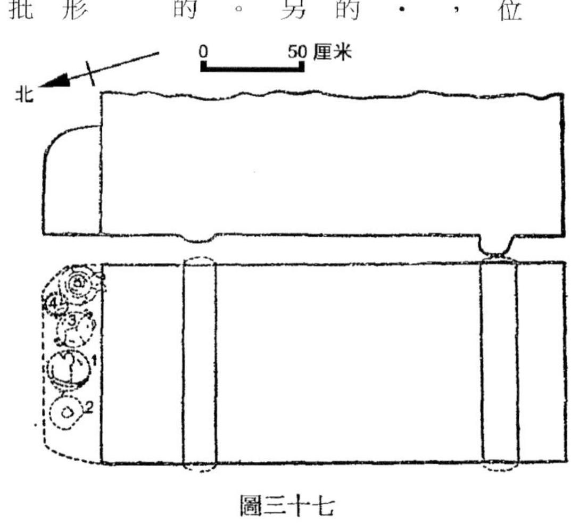

圖三十七

總結這兩段：第一、這兩批小型墓，有長方形寬坑及長方形窄坑兩種形制，在第一批裡，只有窄坑出現壁龕；在第二批裡，寬坑偶而也出現壁龕，但是，絕大部份都出現在窄坑。第二、第一批全是頭龕，第二批也都是頭龕，但，也可能有少數的腳龕（報告說：「我們推測長方形窄坑墓中的壁龕都是在墓室的頭部。」這是一個不穩定的說法。報告又說：「壁龕的位置都是在墓坑短壁的一端。」可見記錄者游離的心理。儘管如此，它們不是腳龕，就是頭龕，絕沒有側龕的存在。）第三、壁龕既有長方形的形制，也有拱形的形制。第四、壁龕都設在墓底，有的與墓底齊平，有的略高於墓底。

湖南湘潭

㊁、一二二、這裏出土的三座小型墓，都沒有壁龕。

河北邯鄲

㊁、一二三、邯鄲百家村十八座小型墓，僅兩座有壁龕，報告說：

墓室壁龕已很少見，僅于第二十四、五十二墓內（圖三十八）發現。二十四號墓的壁龕平面和斷面都是長方形，位于墓室東壁北端。五十二號墓的正面呈半圓形，位于墓室東壁北端，距墓底〇・六〇公尺。

很顯然的，這兩個壁龕都是左側龕。形制方面，有長方形及半圓形（也卽拱形）兩種。

河北邢臺南大汪村

㊁、一二四、邢臺的幾座小型墓，都沒有壁龕。

天津

㊁、一二五、天津兩座小型墓，其中只有墓M三號有壁龕，報告說：「人骨架頭向東南，在骨架的

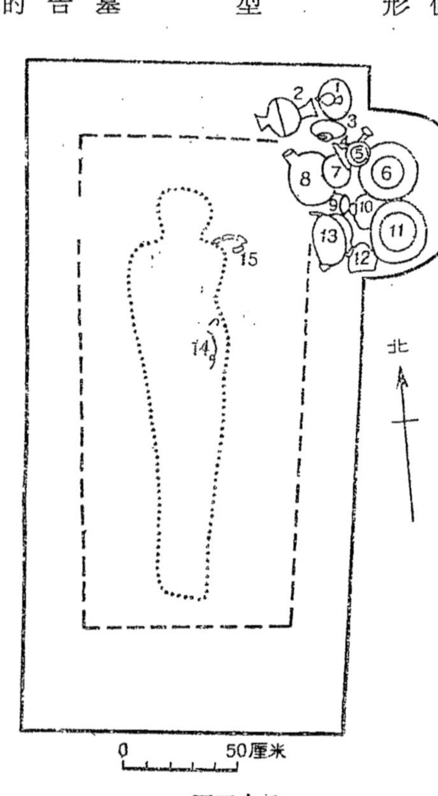

圖三十八

左側有一小龕。」顯然的，這是個左側龕。

北平昌平鎮

㊀、一二六、兩座小型墓，都沒有壁龕。

陝西長安

㊀、一二七、根據報告的紀錄，長安這幾座小型墓，也都沒有壁龕。

陝西寶鷄福臨堡

㊁、一二八、都沒有壁龕的存在。

山西侯馬

㊁、一二九、都沒有壁龕的存在。

山西長治分水嶺

㊁、一三〇、這裏九座小型墓，也沒有壁龕。

湖北松滋縣

㊁、一三一、二十二座小型墓，都沒有壁龕。

廣東清遠

㊁、一三二、一座小型墓，沒有壁龕。

燕下都

㊁、一三三、也沒有壁龕。

(二)、一三四、首先，我們要討論壁龕的產生的問題。為什麼會產生壁龕這種附庸形制呢？有的人如此解釋：因為墓坑本身太狹窄，放不下殉葬器物，所以，只好另闢土坑來安置它們。假如根據這個說法，壁龕應該只出現在長方形窄坑裏，至少，絕大部分應該出現在窄坑裏。可是，我們將這些資料和前一章比較，調查壁龕出現的墓的正坑形制，發現並不如此；我們簡單列表如下：

時代	墓型	地址	壁龕數量	正坑形制
殷商	小	大司空	三個	二寬、一窄
西周及春秋	小	常德	不明	
戰國	大	燒溝	一個	寬
		輝縣	一個	寬
	中	輝縣	一個	寬
		鄭州	五十個	寬
		邯鄲	一個	寬
		耀縣	一個	寬
	小	鄭州	八八個	寬八七、窄一
		上村嶺	四個	不明
		燒溝	甚多	寬、窄
		長沙	廿八個	寬、窄

常德	甚多	絕大部分窄
邯鄲	二個	寬
天津	一個	寬

根據這個簡表，我們可以知道，壁龕的出現並不只在窄坑，寬坑出現的數目反而多了許多！因此，主張「窄坑太狹窄，另闢土坑放置殉葬器物」這種說法是不可靠的。根據我們目前的了解，殉葬器物有的是放置在死者兩側，但，大部份都是放置在死者的頭頂端；因此，我們反而可以這麼推斷，壁龕的出現，很可能是因爲寬坑太短小，死者頭頂沒有太多的空間可以來放置殉葬器物，乃在頭壁另闢一土坑，作爲放置殉葬器物之用；長方形窄坑，由於非常狹長，死者頭頂部空間甚多，反而省略了這個需要。壁龕最早都出現在長方形寬坑裏（殷商大司空村那三座的時代有問題），而且，早期的壁龕絕大部份都是頭龕（詳下一節），這兩個理由，愈加強我們上述的推斷的正確性。

㈡、一三五、其次，我們要討論壁龕的時代性。根據此時此地所能掌握的資料，我們保守地說：壁龕最早出現時代是在春秋的中期或是晚期，而且，是小型墓坑首先「創制」的。到了戰國時代，才逐漸流行，但是，因爲它是小型墓的附庸，大、中型墓也沒甚麼採用它。等到壁龕發展成爲洞室墓時（㈠、一三八），這種形制依然存在。而且，甚至和洞室墓並行。

㈡、一三六、壁龕的形制甚多，有頭龕、脚龕、左側龕及右側龕之別。我們分三個時代列三個圖表：

a 殷商時代（小型墓）

龜型	頭龜	左側龜	右側龜	脚龜
大司空村	二	一		

b 西周及春秋時代（小型墓）

龜型	頭龜	左側龜	右側龜	脚龜
常德	八			

c 戰國時代

龜型		頭龜	左側龜	右側龜	脚龜
大型墓	燒溝	一			
	輝縣		一		
中型墓	輝縣		一		
	鄭州	五〇			
	邯鄲		一		
	輝縣	一			
小型墓	鄭州	八七	一		
	上村	一	二		一
	燒溝	都是頭龜數目不明			
	長沙	一二	二	一	數目不明
	常德	數目不明			數目不明
	邯鄲		二		
	天津		一		

根據這三個表，我們可以體會出來，壁龕最初發展時，形制非常簡單，幾乎只有頭龕一種，後來，才產生左側龕。頭龕及左側龕流行了相當長的一段時間，才又產生了脚龕，以及右側龕。早期的墓，只需要一個壁龕；到了晚期，有的墓流行兩個壁龕，逐漸趨向「奢侈」了。至於壁龕本身的形制，早期都是長方形（無論平面或剖面）；到了晚期，才起了變化，從平面來看是長方形，從剖面來看，却是拱形。早期的壁龕，都是設在墓坑底，壁龕底部有時和墓底齊平，有時略高一些，有時略低一些；到了晚期，有的壁龕依然保持原來設製地點，有的却移到二層臺上面來高出墓底一公尺以上。側龕的變化不大，頭龕却不同；有的頭龕的寬度大於墓壁，有的小於墓壁，有的相等，這種變化，倒沒有什麼時代意義。

㈡、一三七、毫無疑問的，壁龕的用途是用來安置殉葬器物的；而且，必定和正坑同時挖掘的。它雖然是附庸墓坑，在晚期墓葬裏，却是相當重要的一種形制。

㈡、一三八、最後，我們要提出對安陽大司空村三個殷代壁龕的時代性的可疑點來。大司空村出現了三個殷代壁龕，兩個時頭龕，一個是左側龕，報告說（㈢、七四）：

由於這三座墓除去壁龕外，其他如墓葬的形制和出土之器物與其他墓並沒有區別，所以才肯定它們是屬於同一時代之墓葬。

於是，報告便將它們劃入殷代墓葬裏。我們有兩個疑問：第一、報告說：「二〇六號墓的壁龕內，沿壁有一層紅顏色。」壁龕沿壁塗有紅顏色，除了此處外，其他地方似乎沒有發現過，這是可疑的地方。第二、這三個壁龕都設在生土二層臺上，這種形制，在戰國晚期才出現的，這也是一個可疑的地方。關於器物方面，我們還沒作個詳細的比較，因此我們不敢否定報告的正確性，我們只是在這裏提出兩個可疑點，作爲以後的參考。

丙　二層臺

㈢、一三九、二層臺也是一種附庸墓坑。二層臺可分爲兩種：生土二層臺及熟土二層臺。生土二層臺是設在墓坑的上部，當墓坑挖掘到底部時，挖掘者留下四周平面土地，然後往中間那一部份挖掘下去，作爲安置棺槨的正室（圖三十九），正室上面那塊平面的土地，就叫做生土二層臺。生土二層臺往往作爲埋葬時行禮的一部份，或者作爲安置人畜器物殉葬的一部份等等。所謂熟土二層臺，它是

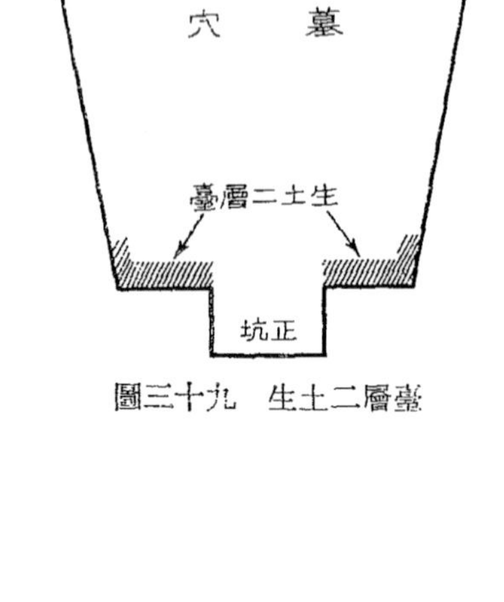

圖三十九　生土二層臺

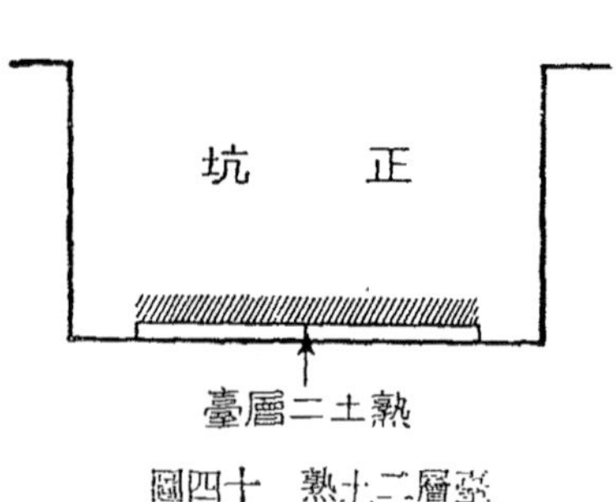

圖四十　熟土二層臺

指正坑底部凸起的一塊方形土地，它的用途是：安置棺槨或安置殉葬等等。生土二層臺並沒有經過任何「加工」，屬於天然土地的一部份；熟土二層臺是經過一番細心的夯築「加工」，不是挖掘時保留的（圖四十）。在敍述二層臺的歷史演變以前，我們有幾點要加以辯正及澄清。至到目前爲止，我們所能掌握的全部報告，對於二層臺這個名稱，都沒有十分明確的定義。有的報告，將生土二層臺及熟土二層臺，一概稱爲二層臺，使人含混不清。有的報告，將熟土二層臺稱爲活土臺、夯土二層臺，甚至稱爲生土二層臺；這種情形，我們非從報告的描述加以推測不可。有的報告，將生土二層臺稱爲熟土二層臺，以爲是棺槨安置後才另夯築上去的(可能有這種情形，但，我們還是稱爲生土二層臺)，「轉移」了二層臺的定義。有的報告將埋在棺槨上面及四周的泥土及石頭稱生土二層臺，這是很不合理的。對於這些，我們都用我們自已所下的定義而加以分類；在分類時，我們不再加以申明，閱者可憑文字的紀錄加以推斷。生土二層臺，普通都是四面，寬度不太一律；有的只有三面，一面是墓道；有的只有兩面，或東西側，或南北側，視埋葬方向而定。至於熟土二層臺，絕大部份是長方形，高矮不一，除了放置棺槨外，往往留下一小部份的空間來安置其他殉葬人畜或器物，在這一篇裏，我們不啻要研究二層臺的發展及演變，也擬研究二層臺的用途及其意義，我們相信，這是研究二層臺所必需附帶的工作，不能將它們分開（上二篇的腰坑及壁龕，我們只研究它們本身的發展，至於它們的用途，因爲都是屬於殉葬的一部分，所以我們放到下編去）。因爲我們發現，二層臺的用途，不僅是用來殉葬而已，還有其他各種意義。

殷商時代

大型墓坑

侯家莊

㈡、一四〇、侯家莊三個大墓，都沒有二層臺這種形制。

武官村

㈡、一四一、最早的二層臺，可以溯源到安陽的武官村大墓，那是個生土二層臺。我們所能依據的一段文字，尚不到八十個字，內容也非常簡單（㈠、一九）；唯一的一張圖片（圖五），也不能供給我們太多的線索。根據那張圖片，非常明顯的，武官村大墓有個生土二層臺，臺上安置了許多的殉葬。

大司空村

㈡、一四二、大司空村的一座殷代大墓，墓三一一號，根據報告的紀錄，並沒有二層臺的存在。

洛陽東郊

㈡、一四三、洛陽東郊的大型墓坑計有五座，有二層臺的僅有兩座，即墓二及墓一五九號。報告說：

> 第二號墓……二層臺寬一公尺……二層臺四角殘留有布質畫幔痕跡，當時畫幔在槨頂應全部相屬連，今皆破壞，只餘四角。四角所殘幔痕，皆畫有幾何形圖案紋，以黑白紅黃四色，用柔毛

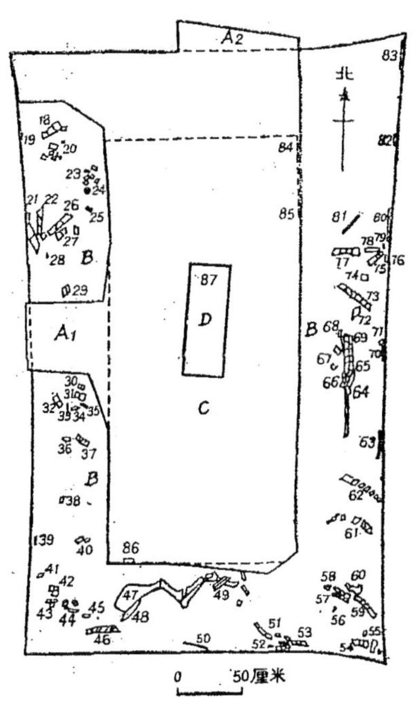

圖四十二　第 159 號殷人墓墓同情形

A₁, A₂ 盜坑　　49, 60. 戈(鉛質)
B. 二層台　　65. 銅鏇
C. 棺室　　86. 瓔龍
D. 腰坑　　87. 犬牙
18—23, 26—44, 46, 50—59, 61—70,
72—85. 石璋　71. 殘蚌　45. 骨片
47. 獸腿骨　48. 鉛戈及爵柱

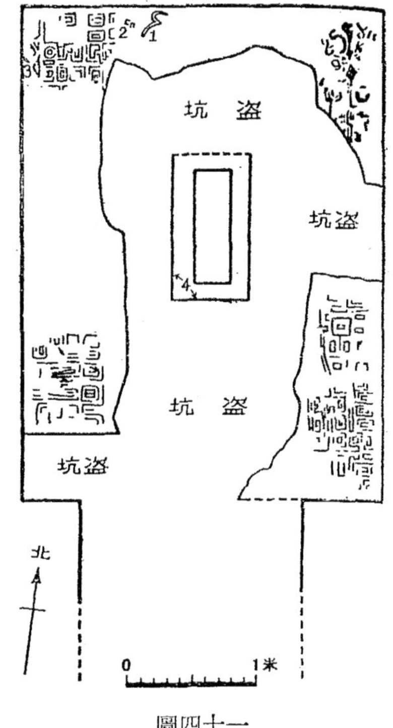

圖四十一
第二號殷人墓隨葬器物及畫幔遺痕

繪製而成，間帶有筆鋒，線條頗古拙（圖四十一）。

第一五九號墓，……槨室四邊距墓底四壁各約〇．六米，於其間填土打夯，高與槨頂齊，形成長方形的夯土二層臺（圖四十二）。……南二層臺發現動物腿骨一塊及麻繩碎片數片；東二層臺中部置銅鏟一件及蚌魚一件；南二層臺置鉛質戈二段；東南隅二層臺置鉛質戈一段。二層臺四周均有璋形石器四十四枚。沿墓室北壁，自距墓口〇．七公尺處到二層臺上，斷續發現彩繪絲織物的痕迹。織紋作紅色條紋地，另飾黑白線條，經緯作十字形交互組織，分明可見，應是北壁垂排的帳幔的殘迹。

根據這兩段文字，我們得到下列的結論：第一、這兩座大型墓都有生土二層臺，墓二的寬一公尺，墓一五九的寬約〇．六公尺。第二、這兩個二層臺的上面都發現有布質的畫幔，墓二的是平鋪在二層上面，墓一五九的是垂掛在正坑的北壁，從墓口（距〇．七公尺）垂掛到二層臺；這些幔布，都是棺槨安置妥當後才放上去的。第三、這些畫幔都是用布製成的，畫上幾何圖形，至少三種顏色，線條古拙。第四、墓一五九的二層臺的南部、東部及東南角，都安置有殉葬物；此外，其四周也安置有殉葬物。這種安置法，和畫幔的北垂，都是具有某種意義的。

河南輝縣

㈠、一四四、輝縣琉璃閣區四座大型墓，都沒有二層臺。

㈡、一四五、總結上文，我們發現，生土二層臺出現得非常早；在大型墓坑裏，也時有發現。二層臺上面的用途很多：人畜的殉葬（如武官村大墓），器物的殉葬及兵器的殉葬等等。當棺槨安置妥當後，往往在二層臺上，或在二層臺上的北壁，平舖或垂掛一張畫幔。畫幔安置妥當後，再埋土夯築。

中型墓坑

河南安陽大司空村

㈠、一四六、大司空村中型墓共有六座，都沒有生土二層臺。它們是否有熟土二層臺呢？該報告紀錄得非常含糊，我們沒法子推測出來，這是件很可惜的事。

洛陽東郊

㈡、一四七、洛陽東郊中型墓坑有八座之多，可是，由於紀錄得太簡單，我們僅能知道其中一座有二層臺而已。報告說：「第一六七號墓墓……底不平，自西向東傾斜，二層臺亦只有三面。」很顯然的，這是個生土二層臺。此二層臺所以僅存三面，是因為「墓底不平，自西向東傾斜」的緣故，並不是什麼特別的新形制。這座墓，由於「慘重被盜，隨葬物已竭」（報告語），二層臺上有些什麼東西，我們已不得而知了。

墓一六一：「墓底東西二層臺下各有徑〇・三公尺的圓孔洞二，東西相對，分置南北兩端，似為置棺時之枕木。」

輝縣琉璃閣區

㈢、一四八、一座中型墓，即墓一四五號，沒有二層臺的任何紀錄。

㈣、一四九、根據這三則資料，我們作如此之結論：第一、中型墓也有二層臺這種附庸形制；第

二、只出現了生土二層臺，熟土二層臺似乎還沒有出現；第三、生土二層臺上面可能有若干殉葬物，因爲嚴重被盜，已經沒法知道了。

小型墓坑

安陽大司空村

㈡、一五〇、安陽大司空村的小型墓，共有一百六十座，爲數甚多；在這一羣墓裏，既出現生土二層臺，也出現熟土二層臺。出現生土二層臺的墓僅有八座，它們是墓七、一〇三、一〇八、一六

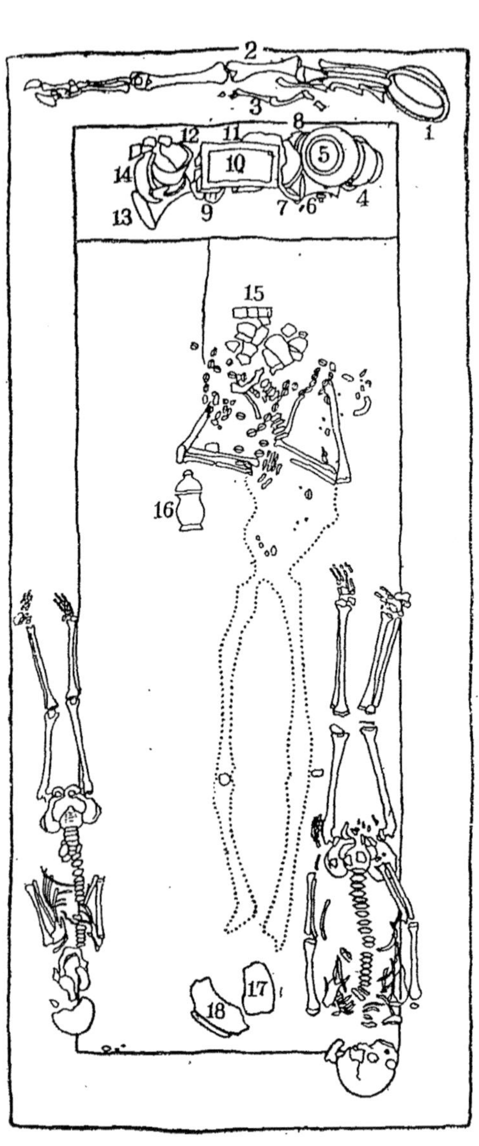

圖四十三

四、一七四、一八五、二三三及二三九，報告說：「它的高度差不多相當於棺之高，寬〇・二一〇・三公尺，四邊不盡一樣寬。常是人架頭一端較寬，以便放置隨葬器物。」至於熟土二層臺，報告只說了一句：「陶器多半放在二層臺內或二層臺上。」再也沒有任何紀錄了。所謂「二層臺上」，當然是指生土二層臺而言；所謂「二層臺內」，大概是指熟土二層臺；只有熟土二層臺才有「內」可言，生土二層臺只可言「上」，不可言「內」。另一份報告，對墓五十三號的熟土二層臺有比較清楚的說明：「兩個殉葬人分別放在墓主人脚下東西兩側的二層臺上……墓主人頭端的二層臺上放有整隻牛羊的腿作爲祭食。」（圖四十三）這段文字也不太令人滿足。

㈢、一五一、大司空村的生土二層臺的用途和前述的沒有什麼不同；至於熟土二層臺，除了安置陶器外，也用來安置人、畜的殉葬屍體。

河南鄭州

㈡、一五二、鄭州的小型墓，無論是在上街的，或是銘功路的，或是二里崗的，都沒有生土或熟土二層臺的發現。只在銘功路的墓二號裏，報告說：「墓底舖有約一・五厘米厚的硃砂土和類似棺木腐朽後殘存的木漆片等。」那一・五厘米厚的硃砂土是否熟土二層臺呢？

安陽小屯村及西北崗

㈢、一五三、三座小型墓，沒有二層臺的任何紀錄。

安陽高樓莊

㈡、一五四、根據報告，這裏九座小型墓，都沒有生土或熟土二層臺。

輝縣琉璃閣區

㈢、一五五、四十八座小型墓，也沒有二層臺的紀錄。

洛陽東郊

㈢、一五六、洛陽東郊的大、中型墓，都有二層臺的出現；小型墓共六座，其中，可能有些有生土二層臺，也很可能有些有熟土二層臺；由於報告過份的簡略，我們沒法知道這種推測的正確性。

河南陝縣七里舖

㈢、一五七、三座小型墓，沒有二層臺的發現。

㈢、一五八、根據上述的紀錄，我們得到一個結論：小型墓固然有生土二層臺，也有熟土二層臺。生土二層臺的用途，和大、中型的沒有什麼不同，都是用來放置隨葬器物；因爲階級地位低賤，經濟能力薄弱，生土二層臺上沒有什麼舖張（大型墓舖有畫幔），比大型墓（㈢、一四五）來得樸實。至於熟土二層臺，除了用來安置棺槨外，也用來安置殉葬的人畜及器物。不要將棺槨直接和墓底土地接觸，這大概是那時人們的一種習俗，因此，有的棺槨下有枕木，有的有凸起的夯土溝，有的有蓆子（皆詳第三章），有的就夯築一座熟土二層臺。我們再將有熟土二層臺的墓和本章甲篇腰坑相比較，發現有熟土二層臺的墓，必定沒有腰坑，這大概是由於挖掘上的方便；兩者同時進行的話，腰坑殉葬的禮節和下棺的禮節如何連貫呢？腰坑殉葬的禮節完畢後，還必需花一段時間來夯築熟土二層臺，這不是很不適當的嗎？

大型墓坑

陝西長安張家坡

㊁、一五九、張家坡出土了一座西周時代大墓，有熟土二層臺，報告說：「熟土二層臺，高七十五厘米，寬十五——三十五厘米，東邊二層臺上有一條牛腿骨；從已腐的板木灰可以淸楚的看出棺槨的痕迹。」這段文字告訴我們三點：第一、棺槨是放在生土二層臺上。第二、生土二層臺高〇・七五公尺，這是我們最早知道的一個生土二層臺的高度。第三、二層臺東邊有牛腿骨一條，很顯然的，這是埋葬時用來祭食的；用來和大司空村墓五十三號（㊁、一五〇）比較，可發現兩個小差異：

a前者的祭食是放置在頭端熟土二層臺上，此處是放置在東邊生土二層臺上；

b前者是牛腿和羊腿，此處只有牛腿一種。

儘管它們有這兩個小差異，它們利用二層臺的意義却是一致的。

長安普渡村

㊁、一六〇、普渡村的那座大墓，有個生土二層臺，報告這麼形容：

槨室距地表深二・四公尺，在東、南、西三邊發現有熟土的臺子，東寬四十七厘米，南寬五十一厘米，西寬四十四厘米，高度不一，東西各高九十厘米，南邊高七十五厘米。槨室南邊的東段上面留有一條殘餘朽木，東西放着，直徑約十厘米，可能是槨頂上的棚木。正東、西兩臺子上還發現有木質纖維殘跡，紋理呈南北形，寬約二十厘米。緊切這層上面另有一層木質殘跡，紋理呈東西形兩層，上面都塗有硃紅。

我們結論是：第一、這是一個三面的生土二層臺，高〇・七五－〇・九公尺之間，寬〇・四四－〇・五一公尺之間。第二、二層臺上面極可能鋪有一層木板，這層木板是南、北向，從東鋪到西的；在木板的南、北兩端，原來有橫木襯托着，現只留下南邊東段的一條了。第三、在這層木板上面，還再鋪着一層木板方向極可極是東西向，從北鋪向南。第四、兩層木板上面，都塗有硃紅。

㈡、一六一、西周及春秋時代大型墓的二層臺，有幾點值得我們注意：第一、殷時代大型墓的二層臺上鋪有畫幔（㈡、一四三）；西周及春秋時代大型墓鋪的是木板，並且塗有硃紅；它們雖然不必有直接的關係，不過，這必然是當時大型墓的一種習俗。第二、殷商時代大型墓在生土二層臺的南部放置有動物腿骨（㈡、一四三），小型墓在熟土二層臺頭端放置有牛及羊的腿（㈡、一五〇），西周及春秋時代大型墓在生土二層臺的東部放置有牛腿（㈡、一五九），這並不是一件偶然的事。我們推測，在二層臺（無論生土或熟土）上安置畜牲的腿肉來作爲祭食，是當時的一種習俗。第三、殷商小型墓在二層臺上鋪有硃砂（㈡、一五二），西周及春秋時代大型墓在二層臺木板上也鋪有一層硃砂（㈡、一六〇）；我們推想，這也是當時的一種習俗。

中型墓坑

陝西扶風岐山

㈢、一六二、陝西扶風岐山三座中型墓都有二層臺。對於墓八號，報告說：「二層臺僅有三面，高〇・七五公尺，寬〇・二六—〇・四六公尺。」對於墓三三號，報告說：「夯築二層臺高〇・六公尺，寬〇・二—〇・四公尺。」對於上康村第二號墓，報告說；「二層臺距表面深〇・五三公尺，臺面很平，寬度不一，臺壁垂直，直入墓底，寬〇・一六—〇・二三公尺，高一・一五公尺。」很明顯的，這三個都是生土二層臺，高〇・六—一・一五公尺左右，寬〇・一六—〇・四六公尺之間。其中，有一個的二層臺只有三面而已。至於二層臺上面是否有甚麼殉葬東西？或是有否安置一些布幔等？報告沒作詳細的紀錄，是件很可惜的事。

洛陽東郊

㈡、一六三、在洛陽發掘的中型墓都，沒有二層臺。

山西侯馬

㈡、一六四、這裏的三座中型墓，墓五八，H四及M四，都沒有二層臺。

小型墓坑

長安張家坡

㈡、一六五、張家坡發掘了五座小型墓，報告說：「各墓都發現有二層臺，可知葬具有棺有槨。」很顯然的，都是生土二層臺。

長安普渡村

㈡、一六六、根據報告，這裏兩座小型墓都沒有生土或熟土二層臺的發現。

扶風岐山

㈡、一六七、這裏一共有六座小型墓，報告對於二層臺的紀錄是：

墓十一號……無二層臺。

墓五號……二層臺高〇・五公尺，寬〇・二——五・〇三公尺。

墓十六號……夯築二層臺高〇・五三公尺，寬〇・二——〇・三六公尺。

墓十三號……無二層臺。

上康村一、五號墓……無二層臺。

唯一兩個二層臺，都是生土二層臺，高〇・五公尺左右，寬在〇・二—〇・三六公尺之間。

洛陽

㈡、一六八、中州路的七座小型墓，也沒有二層臺。

山西芮城永樂宮

㈡、一六九、也沒有二層臺。

湖南常德德山

㈡、一七〇、常德德山小型墓計有十七座之多，有關二層臺，報告只說：「根據二層臺的痕迹，推測槨室一般高〇・六一〇・七公尺。」（圖四十四）這麼簡單且「間接」的記錄，除了告訴我們生土二層臺高在〇・六一〇・七公尺之間外，再也沒有什麼了。又，似乎每座墓都有生土二層臺。

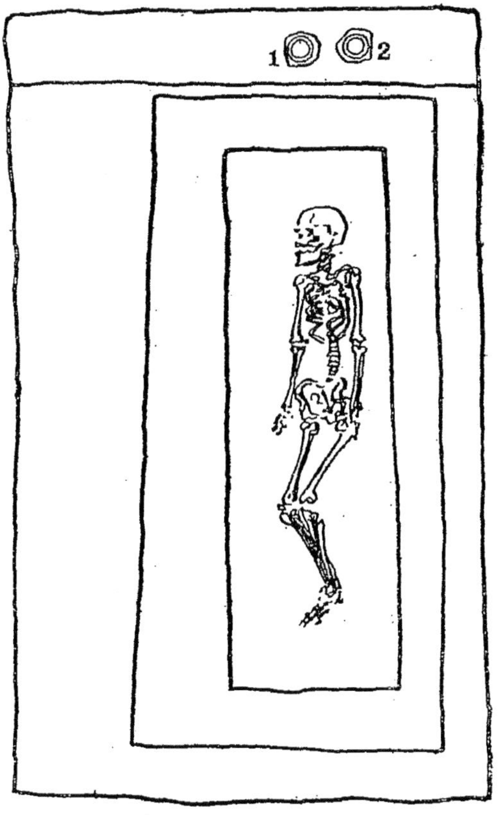

圖四十四

㈡、一七一、西周春秋時代中型及小型墓的資料，此時此地所能掌握得到的，爲數不太多。這些有限資料對於二層臺的紀錄，却都非常非常簡單含糊，因此，我們幾乎沒法得到甚麼可貴的結論。

戰國時代

大型墓坑

山西長治分水嶺

㈡、一七二、這裏有二層臺的墓，爲數似乎不太多。有一份報告說：「墓二十一底部四邊有熟土二層臺，東部寬〇·六｜公尺，西與北部寬〇·七公尺，南部寬〇·四五公尺，高〇·七公尺。」這是個生土二層臺。另一份報告說：「長方形豎穴墓之結構，是先打一仰斗式的長方型坑穴。先在坑底橫鋪木板，再在近四壁疊起大木一周，四壁隙間塡土加夯，卽所謂二層臺。」無疑的，這是生土二層臺。那些墓有生土二層臺呢？臺上安置些甚麼呢？報告一句話也沒提起，眞是「顧此失彼」了！

山西侯馬上馬村

㈡、一七三、兩座大型墓，只有墓五號一座有二層臺，報告說：「墓多爲平底，僅墓五號一座特殊，在墓室東邊有高〇·五公尺，寬一·五公尺，長與墓室等同的活土臺。棺與人架放在臺上，臺西放置隨葬器物。」普通的熟土二層臺都設置在正坑的中間，墓五的却設在正坑的東邊，和生土二層臺有相似之處，只是很矮很矮吧了。至於它的用途，和其他的沒有甚麼不同，都是用來安置棺木的；唯一特別的，所有殉葬器物都放在臺西。

河北懷來北辛堡

㈡、一七四、這裏兩座大型戰國墓，都有生土二層臺。關於墓一號，我們在㈠、六八曾如此說：「它是個特大號的長方形窄坑，這個窄坑可以分成兩部份，一部份是東邊比較淺的方形坑，一部份是西邊比較深的長方形坑，這個深的長方形坑一直挖到東邊正方形坑的東壁。」（見圖十三）這個淺的方形坑，就是生土二層臺（圖四十五、四十六）。至於第二號墓，我們參考圖十四，就可以發現也是有個生土二層臺。至於它們的寬度及高度，由於報告的省略，我們沒法子知道。

河北北平懷柔城北

㊁、一七五、兩座戰國大型墓，都沒有二層臺。

北平

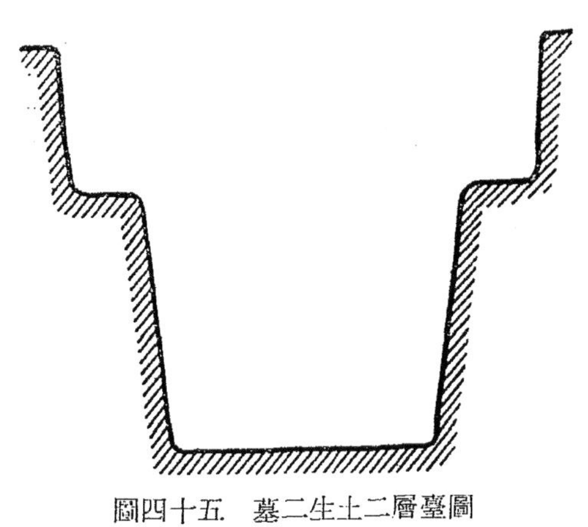

圖四十五　墓二生土二層臺圖

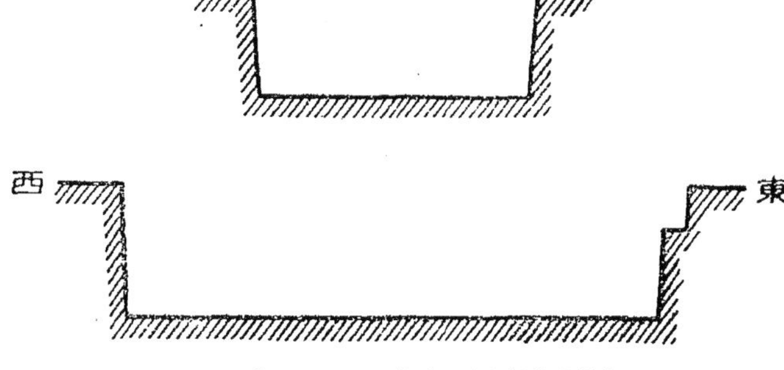

圖四十六　墓一生土二層臺復原圖

㊁、一七六、由於報告過份的簡單，無論是十三陵水庫或是松園，都沒有二層臺的紀錄。

河北邢臺南大汪村

㊁、一七七、也沒有二層臺的紀錄。

河北邯鄲百家村

㊁、一七九、邯鄲百家村發掘了四十九座戰國墓，其中，只有七座是大型的，報告說：「四十九座……墓底往往有所謂熟土二層臺，可以測知棺槨之大小。」到底有幾座大型墓有熟土二層臺呢？臺上有些甚麼殉葬呢？這些，報告上沒有任何紀錄。

河南洛陽西郊

㊁、一七九、洛陽西郊一號大墓，報告上往往提到二層臺的名稱，它說：「墓道距二層臺高一·三公尺……二層臺上推積的石、炭和槨蓋上堆積的石炭緊相聯接……二層臺上繼續堆積礫石成斜坡狀……較大的礫石堆砌在壙壁四周及二層臺上部。」當我們參考報告上所繪的剖面圖時（圖十六），我們發現並沒有任何二層臺，報告對二層臺的定義和我們的並不一樣，因此，我們否定了它；而將它列入下編第三章棺槨埋式裏去討論研究，這似乎比較合理一些（參考本篇㊂、一三九）。

洛陽燒溝

㊁、一八〇、洛陽燒溝發掘了四十三個大、中及小型戰國豎穴墓及十六個大、中、小型戰國洞室墓。其中，只有一座是大型墓，而且屬於豎穴墓，它是否有二層臺呢？報告並未明言，不過，由一段紀錄文字可以推出這個問題是肯定的，它說：

佔絕大多數的三十七個豎穴墓在墓室之下部由四壁留出餘地，形成臺階。臺階高出墓底約〇・七—一公尺。在它的範圍內成爲一個比墓室上部爲狹小的長方形土穴，有如槨室。由於臺階上發現了木材枯朽以後所留之痕迹，知道當時放置棺材之後，在臺上鋪設木材作爲槨室的頂蓋。這些作爲頂蓋的木材係作橫的鋪列，所以墓室東西兩側的臺階往往較寬，從二十厘米到三十厘米；南北兩端的臺階往往較狹，從十厘米到二十厘米。個別的墓南北兩端的臺階極狹，甚至沒有臺階，但仍然可以在東西兩側的臺階上架設木材。

由這段文字，我們假設燒溝那座大座也有生土二層臺，它的情形是：第一、它有一個四面的生土二層臺。第二、這個臺的東西部比較寬，南北部比較狹窄，這是爲了適應木板的鋪置。第三、二層臺上鋪有一層木板，作爲槨室的頂蓋，這層木板是橫鋪，從北鋪向南。第四、由這一層木板，使我們聯想到殷商大墓的畫幔及春秋大墓的木板硃紅，它們至少有許多牽聯的關係（㊁、一六一），我們留待後面再討論。

河南上嶺村

㊁、一八一、沒有任何二層臺的紀錄。

輝縣

㊁、一八二、兩座大型墓，也沒有二層臺的紀錄。

安徽壽縣

㊁、一八三、壽縣蔡侯墓，沒有二層墓的出現。

四川成都

㈡、一八四、成都發掘一座大型墓，墓一七二號，也沒有發現二層臺。

河南長沙

㈡、一八五、大型墓兩座，也沒有二層臺。

㈡、一八六、根據這些資料，我們作出幾個結論：第一、戰國時代的大型墓，有生土二層臺，也有熟土二層臺。第二、熟土二層臺不儘都設在正坑的的中央，也有設在正坑東部，和一面的生土二層臺有點相似。第三、生土二層臺上鋪有木板，保護槨頂這種習俗可以溯源到殷代，可以說是古代的「遺風」。第四、由於紀錄的簡單，我們沒法知道生土及熟土二層臺上安置些什麼殉葬器物。

中型墓坑

河南輝縣

㈡、一八七、無論是琉璃閣區十座墓，或是褚邱區兩座墓，我們都沒發現二層臺的紀錄。

河南鄭州二里崗

㈡、一八八、中型墓固然很多，但，都沒有二層臺。

河南上村嶺

㈡、一八九、四十五座中型墓，也沒有二層臺。

西安半坡

㈡、一九〇、西安半坡的中型墓，可分爲豎穴墓及洞室墓兩種；洞室墓不會有二層臺，那是用不着加以解釋的；至於豎穴墓，根據報告的紀錄，似乎僅一座有二層臺，它說：

九號墓東、西兩壁的土臺特別大，計約〇・八公尺。東、西兩壁土臺的表面，還現橫列的長方形柱穴各三個，其中還遺有腐朽的木痕。這六個柱穴，係當時用三根長條形的木柱橫列在臺上面，用來保護棺材頂部。

臺無疑問的，九號墓有個生土二層臺，可能只有東、西兩面，寬在〇・八公尺左右。在二層臺上面，橫鋪了三根長條方形木柱，我們推測，原先在三根木柱上極可能還縱鋪有一層木板，或其他的東西，藉以保護棺木；這一層薄弱的東西，在發掘時已經腐化了。我們比照西周春秋時代長安普渡村大型墓的生土二層臺（㈡、一六〇、第二點），愈覺得這種推測的可靠性。

洛陽東郊

㈡、一九一、中型墓一座，編號五十一，是座洞室墓，當然沒有二層臺。

洛陽燒溝

㈡、一九二、洛陽燒溝的中型墓共有四座，關於它們的二層臺，我們在㈡、一八〇已經略爲敍述過，並作出「二層臺上鋪有一層木板，作爲槨室的頂蓋，這層木板是橫鋪，從北鋪向南」（第三點）的結論。報告對其中一座中型墓作有比較詳細的報導：

墓六四二號在臺階上南北兩壁的四隅各有略呈圓形的洞穴一個，直徑約二十厘米，深入墓壁約二十五厘米……這些洞穴（圖四十七），都爲木朽枯朽以後的白色粉末所充塡，當係用以安插木柱，襯托或支持臺階上所鋪作爲槨室頂蓋之木材。

我們深信，報導者所作的推測是不會錯的。這座墓的二層臺上鋪有一層木板，木板之下，有兩根木柱支持着；這種形制，和西周春秋時代長安普渡村大型墓（㊁一六〇）、戰國時代西安半坡中型墓（㊁、一九〇）的二層臺幾乎完全一樣！

圖四十七　墓六四三

河南禹縣白沙

㊁、一九三、禹縣白沙中型戰國墓共有八座，根據報告的紀錄，都沒有二層臺。

長沙

㊁、一九四、長沙發掘所有的中型墓，都沒有二層臺。

山西長治分水嶺

㊁、一九五、長治分水嶺的二層臺，我們在㊂、一七二略有敘述，但是，由於報告的簡單，我們沒法知道在大型墓或中型墓裡，那些個墓有二層臺。唯一之道的是下列兩點：第一、根據報告，它們

都是生土二層臺。第二、報告又說：「在臺上，再蓋以木板。」木板下是否有柱子橫著支撐呢？我們沒法知道。

山西侯馬

㈡、一九六、山西侯馬兩處掘得中型墓，由於報告太含糊，對於二層臺的形制，我們沒法得到清楚的印象。報告說：「一般的在穴壁底部留出土臺，下鋪天然石片，臺上棚木板卽成槨室。」據此，我們知道：第一、有些墓有熟土二層臺，都沒有生土二層臺。第二、熟土二層臺上鋪有天然石片。第三、熟土二層臺上除了安置棺槨外，似乎沒有其他殉葬的東西。

河北邯鄲百家村

㈡、一九七、邯鄲百家村中型戰國墓共有二十三座之多，有關二層臺，報告說：「四十九座……墓底往往有所謂熟土二層臺，可以測知棺槨之大小。」這樣籠統的紀錄（參考㈡、一七八），對我們沒有太大益處。

北平懷柔城

㈡、一九八、北平懷柔城中型墓共有十七座，有二層臺的，似乎只有四座，報告說：

有生土二層臺的墓坑作長方形，有這種二層臺的墓葬共四座，卽墓二、三、六及十二；在墓坑底部的一端放置隨葬陶器。其中墓二、三、十二的二層臺的位置在人骨架的頭部(墓坑北端)；墓六的二層臺的位置在人架的脚部（墓坑南端）。二層臺的高、寬各約一公尺左右。墓坑底部除一端有生土二層臺之外，其餘三面皆有夯土二層臺與生土連接，應是槨外之塡土（圖四十八）。……槨外以夯土填實……有二層臺的墓將隨葬陶器放在生土二層臺上。

我們的結語是：第一、這四座墓都有生土二層臺，這四個生土二層臺都只有一面，三個在頭端，一個在脚端，高、寬約一公尺。第二、報告將其他三面的填土稱爲夯土二層臺，似乎和我們的生土二層臺有些混淆；其實，這三面都是槨外的填土，沒有什麼特別意義。第三、不論是頭端或脚端的二層臺，都是用來放置隨葬的陶器。

河北邢臺

㊁、一九九、沒有二層臺。

陝西耀縣

㊁、二〇〇、中型墓一座，也沒有二層臺。

陝西寶鷄福臨堡

㊁、二〇一、此處發掘的中型墓共有兩座，根據報告的記錄來推測，至少有一座有熟土二層臺，

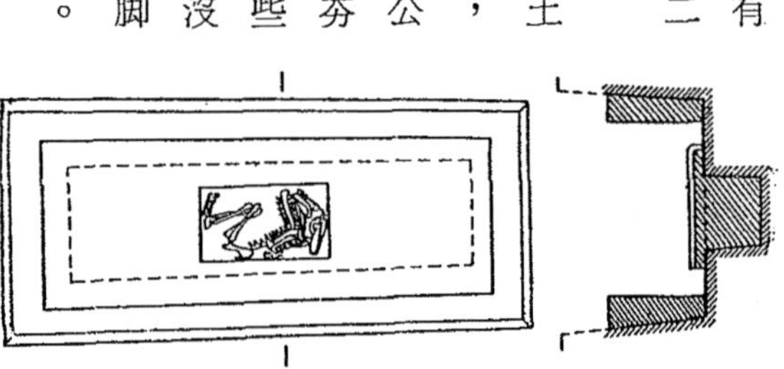

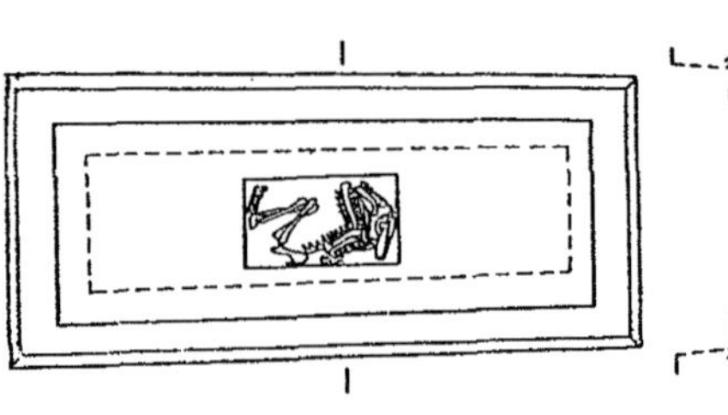

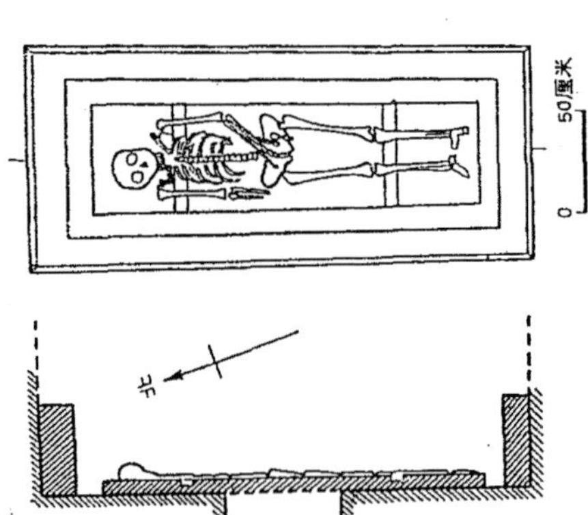

圖四十八

它說：「墓一號……從墓底的板灰和熟土二層臺觀察，多數的墓有棺……。」很顯然的，墓一是有個熟土二層臺，用來安置棺槨。

湖北松滋縣

㊁、二〇二、這裏一批中型墓，可能有一些有熟土二層臺，報告說：「這些墓（包括中、小型）的墓壙都是口大底小，近底處常有熟土二層臺，少數窄坑墓例外。」數目的多少以及熟土二層臺上有些什麼殉葬器物，我們一概不知。

安徽淮南市

㊁、二〇三、安徽淮南市曾出了兩座中型墓，墓二及墓一，它們都有生土二層臺，報告說：「第二號墓……在深〇．七公尺處爲二層臺，臺每邊寬〇．七五公尺。……第一號墓……在深〇．七公尺處爲二層臺，臺每邊寬〇．七四公尺。」據此，我們知道：第一、這兩座墓都有四面的生土二層臺，每邊寬約〇．七公尺。第二、二層臺距墓口深約〇．七公尺。

㊁、二〇四、此時此地，我們所能掌握戰國中型墓的二層臺的資料，就有上述那麼多。根據這些資料，我們整理出幾個結論，來和其他各代各型相比較。第一、戰國中型墓，有的有生土二層臺，有的有熟土二層臺。第二、四面的生土二層臺上，每每鋪有一層木板，板下有木柱橫着支持着。第三、有的生土二層臺只有一面，或在頭端，或在脚端，安置着殉葬的器物。第四、熟土二層臺方面，有的鋪有天然石片，用來鞏固二層臺。

小型墓坑

河南輝縣

㈡、二〇五、無論是琉璃閣區，或是褚邱區，所出土的小型墓，都沒有二層臺。

鄭州二里崗

㈡、二〇六、二里崗所發掘的一批小型墓，也沒有二層臺。

上村嶺

㈡、二〇七、上村嶺小型墓一百四十二座，也沒有二層臺。

西安半坡

㈡、二〇八、根據報告的紀錄，這裏的小型墓，無論是洞室墓或是豎穴墓，都沒有二層臺。

安陽大司空村

㈡、二〇九、安陽大司空村九座小型墓似乎都有生土二層臺，報告說：「墓室非常簡單，一般的二層臺較寬，卽墓壁與棺槨的距離較大，寬多在〇・三公尺左右。」二層臺上都沒有安置任何東西，唯有墓十六號，在二層臺上（不知何部位）安置着一件陶鬲。

洛陽燒溝

㈡、二一〇、洛陽燒溝的戰國墓爲數相當多，關於它們的二層臺，我們在㈡、一八〇及㈡、一九二已分別有所敘述；至於小型墓，報告並沒有特別給與描述。唯有對墓六五八號的二層臺，略有說明；我們舉它來概括其他的：

墓六五八在東西兩側臺階的中部又各有略呈半圓形的凹槽一個，大小與四隅的洞穴（指中型墓六四二號的二層臺，詳見㊁、一九二）相彷彿，並深入墓壁約二十厘米。這些凹槽，都爲木朽枯朽以後的白色粉末所充塡，當係用以安插木柱，襯托或支持臺階上所鋪作爲槨室頂蓋之木材。

據此，我們推斷：第一、這個生土的二層臺只有東西兩側。第二、生土二層臺上極可能鋪有一層木板（參考㊁、一八〇及㊁、一九二），板下有一根木柱支撐着。

河南禹縣

㊁、二一一、在這裏所掘得的小型戰國墓，都沒有二層臺。

河南林縣

㊁、二一二、也沒有二層臺。

長沙

㊁、二一三、長沙所掘得的小型墓，分散在許多地方，有的在長沙東北郊，有的在長沙市，有的在沙湖橋，這些小型墓，都沒有二層臺。

湖南常德德山

㊁、二一四、這裏所掘得的小型墓，也沒有二層臺。

湖南湘潭

㊁、二一五、兩座小型墓，只有墓一號有二層臺，報告說：「墓室足端有一條高十二厘米，寬十五厘米的窄小二層臺。」這是個熟土二層臺，非常窄小。

河北邯鄲百家村

㊁、二一六、報告對這裏小型墓的二層臺，只作了一句如此的敍述：「墓室底部大部分都有所謂熟土二層臺。」至於進一步的情況，根本就沒法子知道。

河北邢臺南大汪村

㊁、二一七、根據報告，這裏的小型墓都沒有二層臺。

天津

㊁、二一八、也沒有二層臺。

北平昌平縣

㊁、二一九、這裏的兩座小型墓，都有二層臺，報告說：「五號墓……有二層臺，隨葬陶器放置其上。二十四號墓……有二層臺，隨葬品放置其上。」這是兩個熟土二層臺。

陝西長安

㊁、二二〇、長安的小型戰國墓，也沒發現二層臺。

陝西寶鷄福臨堡

㊁、二二一、寶雞的小型墓共有八座，它們是否都有二層臺？數目到底有多少？報告沒作明白的報導，只這麼說：「陶器和銅器都放在墓主人頭前的棺槨之間，或在槨外之二層臺上，很多墓都以整

塊的家畜肢體作爲祭食，它們亦和隨葬器物放置于墓主人頭前。」據此，我們只能如此假設：八座小型墓裏，有一部份有熟土二層臺。這些二層臺，除了安置有隨葬器物外，也安置有整塊的家畜肢體，作爲死者的祭食。

山西侯馬

㈡、二二二、這裏所得的小型墓，也沒有二層臺。

山西長治分水嶺

㈡、二二三、也都沒有二層臺。

湖北松滋縣

㈡、二二四、松滋縣的小型墓非常多，計有二十二座；可是，根據報導，我們只能知道其中墓二十三號有個熟土二層臺，臺上有些什麼東西？高多少？我們一概不知了。

廣東清遠

㈡、二二五、唯一的一座小型墓，也沒有二層臺。

燕下都

㈡、二二六、也沒有二層臺。

㈡、二二七、戰國小型墓的二層臺的數量不太多，而且，也沒有什麼「精彩」的地方。生土二層臺方面，有的在上面鋪有一層木板，板下有木柱支持着；有的生土二層臺根本就沒鋪木板；不過，有的卻安置有殉葬器物（㈡、二〇九）。熟土二層臺方面，除了安置陶器及家畜肢體外，就沒有什麼値得稱述的地方了。

㈡、二二八、我們猜想，最早的生土二層臺並不是用來安置殉葬或鋪設畫幔木板的，而只是爲了挖掘上的方便；後來，才逐漸地利用它。殷商時代，人們喜愛在生土二層臺上鋪上一層畫幔；到了春秋以至戰國，逐漸改爲木板。以畫幔鋪在生土二層臺上，極可能是因爲宗教及習俗的關係，沒有其他實際的用途；轉變爲木板以後，用來保護棺槨的實際用途的可能性，就大過其他原因了。

㈡、二二九、熟土二層臺出現得比較晚，它是有意夯築成的，所以，它出現時就有一種特別意義，極可能是要將墓主人的棺木和土地隔開，這也是一種宗教目的。到了戰國時代，有人在熟土二層臺上加些礫石片（㈡、一九六），於是，從宗教目的轉爲實際效用，用來支持棺槨。

㈡、二三〇、在二層臺（不論生土或熟土）上安置牛腿、羊腿作爲祭肉，一直就在流行着，這一點，我們在㈡、一六一已經說過。到了戰國，還遺留着這種習俗（㈡、二二一）。

㈡、二三一、至於二層臺的形制，我們在㈡、一三九已經敍述得異常淸楚，這裏用不着再敍述了。

丁　其他附庸墓坑

㈡、二三一、在這一篇裏，我們擬依照年代的先後、墓型的大小，提出一些附庸墓坑，諸如假墓道、脚窩等等。這些附庸墓坑，根據我們的推想，大概都只有實際的用途，不會含有任何宗教的目的，也就是說，這些附庸墓坑，不會有什麼特別的意義。

小型墓坑

鄭州二里崗

㈢、二三二、第一件要敍述的，是鄭州二里崗第一號小型墓，這座墓，有一條假墓道，報告這麼說：「西南角向外伸出一斜角，由墓口逐漸向下縮小，壁微傾斜。」(圖四十九)我們把這個「斜角」稱爲「假墓道」。我們深信，這條假墓道，並不是無意挖掘的；至少，有它實際上的用途，或是安置殉葬器物時上下用的，或是安置棺槨上下用的。因爲只那麼一斜角，所以，我們不相信有任何其他的意義。

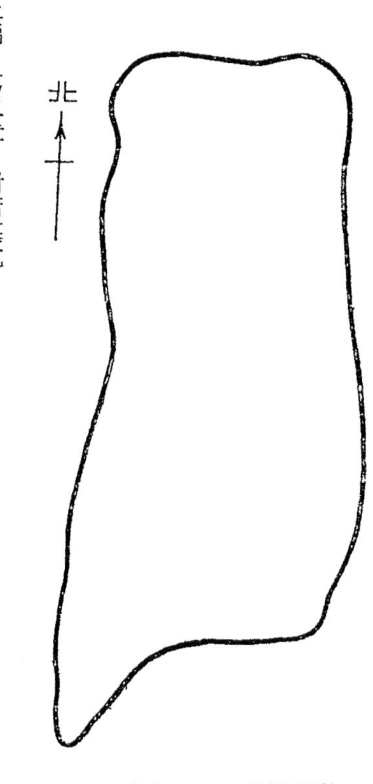

圖四十九　墓一的假墓道

西周及春秋時代

㈢、二三三、西周及春秋時代，無論大、中及小型墓，都沒有任何其他附庸墓坑。

戰國時代

中型墓坑

鄭州二里崗

㈢、二三四、鄭州二里崗的中型墓，有四座有附庸墓坑，即墓三三五、三八五、四〇五及四一八。這四座墓的墓壁上，都有或多或少的脚窩（圖五十）。墓三八五及四〇五在墓的兩壁上，各有三

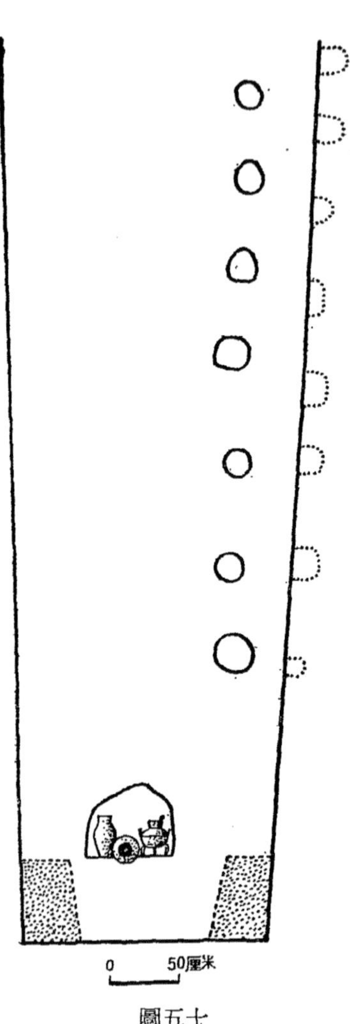

圖五十

對；墓三三五的北壁只有一個，東壁有三個；墓四一八的東壁有八個，北壁有七個。毫無疑問的，這種脚窩都是挖掘時或埋葬時爲了方便而挖掘的，它們極可能和正坑同時挖掘，不會有其他的意義。

長沙沙湖橋

㈢、二三五、長沙沙湖橋的戰國墓，也有些附庸墓坑。報告這麼說：

墓室的壁上。往往有挖成三角形的梯穴。其梯穴的多少，隨墓室的深度而定。每個梯穴相距約四十至六十厘米。這是原來爲便於上下墓坑時踏足用的。

報告的推測並沒有錯誤，這種三角形梯穴，和鄭州二里崗的脚窩，應該是同一作用的附庸墓坑。

湖南常德德山

㈢、二三六、湖南常德的戰國墓的墓壁，有些令人注意的地方，報告說：「墓壁較粗糙，並留有挖掘工具痕迹。」我們深信，這並不是附庸墓坑的一種。在山西侯馬的小型戰國墓裏，也有同樣的紀錄，報告說：「有的墓壁上有挖掘時遺留下的工具痕迹，其中以墓十四最淸晰，痕迹寬五厘米，有並列者，形狀近似墓十三出土的銅鋒。」這些因挖掘工程粗劣所留下的痕迹，當然不是附庸墓坑。我們在這裏特地提出來說明，以後一概都從略。

小型墓坑

鄭州二里崗

㈢、二三七、和中型墓一樣，有幾座小型墓挖掘有脚窩，那是墓八六、八五及三八四。墓五八有四對，分散在兩個墓壁上；墓八六北壁兩個，東壁一個；墓三八四有三對，也是分散在兩個墓壁上。

湖南常德德山

㊂、二三八、這裏的小型墓，也有三角形梯穴，報告說：「較深的墓葬，墓壁上面往往保存着三角形梯穴，有時梯穴在墓室長壁的兩側，有時則在墓壁相鄰的兩角，是爲便於上下而挖的。」這種附庸墓坑，和長沙沙湖橋的，完全是一樣。

㊁、二三九、其他附庸墓坑，根據我們所獲得的資料，有假墓道、脚窩及三角形梯穴三種。我們堅信，這三種附庸墓坑只含實際用途，不含其他目的，因此，也就不被我們重視了。

下編 埋葬制度

第一章 葬具

㈢、一、首先，我們擬對「葬具」二字加以約略的說明。在這裏，葬具是指陪墓主一起下葬的棺、槨及木室；在棺槨外面，有時還有蓆子、木柱等，我們也包括在「葬具」裏；棺槨除非有特別値得注意的地方，否則，一概從略。有時，在棺槨外面還發現有河卵石、木炭、石灰等，它們也不在本章討論範圍之內。我們在文獻上常常看到有關「葬具」的記載，我們打算在考察完畢地下出土的資料後，才來作個比較研究。

甲 殷商時代

㈢、二、殷代墓的發掘，以河南安陽、洛陽、鄭州三地爲最著。僅安陽一處，就包括了侯家莊、大司空村、小屯村及西北崗等四個地方。

大型墓坑

侯家莊

㈢、三、侯家莊一〇〇一號大墓最特出的葬具，便是那個亞字形的大木室；發掘報告說：

墓坑底上所建築的木室的腐木痕的保存情形，爲各大墓之冠。……室壁，也是木板製成，除正南一面沒有找到遺跡，其餘各面大部份都有地板以上約〇・二公尺高的痕跡，保存得最高的部份是北西壁，地面下九・四公尺則出現，高出地板約一・一公尺。據室壁的範圍，木室平面作亞字形，中部一長方形「正室」，東西兩面各出一長方形「耳」。……木室「正室」（正室面積：五八・二平方公尺，全室面積：六八・三四平方公尺）南北長九・七公尺，東西寬六・〇公尺；東西兩耳同是南北長三・九公尺，寬二・六公尺，位置微北偏，北壁去正室北壁二・八公尺，南壁去正室南壁三・〇公尺。……地板全部共用木板九十二塊；正室六十三，東耳十七，西耳十二。一律長徑東西放置，由北而南平行排列。……室頂之高在三公尺上下。

根據這段描寫，我們歸納出幾個要點：

a 木室是亞字形，中部長方形爲正室，東西兩邊爲耳室。兩個耳室稍微偏北

b 正室的尺寸爲：南北九・七公尺×東西六・〇公尺＝五八・二平方公尺

兩耳的尺寸爲：南北三・九公尺×二・六公尺東西＝一〇・一四平方公尺

總面積爲：六八・三四平方公尺

c 木室高約三公尺。

d 地板全部共用木板九十二塊；正室六十三塊，東耳十七塊，西耳十二塊。

㊂、四、侯家莊一〇〇二號大墓的木室，很遺憾的，並沒法看到完整；報告說：

墓坑底上建有跟一〇〇一墓同類的木室是絕無疑問的。因為：一、墓坑底面中部所挖出來的土

是跟前述各墓底面一樣木質腐化成的灰藍色土。二、在早期盜掘坑的亂土中，在地面以下九．四公尺近盜坑東壁處，出約一公尺長的腐化的木質痕一段，九．五公尺中部出長約一．四公尺，二公尺腐化的木質痕各一段，九八公尺近西壁處出約○．五公尺長的腐化的木質痕一段。腐痕所現紋理顏色跟長方形橫切面和前述墓木室所留遺痕完全相同。……可惜地面以下約十一公尺就到了潛水面，墓坑最下的一．五公尺部份淹浸在水中無法將室底形式、地板排列清出。

這個大墓建築有和一○○一號大墓相同的木室，大概是沒有疑問的；至於木室的形制、大小、高矮及板塊的多寡，我們完全沒有法子獲悉。在木室的比較研究上，這是一件很令人惋惜的事。

㈢、五、編號一○○三大墓的木室，和一○○一號的有許多不同；發掘報告說：

> 地板是許多寬約○．二公尺，長短不同的木塊鋪成，下面直接生土，木塊長徑都南北向。平面：中部一個長方形正室，東、西、南、北四方各出一耳。……根據地板的遺痕所作室壁平面輪廓的復原圖，除正室西北角，西耳西壁正跟木痕符合，南耳西壁超出木痕範圍約○．○七公尺外，其餘各壁之外，或多或少，都有凸出的木痕。這些凸出的木痕中最費解的是正室南段東、西二壁外的兩片。東壁外的寬約○．七公尺，西壁外的約○．三公尺。如果正室跟一○○四墓一樣是個長方形，南段的寬度為北段的寬度所限，壁外不免要凸出一塊地板；不過即使正室是個凸字形，南段較北段稍寬，加增的寬度為西邊所限為○．三公尺，更改後的東壁外仍有○．四公尺凸出的板痕，所以除非我們假設正室南段是左右不對稱的，壁外多餘出地板的情形只能認作當時木工或管理工程者不愛惜木材的舉動，可與南、北兩邊地板的參差情形等量齊

觀。南、北二耳東壁外凸出的板痕，北耳約寬〇・二五公尺，南耳〇・三公尺，也是受了西壁的限制，可作同樣的看法。這復原圖大體上最適合於地板遺痕，當與室壁原本的平面極相近。

根據這段描寫，我們得到幾個要點：

a木室是亞字形，中部長方形為正室，東、西、南及北各有一耳室。和一〇〇一號大墓的木室比較起來，有一個顯着的不同，那就是這個墓的木室的南及北多了一個耳室。

b根據報告的報導，一〇〇四墓木室的尺寸是：

正室：南北五・七〇公尺×東西三・九〇公尺＝二二・二三平方公尺。

東西耳室：南北三・〇〇公尺×東西一・七五公尺＝五・二五平方公尺。

北耳室：南北一・六五公尺×東西二・一五公尺＝三・五四八平方公尺。

南耳室：南北一・二〇公尺×東西二・七〇公尺＝三・二四平方公尺。

將這些尺寸來和一〇〇一大墓木室相比較，我們發現無論正室或耳室，都比一〇〇一大墓的小得多多，差不多是前者的一半而已。

㈢、六、武官村

a木室高度不明。

b關於地東木塊的數量，由於報告的簡略，我們無從知道，當然也就無從比較研究了。

武官村北部曾發掘一座大墓，有關此大墓的葬具，我們此時此地沒法子獲得更詳細的資料；從圖片（㈠、一九插圖五）上來觀察，它似乎有個正方形的木室，至於進一步的情形，就沒有把握加以推斷了。

大司空村

㊂、七、大司空村曾經發掘了一六六座殷代的墓，關於它們的葬具，報告只這麼籠統地說明：

板灰的上下，時常發現留有顏色，紅色或黑色最爲常見。還有的是用兩、三種顏色組成的簡單圖案，如一四三墓是三種顏色，在紅色的地子上，繪着黑白相間的三角形花紋。當時不僅有木製的葬具，並且上面塗飾彩繪，可以說是相當講究了。少數墓葬中發現有蓆子的痕迹，都是二層臺上面。

大司空村這一六六座殷代墓裏，只有一座是大型墓；大型墓裏是否有特殊的葬具，報告並沒有給予我們清楚的說明；因此，我們將中、小型墓也一併歸併到大型墓來，在比較研究上，也許會比較方便。往後，我們都這麼做法。大司空村葬具的特點是：

a 板灰上下都有一種到三種簡單顏色圖案，這些圖案非常可能是木板上的花紋。

b 少數墓葬裏發現有蓆子。蓆子的用途，根據我們推斷，可能是棺、槨放置好後，再鋪上蓆子，避免填土與棺槨直接接觸。

洛陽東郊

㊂、八、洛陽東郊所發掘的殷墓，根據報告的報導，並沒有發現任何葬具。

河南輝縣琉璃閣區

㊂、九、根據琉璃閣區的報告，這裏出土的殷墓，除了棺槨外，沒有其他特別的葬具。

河南鄭州上街

㈢、一〇、河南鄭州上街所發現的殷代墓葬，都是小型的；有關它們的葬具，報告只這麼說：「墓內皆沒有發現清楚的棺槨痕迹。」我們不能再作任何推測了。

安陽高樓莊

㈢、一一、這裏發現的殷墓共有十座之多，報告說：「清理時，沒發現葬具。」

鄭州市銘功路

㈢、一二、鄭州市銘功路出土了兩座殷代墓，編號爲墓二及墓四；關於墓二，報告說：「墓底鋪有約一．五厘米厚的硃砂土和類似棺木腐朽後殘存的木漆片等。」關於墓四，報告說：「墓底距地表深〇．五五公尺，塡土爲淺灰土，土質較硬。」歸納這兩條報導，我們只能簡單地作如下的結論：

a 墓底有時鋪有硃砂土或淺灰土。

b 棺木有時是漆上漆油。

河南陝縣七里鋪

㈢、一三、河南陝縣七里鋪發掘了三座殷代小型墓葬，編號爲三〇六、三〇三及三〇二；或者因爲報告太簡單，或者這三座墓根本沒有葬具，有關這方面，報告並沒作任何的說明。

㈢、一四、殷代出土的墓葬，比較重要的大概有上面這幾處。從上面這些敍述中，我們知道：①、殷代大型墓葬裏，往往有亞字形的木室，這些以木室爲葬具的墓主人，大概是殷代的王室。木室的構造有幾乎一致的形制，中央是長方形的正室，東西邊或四邊各有一較小的耳室。②、較小型的墓葬裏，有的有以蓆子爲葬具的；這些蓆子，大部份是安置在棺槨之上，用來間隔棺槨和填土的直接接觸。③、有的小型墓葬的棺槨板上，還漆有一種到三種顏色，有的只是單色，有的是幾色相混的圖案；這不能不說是相當講究了。④、有的在墓底鋪上一層薄薄的硃砂土；用途還不太清楚。

乙　西周時代

陝西長安張家坡

㊂、一五、長安張家坡曾發掘了一座西周時代的墓葬，報告這麼簡單地說：「從已腐的板木灰可以清楚的看出棺、槨的痕迹。」很顯然的，我們並不能在這句話裏得到令人滿意的結論。

長安普渡村

㊂、一六、長安普渡村曾發掘了一整座西周時代的墓葬，關於它的葬具，報告說（見圖五十一）：

槨室南邊的東段上面留有一條殘餘朽木，東西放着，直徑約十厘米，可能是槨上的棚木。正東面兩臺子上還發現有木質纖維殘跡，紋理呈南北形，寬約二十厘米，緊切這層上面還有一

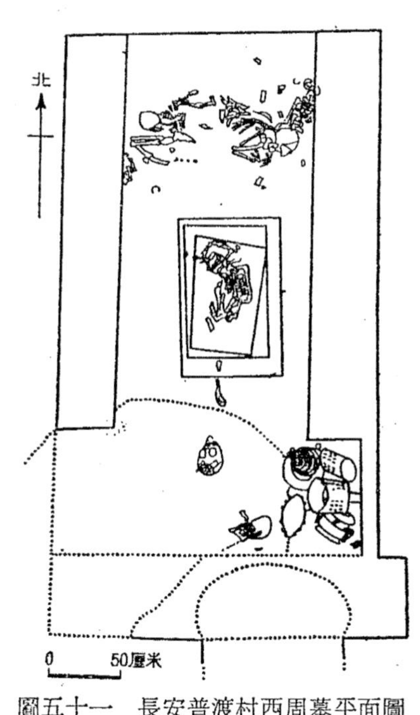

圖五十一　長安普渡村西周墓平面圖

層木質殘迹，紋理呈東西形，兩層上面都塗有硃紅。

根據這段報告，有幾點令人注意：①、槨室南邊有一條朽木，這大概是槨頂的棚木；這是殷代所沒有的葬具；②、東臺上有兩層木質殘迹，可能是兩張木板，木板上面都塗有硃紅；這也是殷代所沒有的現象。

洛陽東郊

㈢、一七、洛陽東郊發現的西周墓葬只有一座；有關此墓的葬具，由於報告過於簡單，並沒作任何說明。

陝西扶風岐山

㈢、一八、陝西扶風、岐山一帶，是周代文化的發祥地；在這裏，曾發掘了五座西周中、小型墓葬，編號是一、二、三、四及五。關於編號二的葬具，報告說：「二層臺下有灰石色的槨板灰痕……槨蓋的四邊分布着將要腐化完的薄片銅魚。……人骨架上部佈滿硃砂。」至於其他四座墓的葬具，報告並沒有任何描述。從這段簡短的報導，我們得到兩點：①、槨蓋的四邊分布有薄片銅魚，這是很令人注意的地方；②、人骨架上部置有硃砂，這也是殷代所沒有的現象。

陝西長安張家坡

㈢、一九、在這裏，曾發掘五座西周小型墓，兩座被破壞，兩座保存比較完好，一座未加清理，報告說：「各墓都發現有二層臺，可知葬具有棺有槨。墓二在人骨與棺之間用草相隔，骨與草之間又有蘆蓆相隔（人骨下有蓆子痕跡），人架周圍有硃砂。」我們所得的要點是：①、有的墓在墓主人下墊有一張蓆子，蓆子下面還有一層草：②、墓主人四周放置有硃砂。

陝西扶風、岐山

㊂、二〇、在扶風、岐山的另一處，又發現了二十九座西周時代的墓葬；該報告只簡單地報導了其中幾座墓葬而已，我們姑且摘錄如下。關於十一號墓，它說：「無棺，亦無二層臺。」關於八號墓，它說：「葬具有槨。」關於十六號墓，它說：「葬具有棺有槨。」關於十三號墓，它說：「無葬具。」像這麼簡單的報導，實在不能提供我們什麼重要的結論。

長安普渡村

㊂、二一、長安普渡村的另一個地區，也曾發現兩座小型的西周墓葬，編號為一及二。關於墓一的葬具，報告說：

> 在離地面深一．二公尺時，靠南北兩壁發現了木板的痕跡，全是白色木灰。灰跡厚約〇．八厘米，緊切人骨上下各有一層板灰，多呈灰黑色，內表面有一層硃紅，為棺之上蓋和下底的遺跡。……硃紅只在人骨周圍。

關於墓二的葬具，報告說：「棺槨痕迹，與第一號墓相同。」從這兩段報導，我們得到幾個要點：①、棺板的內，表面都有一層硃紅；②、人骨的周圍也有硃紅。

㊂、二二、我們現在所能知道西周的墓葬，大概有上述這幾處。根據這些資料，我們歸納成幾個結論，作為西周葬具的特徵：

a 有些墓葬在槨頂安置有棚木；

b有些墓葬在二層臺上安置有兩張木板，板上都塗有硃紅，這兩層木板的性質，和棚木相似；

c有些墓葬在槨蓋四周散佈有薄片銅魚；

d有些墓葬在人骨的四周、或者上部散佈有硃砂或硃紅：

e有些墓葬在墓主人下墊有一張蓆子，蓆子下面還置有一層草。

上面這五點結論，是西周墓葬葬具的特徵，我們將應用來和殷商及春秋、戰國的作比較研究。

丙　春秋時代

陝西扶風、岐山

㊂、二三、陝西扶風、岐山出土的春秋墓葬共有二十九座，都是屬於中、小型墓坑。關於這些墓葬的葬具，報導得十分不清楚，我們姑且摘錄如下：

十一號墓，……無棺，亦無二層臺。八號墓，……葬具有槨。十六號墓，……葬具有棺有槨。

十三號墓，……無葬具。

從這一小節文字中，我們實在沒有法子得到什麼重要且明確的結論。

山西侯馬

㊂、二四、山西侯馬也曾出土了春秋時代的墓葬，都是中型的；有關葬具的資料，報告只說了這麼一句：「棺、槨俱備。」

湖南常德德山

㊂、二五、這裏出土了十七座春秋時期的墓葬，報告記述得異常簡單，對於葬具，他說：「葬具和人骨架已腐朽。」

山西芮城永樂宮

㊂、二六、芮城出土的春秋墓葬，共有十座之多，關於葬具，報告說：

十座墓中，除四號墓內有殘存的部份骨架，並沒有發現棺、槨的痕迹；其餘的九座墓，均於骨架四周留有腐朽的棺、槨痕迹，呈灰白色。棺木有首尾等寬的，也有首寬尾窄的……在一、七、八號三座墓室底部除有棺灰外，並依墓室四壁遺留有五厘米的板灰，當爲木槨之痕迹。

這段報導，使我們了解；芮城出土的墓葬的葬具，除了棺、槨外，並沒有其他值得令人注目的特徵。

㊂、二七、我們此時此地所能看到的春秋墓葬的資料，只有上述幾條；這幾條，不是報導得太簡單，就是出土時腐朽過甚，因此，春秋墓葬葬具的特徵，只有暫時闕如了。在比較研究上，這不能不說是一項惋惜的事。

丁　戰國時代

山西長治

㊂、二八、山西長治所出土的戰國墓葬，有大、中及小型三類，共有十九座之多。關於它們葬具，報告會這麼地報導：

棺、槨都已腐朽，從遺留痕迹來看，棺、槨均爲長方形。墓二十與墓五三棺外塗朱漆，繪雲紋圖案。十九座墓，其中重槨單棺的僅墓三十五號一座，一棺一槨的八座，有棺無槨的十座。重槨單棺與一棺一槨的，多爲大型墓。槨頂用枋木或圓木平鋪，四壁皆用枋木構成。有棺無槨的多爲中、小型墓。

根據這報導，此地墓葬的葬具並沒有什麼特別令人注意的地方；棺、槨方面，大概有下列幾種情形：a有的是重槨單棺；b有的是一棺一槨；c有的是有棺無槨。最特殊的，有些墓的棺外塗有朱漆，繪着雲紋圖案。

山西侯馬上馬村

㊂、二九、侯馬上馬村一共發掘了十四座戰國墓，關於它們的葬具，報告說：「一般墓內有棺無槨，較大的墓才有槨。其中以墓五保存較清楚，槨的四壁均由六塊木板疊砌，槨底由十五塊木板橫鋪而成。棺多腐朽。較大的墓在棺板四周還發現有長約四—五厘米的錐形骨釘，可能爲棺釘。」比較大的一座墓十三號，報導得略詳細：

葬具有棺一、槨一。壁由七塊木板疊砌，底用十七塊木板橫放鋪成。此外在槨內四周，分布着東西長三·六公尺，南北寬二·三公尺的漆皮一層，邊緣部分的黑彩紅地圖案還清晰可見。在漆皮分布的四邊有排列規則的銅環，東西兩邊各五個，南北兩邊各兩個，環下有麻布痕，此外，又在漆皮分布的南北二邊，發現有兩面圓形包金的裝飾品。由漆皮和上面裝飾品的分布觀察，這些遺物大概是屬於一種罩蓋棺木的帷幕式葬具。

這兩節文字，確實是有幾點令人注意的地方：a墓葬棺釘的出現，由骨製成，錐形，長四、五厘米；

b槨上面分布有長三・六公尺、寬二・三公尺的漆皮一層。上面還畫有黑、紅的圖案；漆皮的四周又有麻皮分散着，上面放置有銅環；這些都是槨上帷幕式的葬具。

北平

㊂、三〇、北平在松園及十三陵水庫兩處，曾經分別出土了若干戰國墓，都是大型及中型；關於它們的葬具，很可惜的，並沒有作任何的報導。

河北邢臺南大汪村

㊂、三一、在這裏曾發掘了三十七座戰國墓，大、中及小型都有；報告說：

> 根據板灰痕跡，測知一般棺長二・二—二・六公尺，寬〇・五二—一・三公尺，高〇・六—一公尺，板厚四厘米左右。槨上塗漆，並有朱色花紋，可惜部份已毀，紋飾只能看出回紋一種。

從這節文字，我們知道：有些戰國墓的槨上塗有漆，是朱色花紋。

河北懷柔城北

㊂、三一、這裏也出土了二十三座戰國墓，報告說：

> 在二十三座墓葬之底部，都發現有木質棺、槨的腐朽灰痕，多數能看出棺、槨的四邊。其中一棺一槨的十三座，重槨的四座，有棺無槨的一座，棺、槨不明的五座。……棺、槨的四角皆未發現釘子，可見爲推榫法作成。

根據報導，我們得知：a有的是一棺一槨；b有的是重槨；c有的是有棺無槨；d棺和槨都是接榫法製成，沒有用釘子。

河北邯鄲百家村

㊂、三二、邯鄲百家村共發現四十九座戰國墓，對於它們的葬具，報導說：

有棺有槨者共二十八座，有棺無槨者十三座，有槨無棺者二座，棺、槨不明者六座。棺、槨的形狀皆爲長方形，往往在較大的墓葬中，發現有塗硃漆片，可能爲棺、槨之塗料。

這批墓葬的葬具的特點是：a有的有棺有槨；b有的有棺無槨；c有的有槨無棺；d棺、槨上可能塗上漆料，是硃色的。

北平昌平

㊂、三三、在北平昌平半截塔村裏，也發現了兩座戰國墓，屬於小型的；報告說：「棺、槨已腐朽，由腐朽的灰痕，可淸楚的看出棺槨的痕迹，未發現棺釘。」在葬具方面，並沒有什麼特徵。

洛陽燒溝

㊂、三四、洛陽燒溝曾掘得五十九座戰國墓，在數量上算是相當可觀，但是，關於它們的葬具，大概沒有什麼特色，報告只這麼說：「都有棺。」我們的推測，大概不會有太大的差錯。

上村嶺虢國墓

㊂、三五、這裏發現了二百三十四座戰國墓，關於葬具，報告說：

二十六座是重槨單棺，一一四座是重槨單棺，一一四座一槨一棺，八六座無槨有棺，二座無棺無槨，六座不明。

大概不會有什麼特別的葬具。

河南禹縣白沙

㊂、三六、河南禹縣白沙曾出土了一大批戰國墓葬，都是屬於中、小型的，報告說：「各墓都有木製的葬具。」從這句話中，可以推測出，這批墓葬大概也不會有什麼特別的葬具。

洛陽東郊

㊂、三七、洛陽東郊曾掘得一座中型戰國墓，兩座小型戰國墓，它們都是洞穴墓，關於葬具，報告並沒有作任何的報告導，這是件很可惜的事。

西安半坡

㊂、三八、西安半坡曾出土了一批相當數量的中、小型戰國墓，可惜報告並沒有報導任何有關葬具的資料。

河南林縣

㊂、三九、林縣曾出土一羣小型戰國墓，關於葬具，報告這麼說：

墓室的四壁及底部發現用白灰面塗抹一層。白灰面之內部緊告人骨上下各有一層板灰，呈淺灰色。板灰上面有黃、白、紅等色，似爲當時繪于棺上之圖案遺迹，顏色鮮豔。

從這段文字，我們很容易可以推測出，那上下一層板灰大概就是棺蓋及棺底；板灰上面黃、白、紅的圖案，大就是塗漆；這是令人注目的地方。

安陽大司空村

㊂、四〇、安陽大司空村曾經掘得一大批戰國墓，大部份都是小型的；關於它們的葬具，大概沒

有什麽特別值得注意的地方，所以，報告並沒作任何的報導。

湖北松滋縣大岩嘴

㊂、四一、湖北松滋曾掘得一批戰國墓，屬於中、小型的；關於葬具，報告這麽地說：

棺槨保存比較完整的都出自這種墓。現以墓二十七的棺槨爲例加以敍述。墓二十七的葬具分爲槨與棺兩部份：

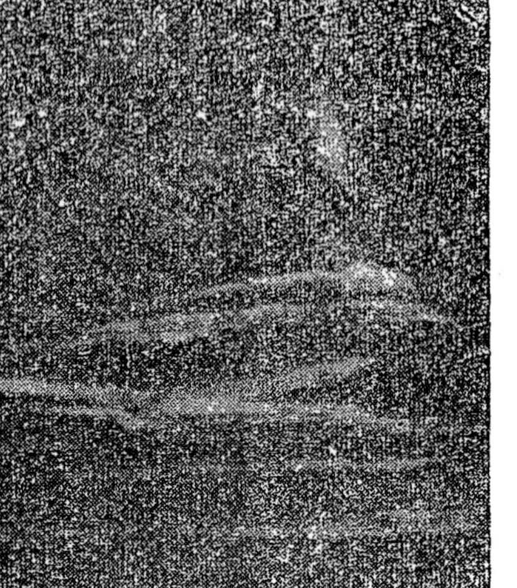

圖　五十二

圖　五十三

1. 槨　由四塊厚木板圍成外框，長二·四八公尺，寬〇·九公尺，高〇·八三公尺。四角用凸凹榫卯結合，兩端擋板向外伸出。槨蓋分內外兩層，均為幾塊木板橫鋪，外層蓋板長與兩端相等，伸出槨框之外；內層蓋板則用薄板，嵌在槨的內腔。槨底為四塊木板合成底板，下橫有枕木兩根（圖五十二、五十三、五十四）。在清理時，發現槨室內鋪有大量樹葉的痕迹。

2. 棺　長一·八二公尺，寬〇·四四公尺，高〇·五七公尺。棺的壁、蓋、底都是整板，用榫卯合，棺蓋是用子母榫扣合。棺置於槨室右側和足端緊接，在槨室內形成頭箱和邊箱，棺內、尸骨無存，僅見棺底鋪有竹蓆的痕迹。

圖五十四

有關棺、槨的描述，在我們所搜集到的資料裏，應該以這一大段描寫得最清楚了。從圖五十二、五十三、五十四及五十五中，我們很清楚地可以看出槨室的構造；尤其令人注意的，槨室內有大量的樹葉以及板底的兩根枕木。槨內放置大量的樹葉，還是第一次被發現；至於棺它是用榫卯合，不採用棺

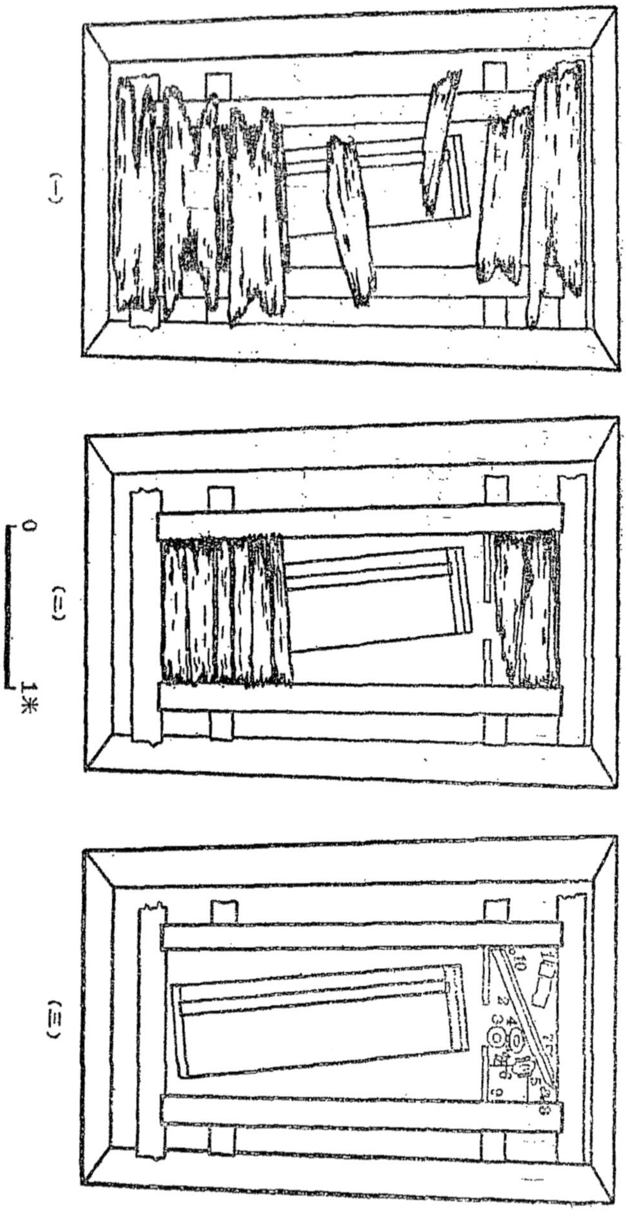

(一)

(二)

(三)

0

1米

圖五十五

釘，棺蓋是用子母榫扣合；這些構造，我們可以从圖五十六看得一淸二楚。比較令人注意的是，棺底鋪有竹蓆；在這以前，我們也發現這種葬具。

陝西寶鷄福臨堡

㊂、四二、陝西寶雞曾發掘了十二座戰國墓，屬於中、小型的；關於它們的葬具，報告說：

> 發掘至墓底時，均發現有白色或黑灰色的板灰，有的墓底還有硃砂（墓一）。這些板灰當爲棺、槨腐朽的痕迹。从墓底的板灰和熟土二層臺觀察，多數的墓有棺，個別的墓棺、槨俱備。墓七的槨長二・三公尺，寬一公尺，高約〇・六—〇・七公尺；棺長一・四公尺，寬〇・七公尺—高約〇・五—〇・六公尺。

除了棺、槨之外，陝西寶雞福臨堡所掘得的戰國墓葬的葬具，並沒有什麼值得注意的地方。

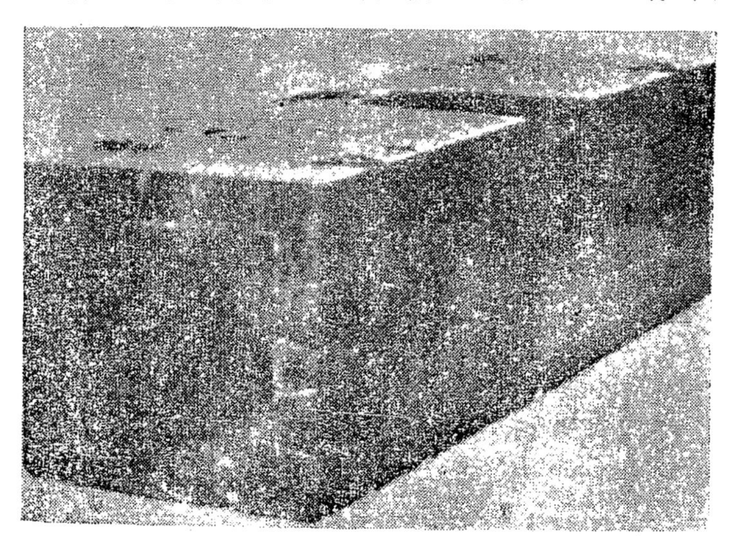

圖　五十六

陝西耀縣

㊂、四三、陝西耀縣出土了一座戰國墓葬，從報告的簡略來觀察，大概不會有什麼特別的葬具。

陝西長安澧西

㊂、四四、陝西長南澧西曾出土了七十二座戰國墓葬；關於它們的葬具，報告並沒作任何報導。

湖南常德德山

㊂、四五、湖南常德德山曾出土了一批戰國墓，都是屬於中、小型的；有的是長方形寬坑，有的是長方形狹坑。關於葬具，報告說：

墓十九、二十五和二十六內塡白色膠泥，棺槨部份腐朽。墓二十六是一座兩槨一棺墓，形制較大。內外槨及棺之蓋板已朽，僅餘棺槨的邊、檔、底及其所構成之頭箱與左邊箱。內槨檔板與

圖　五十七

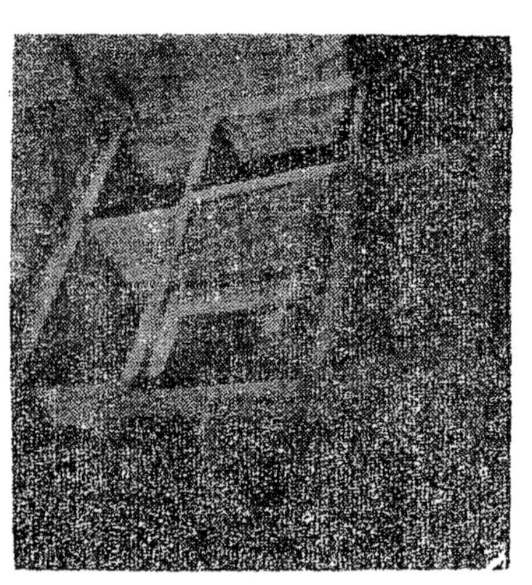

圖　五十八

圖五十九

圖六十

左邊箱外各置一塊較薄的隔板，頭邊箱各有一塊蓋板。外槨底板爲四塊厚木板組成，枕木已部份腐朽。

墓二十五……外槨、蓋板部份腐朽，由六塊厚板組成，在右邊板各由兩塊厚板用套榫結合，底板用四塊厚板組成。底板下爲枕木，左邊箱上放一蓋板，外槨邊板與蓋板中部相接處各刻一槽，以十字形木栓拴起。邊箱蓋板及右外槨板的頭端，各刻有兩個半圓形淺槽，嵌合着兩塊頭箱蓋板。在枕木與外槨底板相接處，各拴一長方形木栓（圖五十七、五十八、五十九及六十），外槨檔板與足端墓壁處，塞一方形大木塊，以隱固棺槨位置。內槨位於外槨內之右邊，均爲大塊整板、

圖六十一

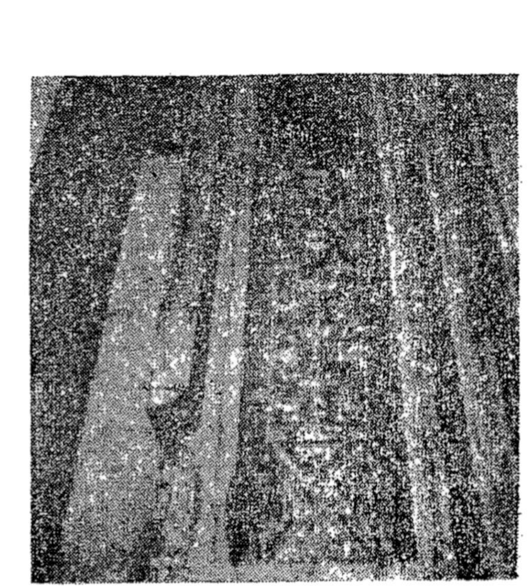

圖六十二

其底、邊、檔和蓋都由套槽連接。棺在內槨，表面髹黑漆，兩端各用帛纏繞四層(圖六十一)，棺內髹朱漆，棺的邊、檔和底板都用公母榫套合，棺蓋則用子口合上。骨架下有厚約二厘米的灰色膠狀物，下面鋪人字形花紋竹蓆，蓆下置透雕幾何花紋的笭床（圖六十二）。

晚期墓葬共四十九座……木棺槨結構大體分兩種：一種是由外槨構成曲尺形的頭箱與邊箱的，……墓五十的棺底板上有笭床一件，爲變形龍紋的透雕花板。……一般棺底上部都墊有竹蓆，而墓二十五則在笭床上鋪有竹蓆，並將尸體包住。

這一節文字，有許多值得我們注意的地方：①外槨常常有頭箱及左、右兩邊箱；②槨底常常有兩塊枕木；③棺的表面漆有黑漆・裏面漆有朱漆；④棺的兩端有用帛纏繞四層的；⑤骨架下有厚二厘米的灰色膠狀物；⑥骨架下鋪有人字形花紋竹蓆；⑦竹蓆下置有笭床，有的是幾何花紋，有的是變形龍紋；⑧有的蓆子包住墓主的尸體。

湖南湘潭下攝司

㊂、四六、湘潭下攝司出土了九座戰國墓，屬於中、小型，有關它們的葬具，報告除了一句「二號墓……有頭箱而無邊箱」外，再也沒有任何描述了。

長沙市東北郊

㊂、四七、長沙市東北郊曾掘得兩座戰國墓，編號為「五十八長、楊、鐵、二號墓」及「五十八長、新、鐵、二號墓」；前一座墓的葬具，報告說：

還殘存有棺槨，但蓋板早已腐爛，只剩底板和兩檔兩壁板。底板與兩檔兩壁為子母榫。結構檔板與壁板。因已腐朽，結構不明。棺與槨之間的隔板已腐爛，棺與邊箱的大小不明。

大概不會有什麼特出的葬具。

長沙

㊂、四八、長沙曾出土了三座中型的戰國墓，第一座為「五十四、長、左十五號墓」，第二座為「五十四、長、楊六號墓」，第三座為「五十三、長、仰第二十五號墓」，關於它們的葬具，報告說：

左十五號墓……葬具兩層，一棺一槨（圖六十三）木榫結構，在槨底南北兩近端橫嵌着枕木兩根。在死者頭端與左側之空間，分別以薄板間成兩小室（頭箱及邊箱），作爲放置隨葬品之

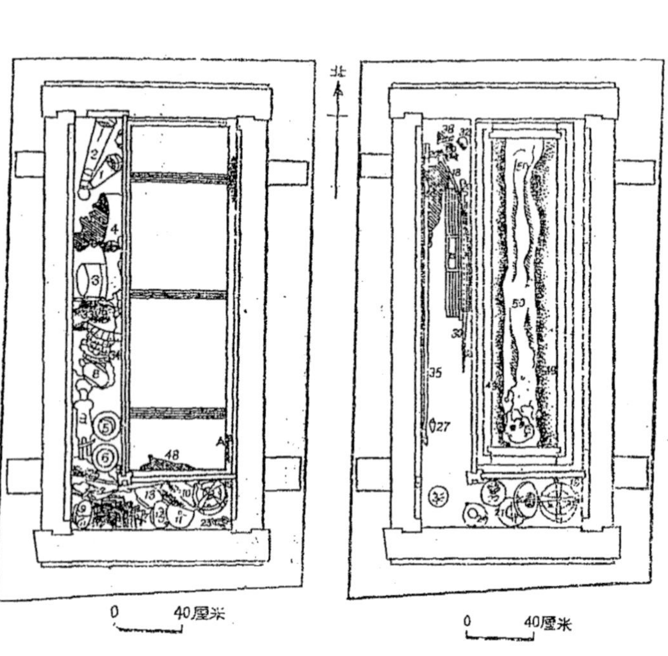

圖六十三

處。外槨有兩層蓋板，第一層是在槨的壁框上平蓋着四塊木板，第二層蓋板分別安置在頭箱，邊箱與木棺上面。木棺外面塗黑漆，內面塗朱漆。棺身用三道繩子捆縛，每道圍繞七縛。棺內底板上放有一塊同大木質的透雕花板，花紋係三組幾何形對稱圖案。在花板上面鋪着一床人字紋的質地細薄的篾簾，用來包裹死者的屍體。

楊六號墓……分內棺外槨，全爲木榫結構。在棺與槨之間的左、右、足端用木板隔成三個小室(圖六十四)，上安有蓋板。外槨底板東、西兩邊端橫嵌着兩根枕木，右側並用木右側並用木栓栓住，使外槨不會移動。……外槨有兩層蓋板；第一層用

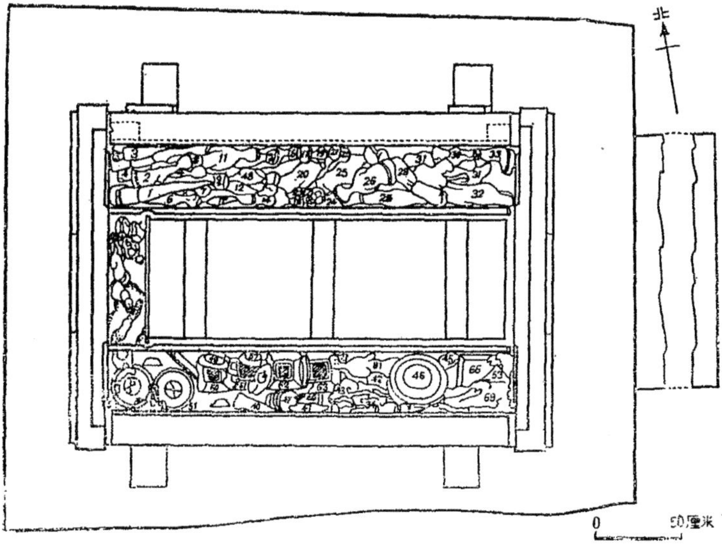

圖六十四

四塊厚木板橫蓋在槨的壁框上；第二層已腐朽，安置情形不明。內棺……棺身用長條絲帛三道纏住，每道三重。棺外髹黑漆，棺內髹朱漆。棺內底板上放置一塊幾何圖案的透雕花紋，上面髹朱漆。仰二十五號墓……槨棺四重；外槨、內槨、外棺及內棺（圖六十五）。外槨底部仍有兩根枕木橫嵌着。外槨蓋板七塊，是橫蓋的；底板四塊，是縱放的。壁板各由兩板組成，檔板不與壁板密合而向兩側伸出，平面構成Ⅱ形。在外槨與內槨之間有一層薄蓋板，南、北、西三面中間有較大之空間。在西向空間的中央豎有一根方形木柱，把南北兩間分， 構成兩個對稱式的曲尺形的邊箱。每個邊箱都按有蓋板蓋住。內槨與外槨不同的是蓋板縱放着，檔板與壁板密合，不同兩側伸出。外棺係緊套在內棺內，而內棺又緊套在外棺外。外棺內塗朱漆，內棺用三道絲帛細紮，內部亦塗朱漆，外髹黑漆底部放一塊透雕盤龍紋的花板。

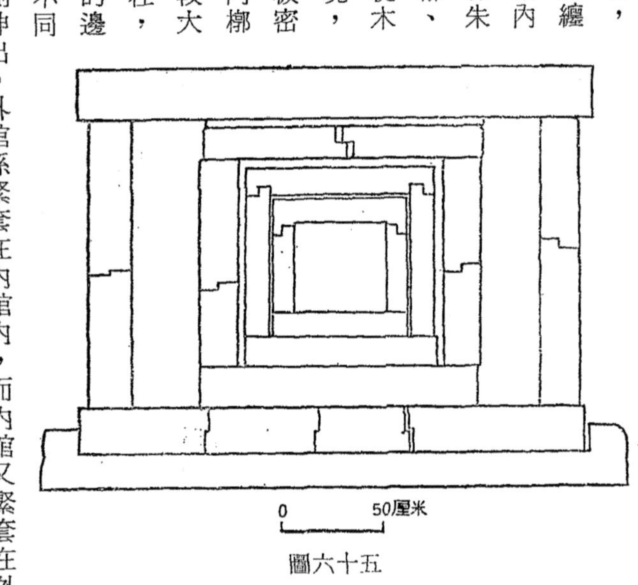

圖六十五

從這段文字報導，我們歸納出幾個要點：①槨底都有兩根橫置的枕木，以隱固棺槨；②有頭箱及邊箱，作爲安置隨葬器物的用途；③棺外塗黑漆，棺內塗朱漆；④棺身都用三道絲帛或繩子細縛，有的可觀察出每道圍繞七轉；⑤棺內底板都安置有一塊木質的透雕花板，有的是幾何形對稱圖案，有的是盤龍紋圖案；⑥在透雕花板上，有的鋪有細薄的篾席，用來包裹死者的屍體；⑦有的槨棺是四重；內外槨及內外棺，槨棺之構造已經到達非常講究的地步了。

長沙沙湖橋

㊂、四九、長沙沙湖橋出土的戰國墓，共有六十一座之多，關於它們的葬具，報告並沒有敍述得太清楚，只說：「有的發現有橫木溝的痕迹，都在墓底的兩端，並略透過左右兩壁，枕木溝深〇・五—一五厘米，寬一五—三五厘米；僅C一〇號墓的墓底中部，有一條長溝，與左右兩壁平行，溝寬〇・一五厘米，深〇・〇八厘米，長一・三五厘米，證明這些墓葬，原來都有棺槨，不過已腐朽了。」除了枕木外，大概沒有什麼特別的葬具。

四川成都羊子山

㊂、五〇、四川成都羊子山出土了一座大型的戰國墓（圖六十六）；關於葬具，並沒有什麼特出的地方；報告說：「槨的四角相接處，東西壁向外伸出。槨之東段冄厚〇・一〇公尺，寬〇・八〇公尺，長二・七〇公尺的三塊木板鋪成，槨之西部有木槨痕迹。人骨架和腐朽木痕間有朱紅痕迹，當是棺木上之朱漆。」

㊂、五一、此時此地，我們所能看到的戰國墓葬，主要的大概只有這些了；關於它們的葬具，我們歸納出幾個重要的特點：

圖六十六

1. 棺槨方面，有的是有棺無槨，有的是一棺一槨，有的是單棺重槨，有的是雙棺雙槨。棺、槨的結構已經到了非常講究的地步，大部份都是採用榫卯合，只有少部份接用棺釘。

2. 棺、槨的表面及裏面絕大部份塗有漆，大部份都是朱漆在裏面，黑漆在外頭；有時還繪有單色或幾色的各種不同的圖案。

3. 有的墓葬，在槨頂上安置有一層漆皮，上面畫有混色的圖案；漆皮四周又安放有麻布，上面又有銅環，作爲帷幕式的葬具。

4. 槨室常常有頭箱、右邊箱或者左邊箱；這些都是爲安置隨葬器物而設的。

5. 大部份的槨底都有兩根枕木，放置在頭端及尾端；有的槨室和枕木之間，還有榫相接合，以達到安穩棺槨的目的。

6. 棺常常纏繞有絲帛或者繩子，有的頭尾各繞一道，每道四層；有的繞三道，每道三層或七層。

7. 骨架下常常鋪有竹蓆，有的甚至利用來包裹尸體；這裏埋葬法，極可能是裸葬。

8. 竹蓆下往往都有笭床，有的是幾何花紋，有的是變形龍紋，有的是盤龍紋，都是透雕的，可見其刻工之精緻。

以上八點，大致上是戰國墓葬具的主要特色了。

㊂、五二、以下我們預備利用文獻上的記載，來和地下出土的情形作個比較研究。首先，我們要討論到的是棺、槨的厚度，在文獻上，這方面的記載相當多；在考古上，因爲年代的古遠以及後人的破壞，反而很難得到確實的材料，因此，我們只能單獨地依據文獻上不儘可信的資料來加以討論了。

禮記檀弓上：

有子問於曾子曰：「問喪於夫子乎？」曰：「聞之矣！喪欲速貧，死欲速朽。」有子曰：「是非君子之言也。……夫子制於中都，四寸之棺，五寸之槨，以斯知不欲速朽也。」

孔子制於中都時，訂下「四寸之棺，五寸之槨」的制度，大概是爲一般民衆而設的；實際上，我們在其他文獻所看到的，並不儘是如此，例如墨子節用篇中：

古者聖王制爲節葬之法曰：衣三領，足以朽肉；棺三寸，足以朽骸；掘穴深不通於泉。

又曰：

古聖王制爲葬埋之法，棺三寸，足以朽體；衣衾三領……毋及泉，上毋通臭。

荀子正論篇也說：

世俗之爲說者曰：太古薄葬，棺厚三寸，衣衾三領，葬田不妨田。

禮論篇也說：

棺槨三寸，衣衾三領，不得飾棺。

韓非子顯學篇說：

墨者之葬也，冬日冬服，夏日夏服，桐棺三寸……儒家破家而葬，服喪三年。

呂氏春秋高義篇也說：

乃爲之桐棺三寸，加斧鑕其上。

這幾條資料，都在告訴我們，古時聖王制法棺厚三寸；和孔子所訂的「四寸」有所不同。不過，三寸之棺大概是非常「節儉」的了，孔子主張「不欲速朽」，所以改訂「三寸」爲「四寸」。

㊂、五三、禮記喪服大記說：

君大棺八寸，屬六寸，椑四寸；上大夫大棺八寸，屬六寸；下大夫棺六寸，屬四寸；士棺六寸。

孔穎達疏說：

然則，天子四重之棺，都合厚三尺四寸也；若上公棺，則去水皮，所餘三重，合厚二尺一寸也；若侯伯子男，則又去兕皮，但餘三棺，爲二重，合厚一尺八寸也；若上大夫，則又去椑，所餘屬六寸，及大棺八寸，爲一重，合厚一尺四寸；若下大夫，亦有屬四寸，及大棺六寸，但寸數減耳，大棺六寸，屬四寸，合厚一尺也；若士則不重，唯大棺六寸也。

很顯然的，天子、諸侯及大夫、士等，由於社會階級高低的不同，棺槨的厚薄也跟着不同；可是，在孟子一書裏，却有不同的說法，孟子公孫丑篇下：「孟子自齊葬，於魯反於齊，止於嬴。……曰：『古者棺槨無度；中古棺七寸，槨稱之；自天子達於庶人。』」自天子至庶人，棺的厚度一律皆七寸，槨稱之；這說法和禮記不同。

㈢、五四、從考古發掘上，發們發現過雙棺雙槨的形制；在文獻裏，我們也發現類似的記載。禮記檀弓上：

天子之棺四重。

鄭玄注云：「尙深邃也；諸公三重，諸侯再重，大夫一重，士不重。」根據這條資料，天子之棺有五層，我們可以解釋爲雙棺三槨，諸公之棺有四層，我們可以解釋爲雙棺雙槨；諸侯之棺有三層，我們可以解釋爲單棺重槨；大夫之棺有二層，我們可以解釋爲一棺一槨；士人之棺一層，就是一棺而已。除了天子雙棺三槨外，其他的都可以在考古發掘上得到印證（參見㈢、五七第一條）。類似這種記載，還可以找到，荀子禮論篇說：

故天子棺、槨十重，諸侯五重，大夫三重，士再重，然後皆有衣衾多少厚薄之數……。

這裏「十」當是「七」字之譌，由再而三，而五，而七，都是增加二；斷無作「十」字之理；王引之經義述聞也有此說法。莊子天下篇也說：

古之喪葬，貴賤有儀，上下有等，天子棺槨七重，諸侯五重，大夫三重，士再重。

棺是否有七重，在田野考古上，我們沒法得到證明；以殷代侯家莊一〇〇一、一〇〇二等大墓來推測，大概是有可能的事。

㊂、五五、根據㊂、一四第三條及㊂、五一第二條，我們知道，地下出土的棺、槨常常塗有漆，或黑，或紅，或混色；在文獻上，我們也可以找到證據。禮記喪服大記說：

君裏棺用朱綠，用雜金鐕；大夫裏用玄綠，用牛骨鐕；士不綠。君蓋用漆……大夫蓋用漆……士蓋不用漆。

儘管所塗的顏色不同，而都一樣塗有漆色。

㊂、五六、棺身常常纏繞有絲帛或繩子（㊂五一第六點），我們在文獻上，也可以得到印證。禮記喪服大記說：

君蓋用漆，三衽三束；大夫蓋用漆，二衽二束；士蓋不用漆，二衽二束。

孔穎達疏說：

三衽三束者；衽，謂燕尾合棺縫際也；束，謂以皮束棺也。棺兩邊各三衽，每當衽上輒以牛皮束之，故云三衽三束也。……大夫士橫衽有束，每衽有束，故云二衽二束也。

喪服大記又說：

飾棺，君……纁披文。大夫……披四，前纁，後玄。士二披……用纁。

這些都可以用來和地下出土的資料印證。

第二章　墓主葬式

㊃、一、在這一章裏，我們首先要察看地下出土的墓葬情形；然後，再根據所得的結果，用來和文獻上的材料相互比較，在本章裏，我們只對墓主葬式作個考察，其他陪葬者的葬式，都不在本章討論範圍之內；一來，陪葬者的葬式是否有某種流行習俗和宗教習慣，是很値得考慮；二來，許多中、小型墓葬並沒有陪葬者，就以大型墓葬來說，陪葬者數目也非常多，這些陪葬者，未必都有某種固定的葬式。基於這兩種理由，我們不打算對陪葬者的葬式作個考察。

甲　殷商時代

侯家莊

㊃、二、河南省安陽的侯家莊，曾出土了好幾座殷代大墓，它們是第一〇〇一號、一〇〇二號、一〇〇三號及一〇〇四等，這些大墓的墓主，無論從墓型的大小、葬具的多寡以及陪葬者的數量來觀察，毫無疑問的，墓主人必定是當時有相當地位的人，也很可能就是當時王侯之類的人，他們的葬式，很可能有某些限制，也就是說，很可能可以用來代表當時的一種流行風尚和宗教意義。很可惜的，這些大墓的中央部份都被盜墓者挖掘一空，墓主人喪失得連一點骨灰也沒有留下！儘管我們擁有好幾本厚厚的發掘報告書，有關這方面的資料，却完全闕如，這不能不說是一件很惋惜的事。

大司空村

㊃、三、大司空村發掘了一百六十六座殷代的墓葬，關於這百多座墓的墓主葬式，報告說：

有仰身和俯身兩種，確知是仰身的有六十七座，俯身的二十二座，仰身葬的人架、平躺、面向上，有時偏左或偏右，兩腿伸直，或是平行，或者相並，兩臂垂直身旁，或兩手相交於盆骨上，或兩臂折曲胸側（圖六十七），俯身葬者頭向下，人架向下，餘全同。

該報告並且列有一表，為清楚起見，我們將此表轉錄在下面：

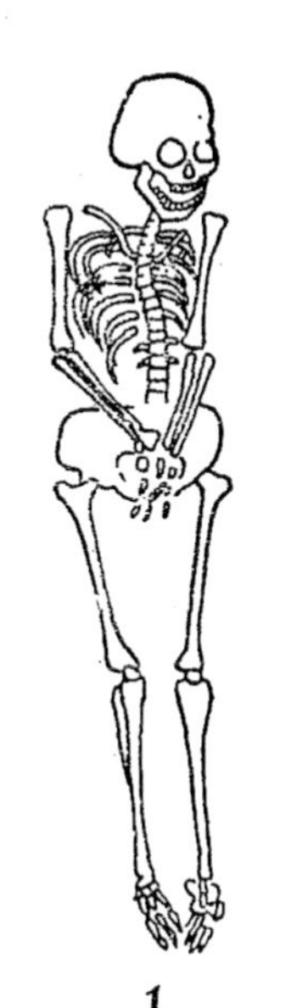

2

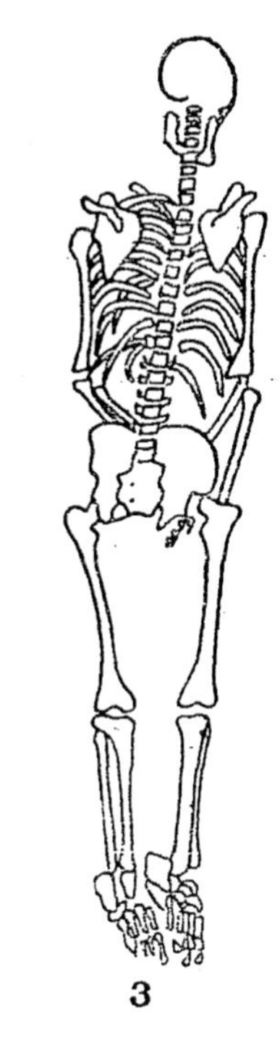

圖六十七

墓號	一	二	四	五	六	七	一二	一三	一四	一五	一七	一八	一九	二〇	二二	二三	二四	二六	二七	二八	二九
葬式 ○代表仰身者 ×代表俯身者	?	○	○	×	○	?	?	○	?	?	?	?	○	○	?	?	?	?	?	?	○

墓號	三〇	三二	三三	三五	三六	四四	五〇	五四	五六	五八	六六	七〇	七四	七五	七六	七九	八〇	八二	八三	八四	八五
葬式 ○代表仰身者 ×代表俯身者	○	?	○	?	?	?	?	○	○	○	○	?	?	○	○	×	○	○	?	?	?

墓號	八六	八八	九〇	九八	九九	一〇二	一〇三	一〇七	一〇八	一〇九	一一一	一一四	一一五	一一六	一一七	一一九	一二七	一二八	一三〇	一三二	一三四
葬式 ○代表仰身者 ×代表俯身者	○	?	?	×	○	○	○	?	○	○	?	×	×	○	○	?	○	?	?	?	○

一三五	一三六	一三七	一三八	一四〇	一四一	一四三	一四五	一四六	一四九	一五〇	一五二	一五三	一五六	一五七	一五九	一六〇	一六一	一六二	一六三	一六四	一六五	一六六
○	○	○	×	○	○	×	○	?	?	?	?	○	○	?	×	?	?	?	?	?	?	○

一六七	一六八	一六九	一七〇	一七一	一七三	一七四	一七六	一七七	一八〇	一八一	一八二	一八三	一八四	一八五	一八六	一八八	一八九	一九二	一九五	一九七	一九八	一九九
?	○	○	?	?	?	?	?	×	○	×	○	?	×	?	?	○	?	○	?	?	×	×

二〇〇	二〇一	二〇三	二〇六	二〇七	二〇八	二一〇	二一一	二一四	二一五	二一六	二一七	二二〇	二二一	二二三	二二五	二二八	二三〇	二三一	二三二	二三三	二三六	二三七
○	×	?	?	○	?	?	○	○	○	○	○	○	○	?	?	?	?	○	○	?	×	○

墓號	葬式	墓號	葬式	墓號	葬式
二三八	○	二八四	×	三〇五	○
二三九	×	二八六	？	三〇六	○
二四〇	○	二八八	○	三〇七	×
二五六	？	二八九	×	三〇八	○
二六〇	？	二九一	○	三〇九	○
二六四	○	二九二	？	三一〇	？
二六五	×	二九六	○	三一一	？
二六六	？	三〇〇	×	三一二	？
二六七	？	三〇一	×	三一三	○
二六九	？	三〇二	○	三一四	○
二七三	？	三〇三	×		
二七五	×	三〇四	○		

根據這份表，我們很清楚地知道，大司空村所掘得的殷代墓葬，其墓主的葬式，有的是仰身葬，有的是俯身葬。儘管其中有一半的葬式沒法獲知，大概也逃不出這兩種埋葬的方式。

武官村

㊃、四、武官村北部曾發掘一座大墓，有關這座大墓墓主人的葬法，我們沒法獲得任何資料。

洛陽東郊

㊃、五、洛陽東郊曾出了不少殷代墓葬，有關墓主的葬式，很可惜的，報告不是說：「墓經盜掘，人骨無存。」就是說：「被盜，人架已毀。」或者是說：「慘重被盜，隨葬物已竭。」因此，我們完全無法對墓主的葬式作個詳細的考察。

㈣、六、河南輝縣琉璃閣區出土了不少殷代大小墓葬，關於墓主葬式，報告曾列了一表，我們轉錄下來：

墓號	葬式	墓號	葬式	墓號	葬式
一一〇	〇	二〇四	×	二二六	〇
一一七	〇	二〇五	×	二二七	〇
一二三	〇	二〇六	〇	二三二	〇
一二四	〇	二〇七	〇	二三三	〇
一三六	〇	二〇八	〇	二三四	〇
一四一	?	二〇九	〇	二三五	〇
一四五	?	二一〇	×	二三七	×
一四六	〇	二一一	×	二三八	〇
一四七	〇	二一二	×	二三九	〇
一四八	×	二一五	×	二四四	×
一五〇	×	二一七	×	二四五	〇
一五一	?	二一八	×	二四六	〇
一五五	×	二一九	〇	二四七	〇
一五七	〇	二二〇	〇	二四八	〇
一五八	×	二二一	〇	二四九	〇
二〇一	〇	二二三	〇	二五〇	×
二〇二	×	二二四	×	二五一	〇
二〇三	〇	二二五	×		

根據這份表，我們可以作個統計：河南輝縣琉璃閣區出土的殷代五十三座墓葬中，墓主人仰身葬的有三十二座，俯身葬的有十八座，葬式不明的有三座；不明葬式的三座墓葬，大概也逃不出仰身和俯身這兩種葬法。

河南鄭州上街

㊃、七、河南鄭州上街出土了五座殷代墓葬，都是屬於小型的，關於墓主的葬式，報告說：

墓六十二、六十四兩座……骨架僅殘留幾塊，無任何隨葬品。……墓六十四……葬式爲仰身伸直，面部側向北方，兩手折放于腰部。

根據這一小節報告，我們知道，河南鄭州上街的殷代墓葬，大概爲仰身葬法，有的面部側向北方。

安陽高樓莊

㊃、八、安陽高樓莊出土了九座殷代墓葬，都是屬於小型的，關於墓主的葬式，報告說：

人骨架多已腐朽，能辨清葬式者僅四座，直肢葬三座，屈肢葬一座。

很令人注意的是，我們第一次發現殷代已經有屈肢葬；爲數雖然很少很少，却很令人重視；我們希望再考察其他地區，是否有同樣的發現。

鄭州市銘功路

㊃、九、鄭州市銘功路掘得五座殷代墓葬，報告只報導了其中兩座，即墓二及墓四：

墓二……人骨架一具，俯身肢葬。

墓四……骨架一具，仰身直肢葬。

這也是只有仰身葬及俯身葬兩種方式而已。

河南陝縣七里鋪

㊃、一〇、這裏發掘了三座殷代小型墓葬，關於它們的墓主葬式，報告說：

墓三〇六……仰身直肢。

墓三〇三……頭向東，上身正直而下肢骨相互疊壓側斜，爲兩根小腿作交疊狀的屈肢葬式。

墓三〇三……頭向東，仰身直肢。

這段簡短的文字，很令人重視；我們在這裏又發現了一座屈肢葬的墓葬，和前面安陽高樓莊（㊃、八）所掘得的一件合計起來，已經有兩件了。

㊃、一一、殷代出土的墓葬，比較重要的大概有上面這幾處。從上面的敍述中，我們清楚地知道：①、殷代墓葬墓主的葬式有的是仰身直肢葬；②、有的是俯身直肢葬；③、極少數是屈肢葬。高去尋先生在中國考古學報第二期「屈肢葬」一文中，認爲屈肢葬的出現在河南，要晚到戰國時代；可是，安陽高樓莊及陝縣七里鋪兩座屈肢葬，就足以作爲高氏的反證了，一如河南陝縣七里鋪商代遺址的發掘報告所說的：

屈肢葬此種葬式，在商代遺址中雖有出現，如鄭州二里崗商代灰坑中也出現一具，一九五五年在河南安陽小屯發掘，亦偶然出現，但非常少見。有人認爲：屈肢葬在河南一帶要到戰國時代才出現，這一說法似可得到糾正了。

這個說法，大概是比較正確的。

乙　西周時代

陝西長安張家坡

㊃、一二、長安張家坡曾出土了六座西周墓，除了一座大墓外，其他五座小型墓都在長安的灃西。報告對大墓的葬式沒有作任何的報導；對於五座小型墓，報告說：

葬式皆為仰臥直肢，墓三人骨保存較好，雙手交叉搭於胸前。

長安的西周墓，也都是仰臥直肢葬，並沒有什麽令人注意的地方。

長安普渡村

㊃、一三、普渡村的兩座西周墓，第一號墓及第二號墓，除了第二號墓「葬式無法辨識」外，第一號墓為：

人體頭向西，面向不詳，手指骨壓在盤骨下面，下肢骨至膝蓋以下，始合攏起來。

從此段文字，我們很容易可以推測出，墓一號也是屬於仰身葬。

洛陽東郊

㊃、一四、洛陽東郊曾出土了一座西周墓，報告太簡單，以至於墓主葬式也不作任何報導。

陝西扶風岐山

㊃、一五、陝西扶風岐山有兩處出土了西周時代的墓葬，其中一處出土了五座，編號是一、二、三、四及五。關於編號二的（圖六十八），報告說：

人骨仰身，頭南，面西，左手順置身側，右手臂放置身上，脊骨下半和骨盆陷入腰坑內。

根據這段文字及圖片來看，毫無問題的，也是一座仰身葬的墓葬。至於其他四座墓的葬式，報告未作任何報導，另外一處，出土了二十九座墓葬，報告說：

墓十一，頭向西，仰身平臥，兩手疊壓於腹上。

墓八，葬式不明。

墓五，葬式不明。

墓十六，葬仰爲身平臥，兩手合於腹。

墓三十三，葬式不明。

墓十三，仰身平臥，右手上舉，尺、橈骨疊在肱骨上。

從這六座經報導的墓葬來看，可以說都是仰身葬法。

㈣、一六、我們現在所能知道的西周墓葬，大概有上述這幾個地方。歸納這些資料，我們的結論

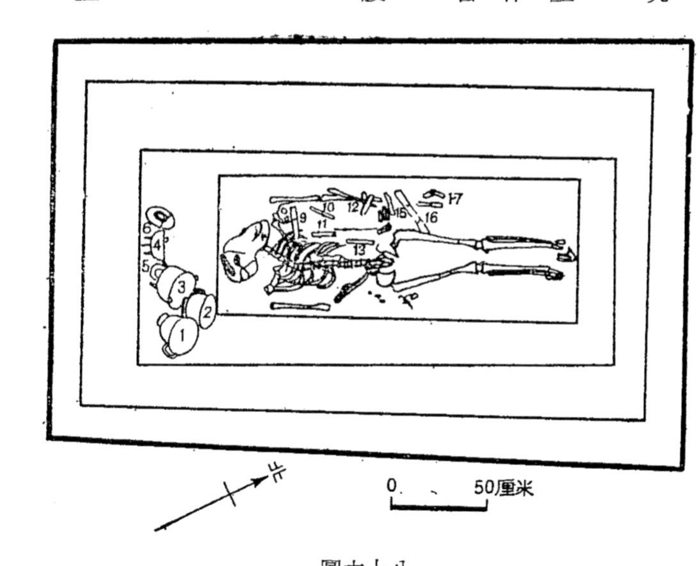

圖六十八

是：

a幾乎全部都是仰身葬式。

b葬式不明者，是否包括有俯身葬？我們完全沒法子得知。

c至於屈肢葬，幾乎完全看不到，是不是一時不流行呢？還是被包括在葬式不明裏頭呢？我們也沒法子推測出來。

總之，西周時代墓葬葬式，我們所能看到的，只有仰身葬式一種，其他兩種葬式，似乎還沒有被發現過。

丙　春秋時代

山西侯馬

㊃、一七、山西侯馬出土的春秋時代墓葬，爲數不太多；關於它們的墓主葬式，報告只提了這麼一句：「葬式爲單身仰身伸直葬。」我們推想，大概不會有什麼特別值得注意的地方。

湖南常德德山

㊃、一八、湖南常德德山出土了十七座春秋墓，關於墓主葬式，報告說：「葬具和人骨架均已腐朽。」這眞是一件令人惋惜的事。

山西芮城永樂宮

㊃、一九、芮城永樂宮出土了十座春秋墓，關於葬式，報告說：

人骨架一般的保存較好，凡東西向的，頭向西；南北向的，頭向北，均係仰臥伸直，雙手置於盆骨的上部或兩側。

除了仰臥直肢葬外，並沒有什麼特別的地方。

㊃、二〇、我們此時此地所能看到的春秋墓葬的資料，只有上述幾件；這幾件，除了芮城永樂宮的發掘報告（㊃、一九）略有所報導外，其他兩處不是人骨架腐朽，就是簡單一句話帶過。我們所能見到春秋墓葬的資料非常非常有限，而這些資料，又往往令人不能滿意；就以墓主葬式而言，實在是令人可惜的事。

丁　戰國時代

山西長治

㊃、二一、山西長治所出土的戰國墓葬，有大、中及小型三類，共有十九座之多。關於它們的葬式，報告說：

人骨大部已腐朽，……葬式全係單身葬，其中可辨別仰身直肢的十一座，葬式不明的八座。

爲清楚起見，我們轉錄其附表：

墓號	葬式	墓號	葬式	墓號	葬式
二六	?	三六	?	二四	○
二五	?	二八	○	二七	○
五三	?	四三	○	四〇	○
二〇	?	四五	○	四一	○
二一	?	四八	○	三〇	?
三五	?	四九	○	三二	○
				四七	○

其他八座不明葬式的墓葬，是不是包含有俯身葬或是屈肢葬，我們不得而知。

㊃、二二、山西長治的另外一個地方，也出現了十二座戰國時代墓葬，關於墓主的葬式，報告說：

> 這十二座墓，除八、九、十、十二、十四等五座無遺痕可考外，其他如六號，頭向北，下肢向左屈；七號頭向北，下肢向右屈，雙手均搭在腹間，十一、十五、十六都是仰身直肢(圖六十九)。

根據這簡短的報導，我們知道：①、長治的戰國墓有仰身直肢葬；②、也有屈肢葬的，屈肢葬的，有的是左屈；③、有的是右屈，這是很令人注意的地方。

山西侯馬上馬村

㊃、二三、山西侯馬上馬村曾發掘

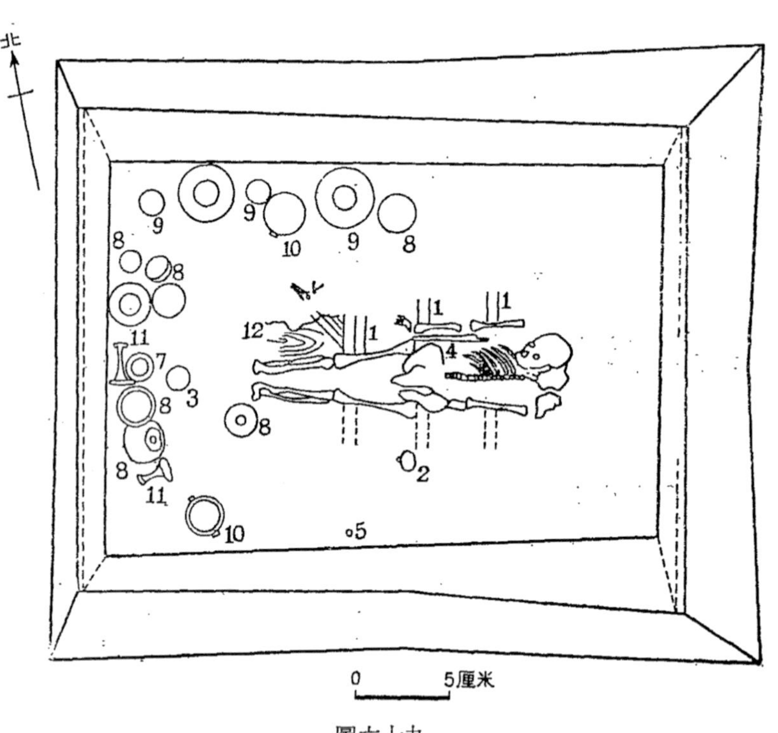

圖六十九

了十四座戰國墓，關於墓主葬式，報告這麼說：

人架多腐朽，少數保存尚好。除有側身屈肢葬、仰身屈肢葬各一座外，其餘都是兩手垂直或置於腹部的仰身伸直葬。……墓十三，葬式由骨粉和隨葬物的位置觀察，是頭北足南的仰身伸直葬。

我們的結論是：①、山西侯馬上馬村的戰國墓，墓主葬式有的是仰身直肢葬；②、有的是仰身屈肢葬；③、有的甚至是側身屈肢葬（圖七十），這是非常特別的地方。

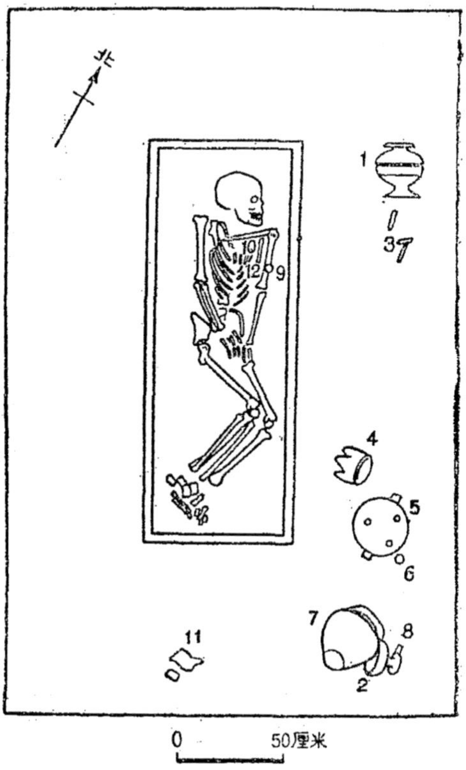

圖七十

北平

㊃、二四、北平在松園及十三陵水庫兩處，曾經分別出土了若干戰國墓，都是大型及中型；有關它們的葬式，報告這麼說：「曲肢葬，大腿骨與小腿骨彎成七十度。」既是屈肢葬，是仰身屈肢葬呢？還是側身屈肢葬？報告不作任何交代。

河北邢臺南大汪村

㊃、二五、邢臺南大汪村出土了三十七座戰國墓，關於它們的葬式，報告說：「人架皆頭北腳南，仰面伸直，兩手交於腹部。」仰身直肢葬，並沒有什麼奇特的地方。

河北懷柔城北

㊃、二六、這裏掘得二十三座戰國墓，有關它們的葬式，報告說：

骨架多已腐朽，但還能看出其大抵輪廓，葬式有側身屈肢與仰身直肢兩種。屈肢葬僅見墓三一座，其餘都是側身的，下肢屈成一百三十度，仰身直肢葬的人架仰臥，雙手或一手置手腹部，面向上，或左或右（圖七十一）

根據這段報導，我們知道：①、這裏的葬式有的是仰身直

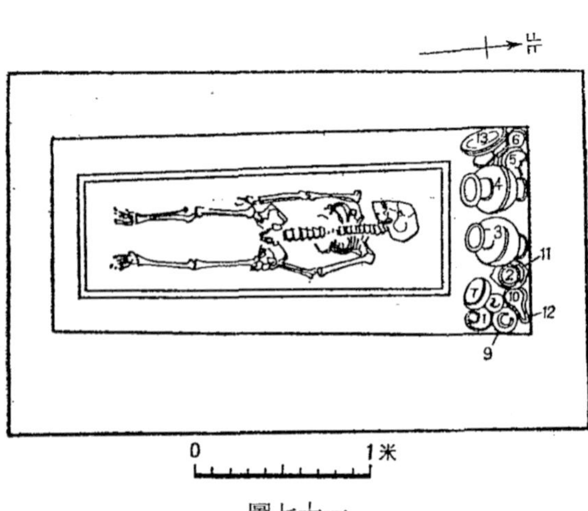

圖七十一

肢葬；②、有的是側身屈肢葬，下肢屈曲一百三十度，屈度並不大。

河北邯鄲百家村

㊃、二七、河北邯鄲百家村共發現四十九座戰國墓，有關葬式的問題，報告說：

所有的墓全是單身葬，頭向北的二十九座，向東的十二座，向西、向南的各一座，頭向不明的六座，以北向最多，伸直葬三十具（圖七十五），屈肢葬十一具（圖七十二、七十三及七十四），不明的八具。

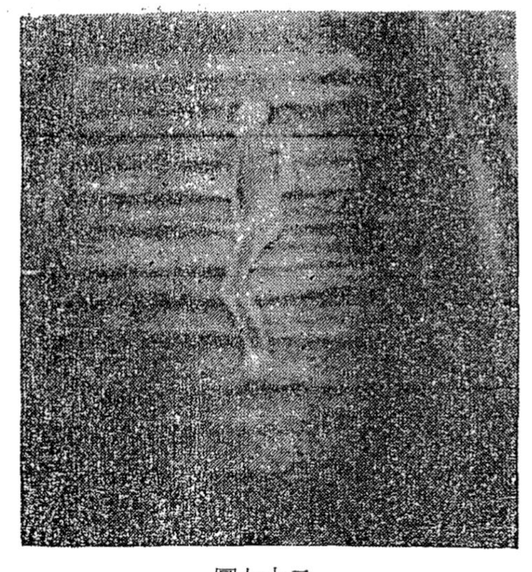

圖七十二

圖七十三

圖七十四　一九號墓視 →

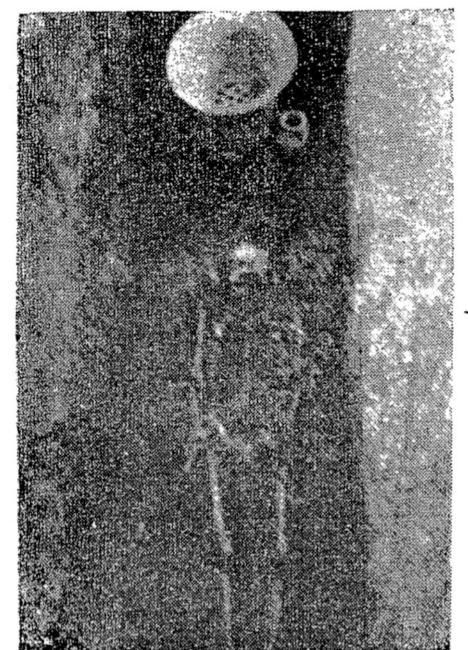

← 圖七十五　二三號墓俯視

爲了清楚起見，我們把附表也轉錄下來：

墓號	葬式	墓號	葬式	墓號	葬式
一	伸直	一八	伸直	三六	伸直
二	伸直	一九	屈肢	三七	伸直
三	伸直	二〇	伸直	三九	屈肢
四	伸直	二一	伸直	四〇	屈肢
五	屈肢	二二	伸直	四一	伸直
六	?	二三	伸直	四二	?
七	伸直	二四	屈肢	四三	伸直
八	伸直	二五	伸直	四四	伸直
九	?	二六	伸直	五一	?
一〇	屈肢	二七	?	五二	伸直
一一	伸直	二八	屈肢	五四	伸直
一二	伸直	二九	?	五五	伸直
一三	伸直	三一	屈肢	五七	伸直
一四	屈肢	三二	伸直	五八	?
一五	伸直	三三	伸直	五九	?
一六	屈肢	三四	伸直		
一七	屈肢	三五	伸直		

從圖片上來看，這些屈肢葬似乎都是側身的；而伸直葬，似乎都是仰身的。仰身直肢葬並沒有什麼特別的地方，令人注意的，倒是屈肢葬；圖七十二及七十四那兩張圖片，上腿骨及下腿骨的角度至少在

一百二十度以上，換句話說，屈肢的幅度很小；而圖七十三就不同了，其曲度大概是七十度，換句話說，屈肢的幅度相當大。這是我們第一次看到的！

北平昌平

㊃、二八、北平昌平半截塔村掘得兩座戰國墓葬，編號是五及二十四號，關於它們的葬式，報告說：

五號墓……人骨架保存完整，爲仰身直肢葬，二十四號墓……骨架保存完整，頭向北，亦爲仰身直肢葬。

都是仰身直肢葬，沒有什麼特別的地方。

洛陽燒溝

㊃、二九、洛陽燒溝出土了五十九座戰國墓；關於葬式，報告說：

除六個墓的人骨架因後代之破壞、盜掘或骨骼太腐不明外，其餘五十三個墓中有五十一個墓之人骨架頭都向北，有仰身直肢和仰身屈肢兩種不同的葬式。仰身直肢葬的墓僅有六個（圖七十六），五個係豎穴墓，一個係洞室墓。仰身屈肢葬的墓計四十個，二十九個係豎穴墓，十一個係洞室墓，在四十五度以下彎曲最甚的計九個墓，四十五度與九十度之間彎曲較差的計十四個墓，九十度以上僅顯微彎曲的計十七個墓。上肢骨一般是肱骨與肩部垂直，肘骨向內折，兩手相錯置盆骨或稍上處，六二〇號墓的人骨架右上肢伸直，手在下肢骨近旁，在上肢肘骨向右折，手置盆骨上，比較特別（圖七十七第二小圖）。頭向北的三十九具。人架中，下肢骨屈向

圖七十六

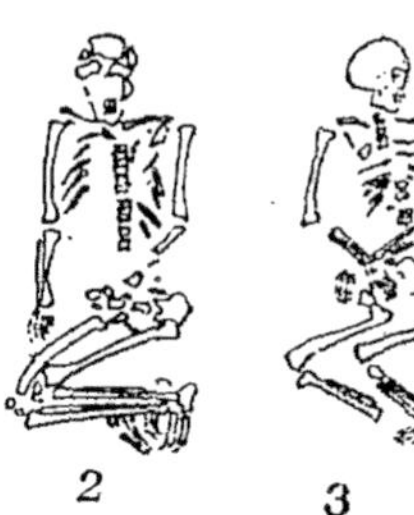
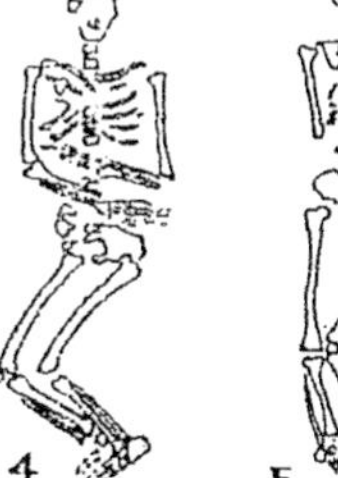

圖七十七

東側的計二十具，屈向西側的計十九具，幾乎相等，可見左屈、右屈都是一樣流行。直肢葬僅六個，屈肢葬達四十個，足見後者是當地、當時主要之一種埋葬方式。

爲了清楚起見，我們先過錄報告的一份表（此表應該和圖七十七參看）：

墓號	葬式	墓號	葬式	墓號	葬式
四四	屈肢一	六一九	伸直	六四一	屈肢三
四二二	屈肢三	六二〇	屈肢一	六四二	屈肢二
六〇一	屈肢三	六二一	屈肢三	六四三	?
六〇二	屈肢一	六二二	?	六四四	屈肢二
六〇三	屈肢一	六二三	屈肢二	六四五	?
六〇四	伸直	六二四	屈肢一	六四六	屈肢一
六〇五	屈肢三	六二五	?	六四七	屈肢一
六〇六	屈肢二	六二六	?	六四八	?
六〇七	屈肢三	六二七	?	六四九	屈肢二
六〇八	屈肢三	六二八	屈肢三	六五〇	屈肢二
六〇九	屈肢二	六二九	?	六五一	屈肢二
六一〇	伸直	六三〇	屈肢三	六五二	屈肢三
六一一	?	六三一	屈肢三	六五三	屈肢三
六一二	?	六三三	屈肢一	六五四	屈肢二
六一三	伸直	六三四	屈肢二	六五五	屈肢三
六一四	屈肢二	六三五	?	六五六	?
六一五	伸直	六三六	屈肢一	六五七	屈肢三
六一六	屈肢二	六三七	屈肢三	六五八	屈肢三
六一七	屈肢二	六三九	伸直	六五九	屈肢三
六一八	?	六四〇	屈肢二		

根據那一段文字以及這份表，我們可以得到下列幾個重要的論結：①、洛陽燒溝有仰身直肢葬，爲數

圖七十八

不多；②、有仰身屈肢葬，有的彎曲非常厲害，在四十五度以下者有九座；有的彎曲較差，在九十度與四十五度之間者有十四座，稍微彎曲者有十七座；③、當時屈肢葬似乎非常流行，左屈和右屈都同樣流行着（圖七十八）。

上村嶺虢國墓

㊃、三〇、上村嶺虢國墓共有二三四座，我們先將報告的一份表列在下面：

墓號	葬式	墓號	葬式	墓號	葬式
一〇五二	？	一六二二	直	一六四三	直
一〇五五	屈	一六二三	直	一六四四	直
一六〇一	屈	一六二四	？	一六四五	？
一六〇二	直	一六二五	？	一六四六	屈
一六〇三	直	一六二六	直	一六四七	？
一六〇四	屈	一六二七	？	一六四八	直
一六〇五	直	一六二八	屈	一六四九	直
一六〇七	直	一六二九	直	一六五〇	直
一六〇八	直	一六三〇	直	一六五一	直
一六〇九	直	一六三一	？	一六五二	直
一六一〇	直	一六三二	直	一六五三	直
一六一一	直	一六三三	直	一六五四	直
一六一二	直	一六三四	？	一六五五	屈
一六一四	直	一六三五	直	一六五六	？
一六一五	直	一六三六	直	一六五七	直
一六一六	直	一六三七	屈	一六五九	直
一六一七	？	一六三八	？	一六六一	屈
一六一八	直	一六三九	屈	一六六二	直
一六一九	直	一六四〇	？	一六六三	直
一六二〇	直	一六四一	直	一六六四	直
一六二一	直	一六四二	直	一六六五	直

一六六六	一六六七	一六六八	一六六九	一六七〇	一六七一	一六七二	一六七三	一六七四	一六七五	一六七五A	一六七六	一六七七	一六七八	一六七九	一六八〇	一六八一	一六八二	一六八三	一六八四	一六八五	一六八六	一六八七
直	直	直	屈	屈	?	直	屈	直	直	?	直	直	屈	直	直	直	直	直	屈	直	直	直

一六八八	一六八九	一六九〇	一六九一	一六九二	一六九三	一六九四	一六九五	一六九六	一六九七	一六九八	一六九九	一七〇一	一七〇二	一七〇三	一七〇四	一七〇五	一七〇六	一七〇七	一七〇八	一七〇九	一七一〇	一七一一
屈	?	直	直	直	直	直	直	直	屈	直	屈	?	直	屈	直	直	直	直	?	直	?	直

一七一二	一七一三	一七一四	一七一五	一七一七	一七一八	一七一九	一七二〇	一七二一	一七二二	一七二三	一七二四	一七二五	一七二六	一七二八	一七二九	一七三〇	一七三一	一七三二	一七三三	一七三四	一七三五	一七三六
直	直	直	直	直	直	直	直	?	屈	直	直	直	直	直	屈	屈	屈	直	直	?	直	直

編號	
一七三七	直
一七三八	屈
一七三九	直
一七四〇	屈
一七四一	?
一七四二	直
一七四三	直
一七四四	屈
一七四五	直
一七四七	?
一七四八	屈
一七四九	屈
一七五一	直
一七五二	直
一七五三	直
一七五四	屈
一七五五	直
一七五六	?
一七五七	直
一七五八	屈
一七五九	?
一七六〇	直
一七六一	直
一七六二	直
一七六三	直
一七六四	直
一七六五	?
一七六六	屈
一七六七	?
一七六八	直
一七六九	直
一七七〇	?
一七七一	?
一七七二	直
一七七三	直
一七七四	?
一七七五	直
一七七六	直
一七七七	?
一七七八	直
一七七九	直
一七八〇	?
一七八一	直
一七八三	?
一七八五	直
一七八六	屈
一七八七	直
一七八八	屈
一七八九	直
一七九一	直
一七九三	直
一七九四	直
一七九五	直
一七九六	直
一七九七	直
一七九八	直
一七九九	直
一八〇一	?
一八〇二	直
一八〇三	直
一八〇四	直
一八〇五	直
一八〇六	直
一八〇七	直
一八〇八	直
一八〇九	直
一八一〇	直
一八一二	屈
一八一四	?

一八一五	屈
一八一六	屈
一八一七	直
一八一八	直
一八一九	?
一八二〇	?
一八二一	直
一八二二	屈
一八二三	屈
一八二四	直
一八二六	直
一八二七	屈
一八二八	屈
一八二九	直
一八三〇	直
一八三一	直
一八三二	直
一八三三	直
一八三四	屈
一八三七	屈
一八三八	直
一八三九	直
一八四〇	直
一八四一	屈
一八四二	直
一八四三	直
一八四四	屈
一八四五	直
一八四六	屈
一八四七	直
一八四八	?
一八四九	直
一八五〇	直

該報告曾經歸納這個長表，作了一個結論：「人骨葬式，直身（下肢伸直）的有一五四座，屈肢（下肢彎曲）的四四座，三十六座不明。直身中，兩手置腹部的九十六座，垂直的二十一座，置胸部的三座，位置不明的三十四座。屈肢葬中股骨與脛骨間的角度大於一百三十五度，兩手置腹部的六座，九十度至一百三十五度之間，兩手置腹部的二十四座，垂直的一座，置胸部一座，不明四座，四十五度至九十度之間，兩手置腹部的四座。度數不明的二座。」我們將利用這個結論來和往後的資料相互比較。

河南禹縣白沙

㈣、三一、河南禹縣出土了一大批戰國中、小型墓，有關它們的葬式，報告說：

葬法可分爲直身（圖七十九）和屈肢兩種。四十三座墓葬中，直身的有三十五座，屈肢的五座，人架被動土毀掉的三座。直身葬的，人架仰臥，兩手相交於腹上，兩腿直伸，兩足相併，三件隨葬器物放在槨室內人架頭部（圖八十）。另外直身側臥的一座（墓一六五），人架側臥，頭向東北，面向上，左腿壓在右腿上，直伸。屈肢葬的，如墓一五五（圖八十一），頭向北，面向西，兩手放在胯上，兩足向東屈，五件隨葬器物放在槨室人架的頭部。墓一三一、一四五，亦均側臥，頭向北，面向東，兩手相疊，置右脇間，兩足向西屈，也有仰臥的，頭向北，面向西，兩手置腹間，兩足微屈，如墓一二五、一二九。

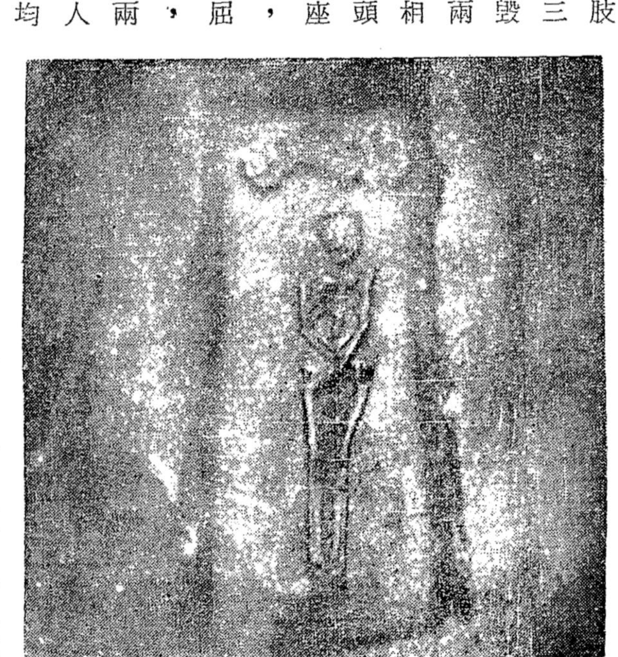

圖七十九

圖八十

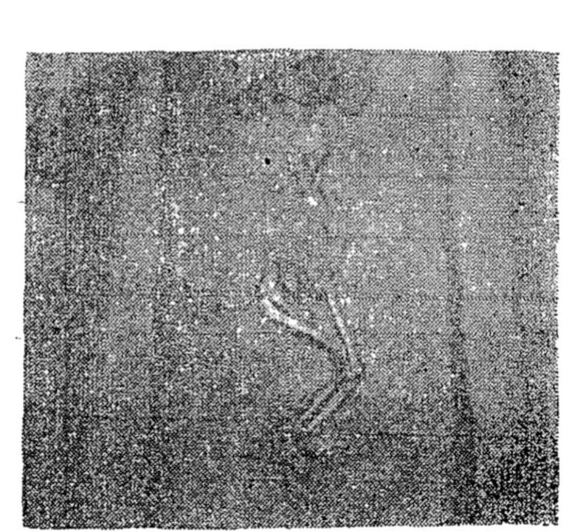

圖八十一

我們把報告裏所列的一份表，順便也抄錄下來：

墓號	葬式
一一二	仰臥直身
一一三	仰臥直身
一一四	不清楚
一二三	仰臥直身
一二五	右肢一五〇度左肢一二五度
一二六	仰臥直身
一三三	仰臥直身
一三九	仰臥直身
一四〇	仰臥直身
一四八	仰臥直身
一五六	仰臥直身
一五七	仰臥直身
一五八	仰臥直身
一一五	仰臥直身
一一七	仰臥直身

一二〇	仰臥直身	一四一	仰臥直身	一四四	仰臥直身
一四二	仰臥直身	一三〇	仰臥直身	一五二	仰臥直身
一四五	屈肢一二〇度	一二八	仰臥直身	一一九	仰臥直身
一三九	仰臥直身	一一六	仰臥直身	一二一	仰臥直身
一四九	仰臥直身	一四三	不清楚	一二四	仰臥直身
一五三	仰臥直身	一四六	仰臥直身	一三四	仰臥直身
一五五	左屈一三五度右屈九〇度	一二二	仰臥直身	一四七	仰臥直身
一六五	仰臥直身	一二七	不清楚	一五四	仰臥直身
一二九	右屈一二〇度	一三一	屈肢一四五度		
一三七	仰臥直身	一三八	仰臥直身		

這裏有仰身直肢葬，也有仰身屈肢葬，更有側身屈肢葬；從表裏來看，這些屈肢葬，彎曲的程度並不太大；幾乎都是在一百度以上。

洛陽東郊

㈣、三二、洛陽東郊雖然出土了幾座戰國中、小型墓，但是報告說：「人架朽腐，不能辨其葬式。」所以，我們沒法利用這條資料。

西安半坡

㈣、三三、西安半坡出土了一大批戰國墓葬，關於它們的葬式，報告將它們劃分為六式：

葬式有六種不同；I式二具：下肢骨相並屈向

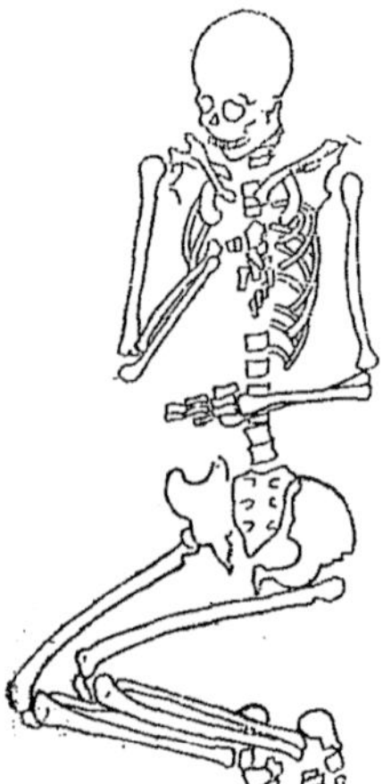

圖八十二

一側，股骨和脛骨彎成稍大於四十五度角度。上體仰臥，肱骨與肩部垂直，肘骨向內屈，雙手有的錯置於胸前，有的分別放置於胸前和腹部（圖八十二及八十三）。

II式二具：下肢的股骨相並，脛骨向後彎屈，且貼近臀部，上體仰臥，肱骨和肘骨皆垂直，雙手放置於盆骨兩側圖（八十四及八十五）。

III式十六具：下肢兩股骨並列，兩脛骨往後彎屈，且相並在一起，貼近臀部，上體仰臥，肱骨稍作外張，肘骨往內屈，雙手放置在人架的胸前，或者錯置在腹部（圖八十六及八十七）。

IV式五十一具：下肢的股骨和脛骨折曲在一起，並堆置在腹部。上體

圖八十三

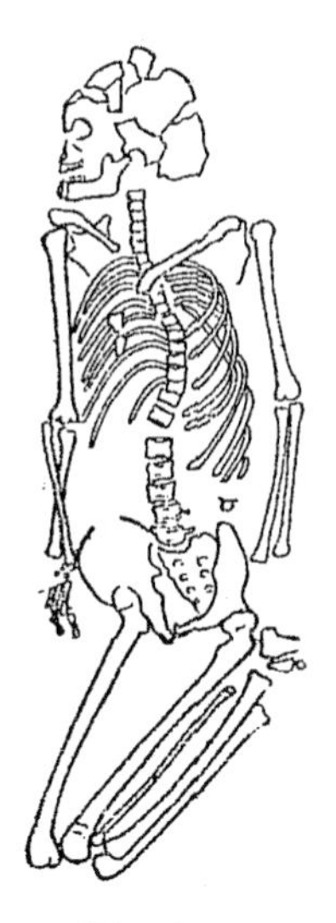
圖八十四

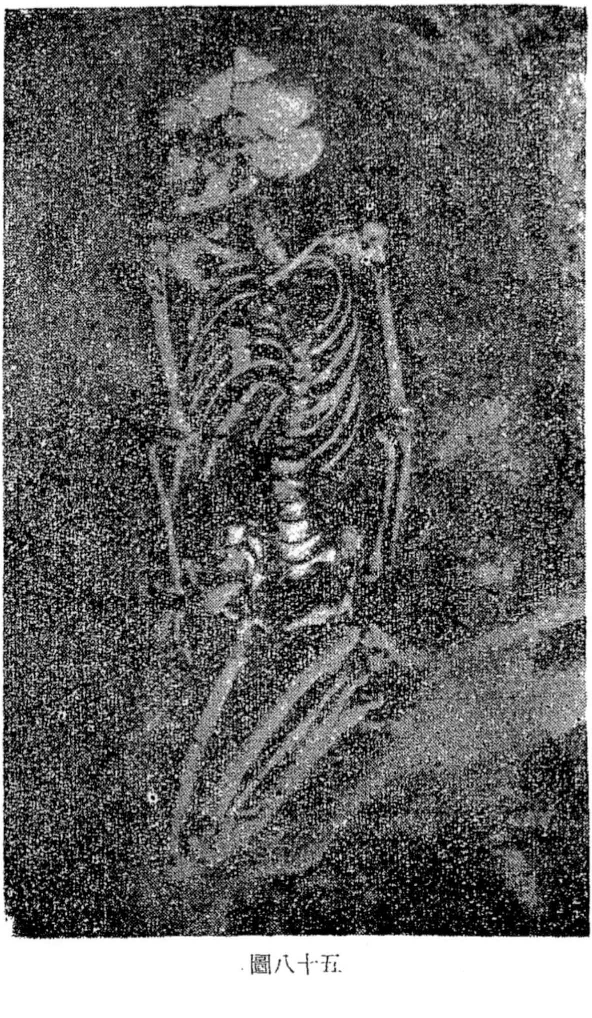

圖八十五

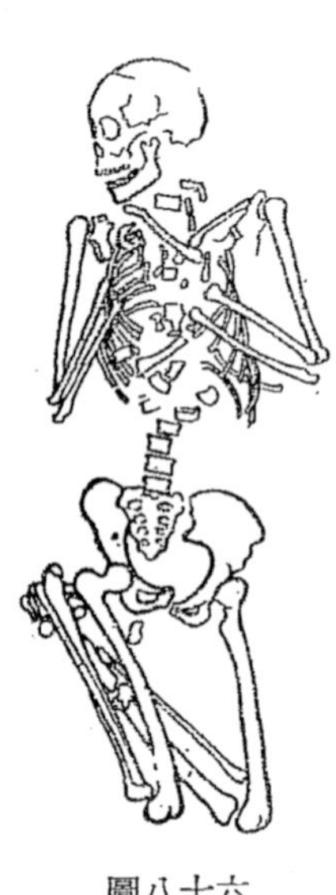

圖八十六

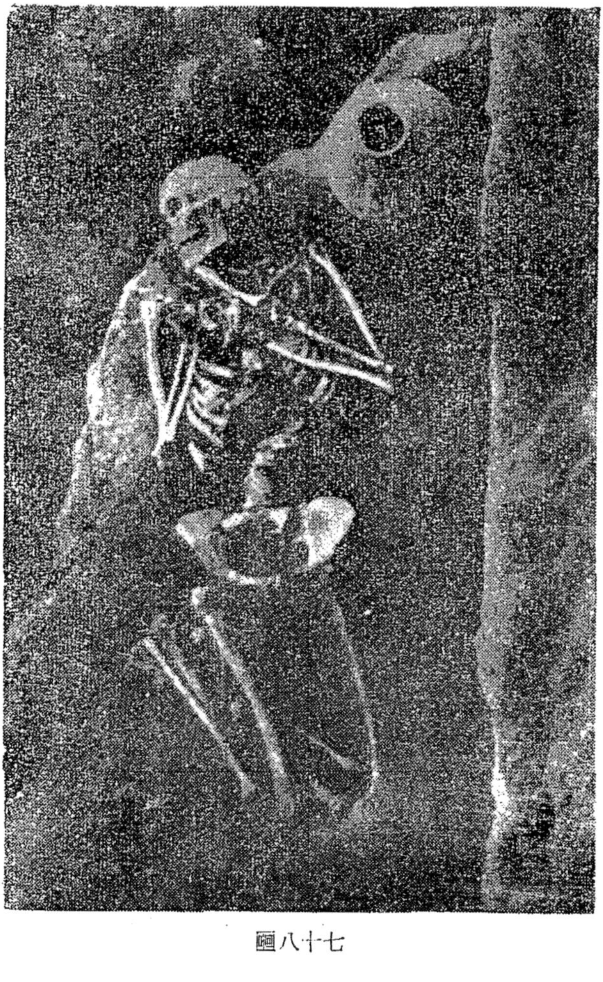

圖八十七

仰臥，肱骨垂直，肘骨內彎，雙手錯置胸前，或者是錯置於腹部(圖八十八、九十及九十二)。

V式七具：下肢相並，脛骨向後彎曲，並與股骨重合在一起，脚跟緊貼臀部。上體側臥，肱骨垂直，肘骨往前屈，雙手作揖狀（圖八十九、九十三及九十四）。

VI式十二具：下肢股骨與脛骨向上屈舉，兩者間踡屈得極緊，脚跟緊貼臀部。上體側臥，肱骨

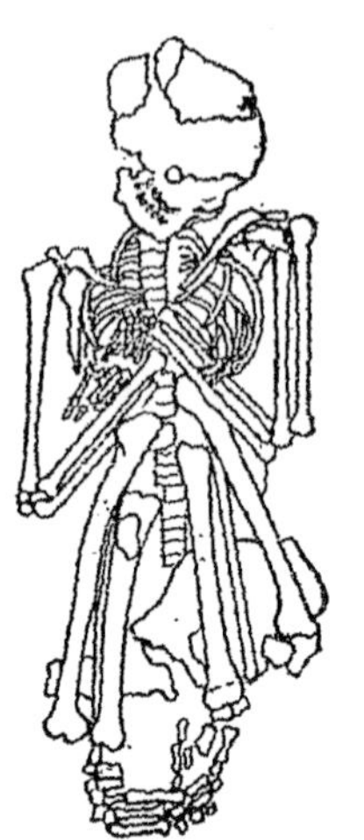

圖八十八

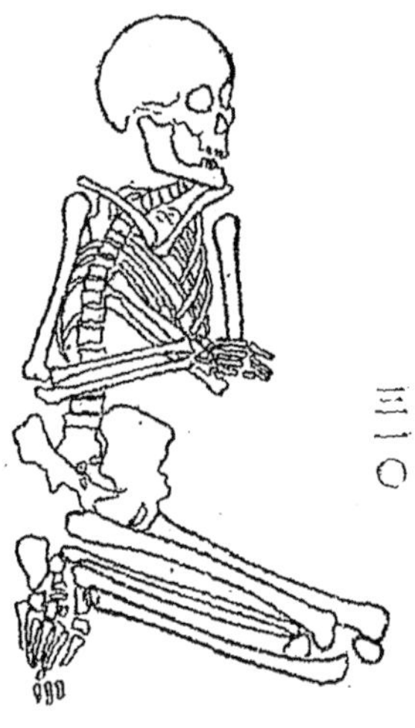

圖八十九

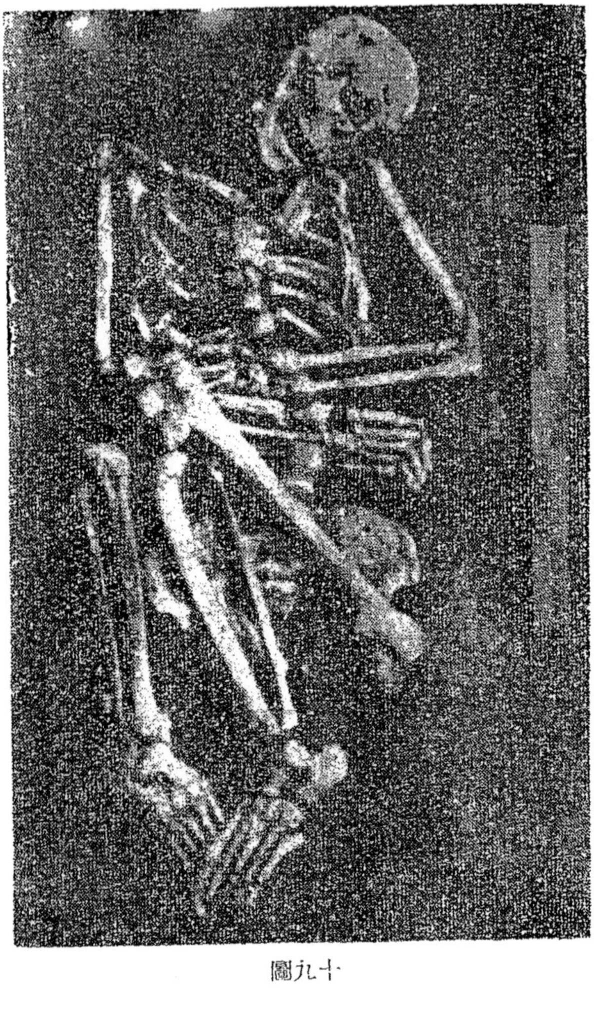

圖九十

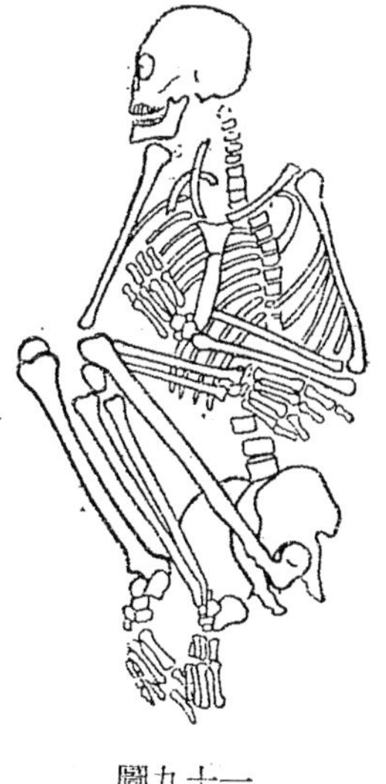

圖九十一

圖九十二

外張，肘骨往內屈，雙手放置胸前或腹部。立面人骨架作蹲坐之姿勢（圖四十一、四十五及四十六）。

報告又說：「尤其是Ⅶ式，竟將一・六公尺左右的人體，彎曲得只存一公尺左右，也許是由於死後即加以捆紮，否則不可能如此的。」我們先將報告的附表轉錄下來，以供參考：

墓號	葬式	墓號	葬式	墓號	葬式
一	仰臥屈肢	一六	仰臥屈肢	三三	仰臥屈肢
二	仰臥屈肢	一七	屈肢	三四	側臥屈肢
三	仰臥直肢	一八	側臥屈肢	三五	仰臥屈肢
四	仰臥直肢	一九	仰臥屈肢	三六	仰臥屈肢
五	仰臥屈肢	二〇	仰臥屈肢	三七	仰臥屈肢
六	仰臥屈肢	二一	仰臥屈肢	三八	仰臥屈肢
七	側臥屈肢	二三	仰臥屈肢	三九	仰臥屈肢
八	側臥屈肢	二四	仰臥屈肢	四〇	屈肢
九	仰臥直肢	二六	仰臥屈肢	四一	屈肢
一〇	仰臥屈肢	二七	仰臥屈肢	四二	屈肢
一一	側臥屈肢	二八	?	四三	屈肢
一二	仰臥屈肢	二九	側臥屈肢	四四	屈肢
一三	側臥屈肢	三〇	仰臥屈肢	四五	屈肢
一四	仰臥屈肢	三一	?	四六	屈肢
一五	仰臥屈肢	三二	側臥屈肢	四七	屈肢

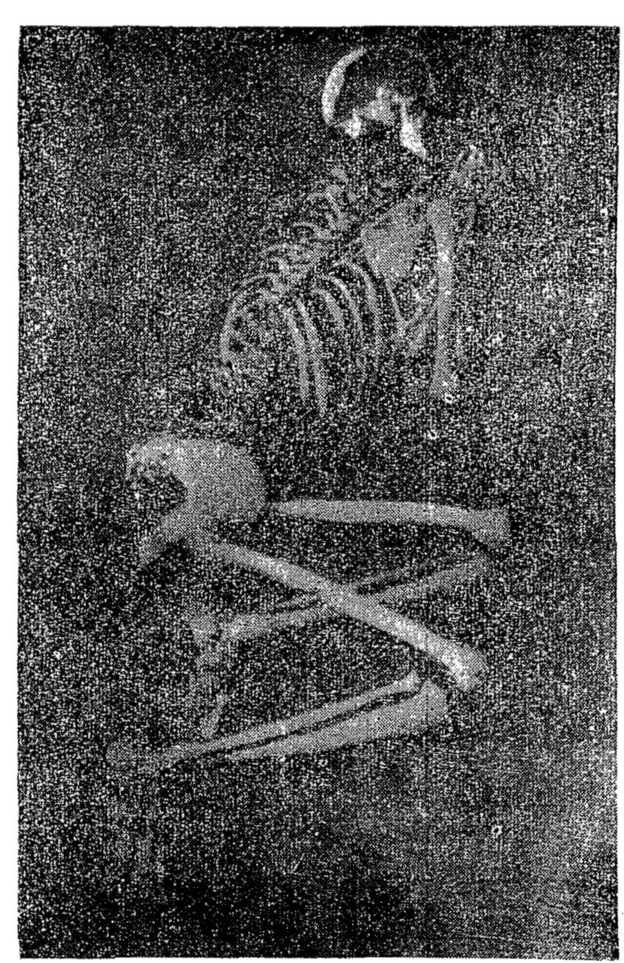

圖九十三

圖九十四

圖九十五

墓號	葬式	墓號	葬式	墓號	葬式
四八	屈肢	五六	側臥屈肢	六四	仰臥屈肢
四九	仰臥直肢	五七	?	六五	屈肢
五〇	屈肢	五八	仰臥屈肢	六六	側臥屈肢
五一	仰臥屈肢	五九	仰臥屈肢	六七	側臥屈肢
五二	仰臥屈肢	六〇	側臥屈肢	六八	仰臥屈肢
五三	仰臥屈肢	六一	仰臥屈肢	七一	仰臥屈肢
五四	側臥屈肢	六二	側臥屈肢	七二	側臥屈肢
五五	側臥屈肢	六三	仰臥屈肢	七三	仰臥屈肢

根據這張表來看，我們很容易就可以發現，在這一大批戰國墓葬裏，除了墓四十九號是仰臥直肢葬外，其他全部，不是仰臥屈肢葬，就是側臥屈肢葬；可見屈肢葬之於當時當地，是多麼的流行呀！尤有甚者，有的屈肢葬因爲過份的彎曲，竟將脛骨重疊在股骨之上！一如報告所說的，這種情形，假如不是死後立刻捆紮起來，是不可能的一件事！

河南林縣

㊃、三四、河南林縣曾發掘了一批戰國小型墓，有關它們的葬式，報告說：「人架都是仰身屈股。」屈肢葬之流行於林縣，竟和西安半坡一樣。

湖北松茲縣大岩嘴

㊃、三五、這裏出土了一批戰國中、小型墓，關於葬式的問題，報告並沒作任何的報導。

陝西寶雞福臨堡

㊃、三六、陝西寶雞福臨堡出土了十座中、小型戰國墓，報告說：

墓一、三、十一這三座墓的骨質腐朽，葬式不淸楚，其餘墓四——十等七座，都是屈肢葬。他們的頭都朝西，面向上或側向左右。脛骨向上彎曲，足跟貼近於臀部，兩手交叉環抱於胸前（圖九十六）從圖片上來看，墓七是座仰身屈肢葬，脛骨和股骨構成四十五度以下的度數，可見彎曲得很激烈，死後不立刻捆紮起來，是很難有這種現象的。

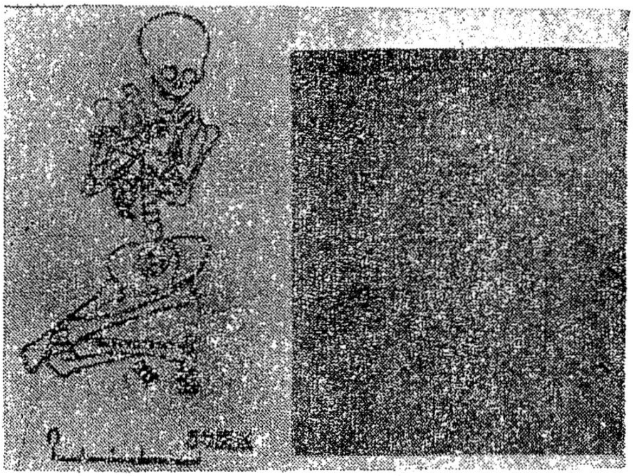

圖九十六

陝西耀縣

㊃、三七、耀縣也出土了一座戰國墓，是中型的，有關葬式，報告說：「仰身屈肢葬。」這正是當時流行的一種葬式。

陝西長安灃西

㊃、三八、長安灃西出土了七十二座戰國墓；但是，由於報告的簡略，對於葬式，並沒作任何的報導。

湖南常德德山

㊃、三九、常德德山雖然出土了一大批戰國墓，但是，報告偏向於報導葬具，對於葬式，竟完全被忽略過去，這眞是件遺憾的事。

湖南湘潭下攝司

㊃、四〇、湘潭下攝司出土了九座戰國墓，有中、小型兩種，關於它們的葬式，報告竟沒有作任何的報導。

長沙市東北郊

㊃、四一、長沙東北郊出土了兩座戰國墓，但是，報告報導得太簡單了。

長沙

㊃、四二、長沙又出土了三座大型戰國墓，由於報告偏向於報導葬具，於至葬式都沒有作任何報導了。

長沙沙湖橋

㊃、四三、沙湖橋出土了六十一座戰國墓，但是，報告並沒對葬式作任何報導。

四川成都

㊃、四四、四川成都羊子山出土了一批戰國墓，關於它們的葬式，報告說：

骨架頭東脚西，伸直仰臥。

這是仰臥直肢葬，並沒有什麼奇特的地方。

輝縣琉璃閣區

㈣、四五、輝縣琉璃閣出土了一批戰國墓，關於它們的葬式，報告曾列了一張表，我們轉錄下來：

墓號	葬式	墓號	葬式	墓號	葬式
一〇一	屈五〇度	一二〇	屈 左一二〇度 右一一〇度	一三九	直
一〇二	屈一一〇度	一二一	屈四五度	一四〇	不明
一〇三	不明	一二三	屈 左九〇度 右一一〇度	二一四	不明
一〇四	屈八〇度	一二六	屈 左一五〇度 右一一五度	二一九	直（圖九十九）
一〇五	不明	一二七	屈 左一四五度 右一四〇度	二三〇	直
一〇八	直	一二八	不明	二三一	直
一二一	屈 左一六〇度 右一二〇度（圖九十七）	一二九	屈 左一五〇度 右四五度	二四〇	不明
一一四	不明	一三〇	直（圖九十八）	二四二	不明
一一八	屈九〇度	一三八	屈 左九〇度 右一二〇度	二四三	直（圖一百）

另外，褚邱區也出土了幾座戰國墓，它們的葬式報告曾列有一表：

墓號	葬式	墓號	葬式	墓號	葬式
二	直	九	屈八五度	一六	屈六六度
三	屈九一度	一〇	屈三三度	一七	屈六六度
四	不明	一一	屈三五度	二三	屈六八五度
六	屈一一六度	一三	不明	二四	屈九四度
七	屈六九度	一四	屈七〇度	二五	屈九三度

圖九十七

圖九十八

圖九十九

圖一百

根據這兩份表，我們清楚地了解：①、仰身直肢葬非常少；②、屈肢葬有的屈度很大，有的屈度很小。

㊃、四六、此時此地所能見到的戰國墓，大概有上列所述的。綜合這些資料，我們的結論是：

a仰身直肢葬並不太流行；

b最流行的葬式是屈肢葬，有的是仰身屈肢葬，有的是側身屈肢葬，少數是俯身屈肢葬。

c有的屈肢葬只是稍微彎曲而已，有的却彎曲得很激烈，甚至脛骨和股骨重疊在一起，很顯然的，若是死後不立刻捆紮起來，絕對不會如此的。

㊃、四七、我們回顧殷商西周及春秋的葬式情形，發現時代愈古，屈肢葬愈不流行；時代愈晚後，直肢葬愈不流行；這眞是一種互相消長、更迭的現象。我們製了一張圖來表示這現象：

	殷商	西周	春秋	戰國
葬式	直肢		屈肢	

中華社會科學叢書

儀禮士喪禮墓葬研究

（儀禮復原研究叢刊）

作　　者／鄭良樹　著
主　　編／劉郁君
美術編輯／鍾　玟

出 版 者／中華書局
發 行 人／張敏君
副總經理／陳又齊
行銷經理／王新君
地　　址／11494 臺北市內湖區舊宗路二段181巷8號5樓
客服專線／02-8797-8396　　傳　　真／02-8797-8909
網　　址／www.chunghwabook.com.tw
匯款帳號／兆豐國際商業銀行　東內湖分行
067-09-036932　中華書局股份有限公司

法律顧問／安侯法律事務所
製版印刷／維中科技有限公司　海瑞印刷品有限公司
出版日期／2017年3月再版
版本備註／據1971年初版復刻重製
定　　價／NTD 460

國家圖書館出版品預行編目（CIP）資料

儀禮士喪禮墓葬研究 / 鄭良樹著. -- 再版. --
臺北市 : 中華書局, 2017.03
面 ; 公分. -- (中華社會科學叢書)(儀禮復原研究叢刊)
ISBN 978-986-94064-8-2(平裝)
1.儀禮 2.喪禮

532.1　　105022783

NO.F2002
ISBN 978-986-94064-8-2（平裝）